KB123162

유엔을
말하다

JEAN ZIEGLER

JEAN ZIEGLER ← CHEMINS D'ESPÉRANCE

유엔인권이사회 자문위원
장 지글러
이현웅 옮김

———————

유엔을
말하다

갈라파고스

그렇게, 당신들은 사라졌지만 잊히지는 않았네.

죽임 당했지만, 부정되지는 않았네.

굽히지 않는 다른 사람들과 함께

투쟁을 계속 이어가네.

누구도 바꿀 수 없는 당신들,

진리의 아주 집요한 지지자인 당신들.*

---

* 베르톨트 브레히트, 『투사들에게Aux combattants』, 라르크, 1973.

2003년 8월 19일에 바그다드에서 암살당한

인권고등판무관 세르지우 비에이라 지멜루와

그의 21명의 동료들에게, 그리고

라울 데카이예,

마르탱 시감,

장 드 라 크루아 캐랭,

파트릭 드 로비에,

엘리 위젤에게

이 책을 바친다.

반기문과 카타르의 셰이카

제네바에 위치한 팔레 데 나시옹.* 바다 위에 나타난 파타 모르가나**처럼, 그녀는 '인권과 문명 연합의 홀'을 가로지르며 미끄러지 듯이 걸었다. 그녀는 푸른색 다이아몬드가 박힌 귀걸이에, 흰 빛을 반사하는 세 줄의 금목걸이를 걸고, 빛이 나는 반지를 끼고 있었다. 감탄사가 나올 만큼 화려한 코트가 키가 큰 몸을 바짝 감싸고, 조화롭게 접힌 터번은 갈색 머리를 덮고 있었다. 카타르의 전 국왕 셰이크 하마드 빈 할리파 알 사니***의 두 번째 부인이자, 현 카타르 왕의 어머니인 셰이카 모자 빈트 나세르 알 미스네드는 형형색색 의 빛을 내고 있었다.

---

* 유엔 본부가 뉴욕에 있다면, 이곳은 일종의 유엔.제2본부이다. 이곳에는 유엔 산하의 여러 기구가 들어서 있거나 파견단이 있고, 특히 앞으로 이 책에서 꾸준히 언급될 유엔인권이사회 가 있다. 빈과 나이로비에도 유엔 본부가 있다.

** 북극권에서 볼 수 있는 신기루. 과거에는 이 신기루가 뱃사람들에게 요정처럼 보였다.

*** '셰이크'는 아랍의 몇몇 국가에서 부족의 왕을 가리킬 때 쓰는 표현인데, 여기서는 국왕을 의미한다. 공주나 왕비를 가리킬 때는 '셰이카'라고 쓴다.

그녀는 연단 한가운데에 자리를 잡았다. 이어서 스페인 정부가 제네바 유엔 본부를 위해 지은 넓은 홀 안으로 대사와 특별기구의 의장 그리고 초청을 받은 사람들이 서둘러 들어왔다. 나는 평상시 앉던 자리가 아닌 세 번째 열에 앉아 있었다.

내 옆에는 체격이 다부지고, 벗겨진 머리가 빛나며, 눈빛에 생기가 넘치는 친구 모하메드 시아드 두알레흐가 앉아 있었다. 그는 소말리아어로 글을 쓰는 위대한 시인이자 지부티의 대사였다.

그는 그녀의 모습에 넋이 나가 있다가, 이상하게 각이 진 그녀의 이목구비를 자세히 쳐다보곤 내게 몸을 숙이며 물었다. "성형수술을 얼마나 많이 했을까?" 소문에 따르면 이 여인은 성형수술을 수없이 했고, 실제로도 셰이카의 아름다운 얼굴에서는 초록빛 눈만이 인간적으로 보였다.

2015년 가을의 신선한 아침. 반기문 유엔사무총장은 셰이카에게 중요한 임무를 맡겼다. 바로 유럽 본부에서 높은 지위에 있는 사람들에게 유엔의 '2030 어젠다'를 소개하는 것이었다.

잠시 우리는 역사를 되돌아 볼 필요가 있다. 2000년 9월, 새천년에 들어섰을 당시 유엔사무총장이던 코피 아난은 국가원수와 유엔 193개 회원국의 정부 대표들을 뉴욕으로 초대했다. 그중 165개국의 원수나 대표들이 이 초대에 응했다. 코피 아난은 인류를 괴롭히는 주요한 여덟 가지 비극을 정리하고 이를 타파할 수 있는 전략을 모색하자는 의제를 제시했다. 이 문건은 '새천년 개발 목표'라고 불렸다. 비록 이 비극들을 뿌리 채 없애지는 못할지라도 적어도 그 수치만큼은 의미 있을 정도로 완화시키기 위해, 15년이라는 기한이 정해졌다. 한 가지 예를 들어보면, 첫 번째 목표는 2015년 말까지 세계에서 기아와 영양실조로 죽는 희생자의 수를 반으로 줄이는 것이었다.

15년이 지난 지금, 그 결과를 보면 씁쓸한 느낌을 지울 수 없다. 언급된 비극적인 일들 가운데 하나 혹은 몇 가지를 겪고 있는 국가들 중 상황이 유의미하게 나아진 (무엇보다 남반구의) 국가는 극히 드물다. 특히 기아와 영양실조의 근절이라는 첫 번째 목표는 완전히 실패했다.

반기문의 지휘 아래 계획된 '2030 어젠다'는 회원국에게 정보에 토대하고 새로운 방법론을 동원해 이에 맞선 투쟁을 계속 이어갈 것을 요청하고 있다. 이번에 언급된 비극적인 상황은 17가지나 되었다. 각 상황을 해결하기 위한 특정한 전략도 세워진 상태였다.

나는 매우 놀라 옆에 앉은 친구에게 물었다. "왜 반기문은 이렇게 위엄 있는 임무를 카타르의 셰이카에게 맡긴 걸까?" 2년간 뉴욕에서 '2030 어젠다'를 계획하는 작업에 참여한 시아드 두알레흐는 내게 간결하게 말했다. "카타르인들이 돈을 내거든."

카타르는 페르시아만에서 1만 평방킬로미터가 조금 넘는 면적을 차지하고 있는 섬에 가까운 국가다. 이 나라는 서쪽 해저판에 매장된 막대한 양의 가스와 석유를 이란과 공유하고 있다.

카타르의 인구는 25만 명에서 30만 명 사이로 추정되지만, 원래 여러 부족으로 나뉘어 있던 터라 카타르인들은 함께 살아가는 데 어려움을 겪고 있다. 영국의 지배가 끝난 1971년부터는 알 사니 가문이 이 나라의 절대적인 주인으로 군림하고 있다.

카타르는 세계에서 처음으로 액화천연가스(LNG)를 수출한 나라다. 해안 근방에서는 석유 시추용 플랫폼이 매일 100만 배럴의 석유를 생산한다. 이 나라는 유일하게 사우디아라비아와 국경을 맞대고 있으며 이 영토에 사는 도하의 주인들은 엄격한 와하브파 이슬람교를 믿는다. 이슬람교 율법인 샤리아가 이 나라의 법이다.

처음에는 페르시아인, 이어서는 터키인에게 오랫동안 지배당한 이 반도 국가는 모래로 덮인 건조하고 드넓은 평원에 불과하다. 주로 방글라데시와 인도의 북부 그리고 네팔에서 온 180만 명의 이주민 노동자들이 이 나라의 경제를 돌아가게 하지만, 셰이카와 카타르의 왕인 그녀의 아들은 이 이주민들을 노예처럼 취급한다.

이주민은 이곳에 도착하면 정부에 여권을 맡겨야 한다. 그들은 하인 같은 존재로 취급당하며 부지기수로 성적 학대를 받거나, 산업재해를 입으며, 부당한 대우를 받는다. 카타르의 고용주는 외국인 노예를 살리고 죽일 수 있는 권한까지 행사한다.

외교정책 면에서 보면 카타르의 왕은 순전히 미국의 용병이다. 미국 본토를 제외하면 미국의 가장 큰 군사기지가 카타르에 있다. 심지어 알 우데이드는 세계에서 가장 큰 공군기지로, 이 기지의 병영, 작업실, 비행장, 잠수함 기지, 격납고, 창고, 통신센터가 카타르 영토의 거의 3분의 1이나 되는 면적을 차지한다.

카타르의 첩보 요원, 금융가, 무기 거래상은 미국의 통제를 받으며 중동과 아프리카 북부 지역에서 활동한다.

그리스 신화의 아트레이데스 가문*은 도하의 주인들에 비하면 다정한 박애주의자에 가까울 정도다. 카타르에서 경쟁 관계에 있는 부족 출신의 적을 죽이거나, 지배 부족 사이에서 쿠데타가 일어나는 건 예삿일이다.

1995년 여름 아침, 당시 카타르의 왕은 경솔하게도 제네바 근방 레만 호수 주변에 있는 사치스럽기 짝이 없는 웅장한 별장으로 휴가를 떠났다. 그러자 그의 한 아들이 기회를 잡아 나라를 전복시켰다. 왕은 쿠데타가 벌어지기 바로 얼마 전에도 매우 어리석고 경솔한 행동을 했는데, 그 아들을 국방부장관과 첩보 기관의 우두머리로 임명한 것이다. 하지만 왕 자신도 왕위 찬탈자였다. 그는 삼촌을 몰아내고 왕위에 등극했다. 폭력을 이용해 자리를 뺏은 것이다. 1995년에 왕위를 찬탈한 왕의 아들은 왕좌에서 축출되지 않기 위해서였는지 2013년에 자신의 권력을 아들인 타민, 그러니까 현재 도하에 있는 노예들의 주인이자 셰이카의 편애를 받는 아들에게 이양했다.

2010년에 피파(FIFA)는 극히 불투명하게 진행된 투표를 통해 셰이카의 나라를 2022년 월드컵 주최국으로 결정했다. 지금 이 나라에 군림하는 가문의 어마어마한 위엄을 공고히 해주는 결정이

---

* 주로 아가멤논과 메넬라오스 가문을 가리키는 표현으로, 이 가문의 사람들은 신들에 의해 존속살해나 근친상간 같은 끔찍한 범죄를 저지르도록 저주를 받았다.

었다. 이후 이 군주국 영토 곳곳에는 드넓은 면적의 공사 현장—고속도로, 스타디움, 화려한 호텔, 수로, 염분 제거 공장 등의 건설 현장—이 들어섰다. 그런데 파라오 시대를 상기시키는 듯한 작업으로 말미암아 사람들이 죽어간다. 2010년부터 방글라데시, 인도, 네팔의 노동자 1,400명이 피파의 제단에서, 그리고 이 군주국이 품고 있는 야망의 제단에서 죽어갔다. 그리하여 2016년 3월 23일, 국제앰네스티는 공식성명을 발표했다. 국제앰네스티는 취리히에 있는 피파의 관료들이 건설 노동자들의 인권에 신경 쓰겠다고 했던 약속을 지켜야 하며, 도하의 와하브교도 왕가는 공사 현장에 최소한의 안전장치를 마련하고 산업재해 피해자 가족에게 약속한 보상금을 지불하라고 요구했다. 앰네스티는 만일 이러한 사망 사건이 같은 비율로 계속 발생할 경우, 카타르의 공사 현장에서는 지금부터 2022년까지 7천 명 이상의 이주 노동자가 사망할 것으로 예상된다고 보고했다.

하지만 내가 이 글을 쓰고 있는 순간에도, 취리히의 출세주의자들이나 도하의 와하브교도 왕가는 앰네스티의 강력한 권고에 어떤 반응도 보이지 않고 있다.

셰이카가 연설문을 모두 읽고 유엔의 의식이 끝났을 때, 오후의 해는 이미 하늘 높은 곳에 위치하고 있었다. 나는 홀에서 나가는 길에 짧게 자른 회색 머리에 열정적인 눈빛을 띤 60대의 우아한 남자와 마주쳤다. 가이 라이더였다. 리버풀 태생인 그는 케임브리지 대학교에서 학위를 받은 사회학자로, 노동조합총협의회(TUC)의

사무총장이었다가 이어 브뤼셀에 자리한 국제자유노동조합연맹의 사무총장을 지냈다. 이후 그는 2012년에 인상적인 선거전을 치른 끝에 제네바에 본부를 둔 국제노동기구(ILO)의 사무총장이 되었다. 우리는 같은 지방조합인 제네바의 우니아(UNIA) 소속이었는데, 그는 TUC의 전통에 맞게 친구를 부를 때 (비록 다소 예스러운 느낌을 주지만) '형제'라는 우아한 말을 사용했다.

라이더는 내게 말했다. "도하 정부가 ILO의 협약을 대부분 위반하고 있네. 만일 공사 현장에서 계속해서 사망자가 발생하고 노동자들이 심각한 산업 재해를 입는다면 2022년 월드컵은 열리지 못할 걸세. (…) 내가 자네에게 약속하지." 라이더는 침착하게 말했다. 나는 그의 눈을 지긋이 바라보았다. 나는 그가 약속을 지킬 것이라는 것을 한순간도 의심하지 않았다.

1941년 8월 9일부터 12일, 이 기념할만한 날까지 바다는 태풍으로 크게 물결쳤다. 비는 해수면을 때리고 바람은 비명을 질러대는 것 같았다. 미 해군의 순항함 USS 어거스타호는 뉴펀들랜드 연안에서 출발해 먼 바다에 닻을 내리고 있었다. 배에는 미국 대통령 프랭클린 D. 루스벨트와 영국 총리 윈스턴 처칠이 타고 있었다.

세계는 화염에 불타고 피로 뒤덮이고 있었다. 나치의 괴물과 일본 제국주의자들이 유럽과 아시아를 황폐화하고 있었던 것이다.

인내심이 많고 통찰력을 지닌 처칠과 루스벨트는 연합군이 승리하리라는 걸 믿어 의심치 않았다. 바람에 흔들리며 물결에 젖는

USS 어거스타호에서, 그들은 새로운 세계 질서를 위한 초석을 놓았다. '유엔'이라는 아름다운 이름이 처음으로 등장한 건 이 두 사람이 만나고 난 뒤 1941년 8월 14일에 '대서양헌장'이 발표된 때였다. 이 헌장은 유엔의 토대를 이룰 헌장을 예고하고 그것이 작성되는 데 영감을 줄 것이었다. 이 유엔 헌장은 1945년 6월 26일에 체결되었다.

네 개의 기둥이 되는 원칙이 새로운 세계 질서를 떠받치게 되었다. 첫 번째 원칙은 각 나라의 국민들은 자신들을 통치할 정부의 형태를 선택할 권리가 있으며, 무력으로 주권을 빼앗긴 국민은 그 주권을 되돌려 받는다는 것이다. 두 번째는 국가들 사이에서 어떠한 전쟁도 일어나지 않도록 공동의 안정을 보장할 제약적인 기구를 둔다는 것이다. 세 번째는 세계 시민은 모두 인권을 누리며, 자신의 인권을 보호받을 수 있도록 보장받는다는 것이다. 마지막으로는, 전 세계적으로 사회정의를 실현한다는 것이다.

그런데 이 헌장을 채택한 이후 10여 년 동안 두 지도자도 예상하지 못한 일들이 진행되었다. 이 새로운 질서를 만들어갈 주요 동인인 국가의 주권이 차츰 약화되다가 이어서는 철저히 파괴되기에 이른 것이다. 범인은 세계를 대상으로 발판을 넓혀가던 금융자본의 소유주인 소수 지배집단이었다. 이들은 국가를 대신해 권력의 자리에 올랐다.

유엔 소속의 국가들은 공공재를 보호하고 보편적인 이익을 실현하는 것이 자신들의 의무라고 선언했지만, 금융자본은 한 가지

법칙밖에 몰랐다. 가장 빠른 시간 안에 최대한 많은 이윤을 추구한 다는 것이다.

유엔에는 특수 조직과 다른 기구 및 기관들을 모두 합해 23개의 조직이 존재하는데, 이들은 매년 유엔경제사회이사회 앞에서 운영 보고를 한다. 예를 들면, 전염병과 특정 지역에 퍼져 있는 만성적인 질병과 싸우는 세계보건기구(WHO), 영양실조와 기아 문제를 해결할 임무를 맡은 식량농업기구(FAO)와 세계식량계획(WFP), 기후변화로 인한 재해를 예방하고자 막대한 노력을 기울이는 세계기후계획(WCP), 경작지의 사막화를 막는 데 전념하는 유엔환경계획(UNEP), 영아 사망률 등을 줄이기 위해 헌신하는 유엔아동기금(UNICEF) 등이 있다.

2016년에 이러한 싸움에서 희생당한 사람은 5,400만 명이 넘는다. 제2차 세계대전이 진행된 6년 동안 사망한 사람의 수는 민간인과 군인을 합해 5,700만 명이었다. 이렇듯 '제3차 세계대전'은 오래 전에 시작되었고, 남반구의 국민이 주로 희생당한다.

이런 야만적인 세계 질서는 거의 눈에 띄지 않게 강요되고 있다. 무한한 권력을 가지고 있으며, 국가, 노동조합, 사회의 모든 통제에서 벗어난 극소수의 자본주의적 지배집단이 오늘날 이 세계의 부를 대부분 강탈하고, 자신들의 법을 국가에 강제한 것이다.

유엔은 힘을 잃어 창백해졌다. 유엔을 지탱했던 꿈, 세계적인 차원에서 공공질서를 회복한다는 꿈은 부서졌다. 사적인 소수 지배집단의 절대 권력과 대면해, 유엔의 전투 수단은 대부분 효력이 없는 것으로 드러났다.

그럼에도, 잉걸불은 겉으로 보기에 꺼져가지만 그 속에서는 조그만 불씨가 계속 타오른다. 유엔이라는 폐허에서도 희망의 그림자가 어슬렁거리는 모습이 보인다. 세계적인 사회정의와 평화, 자유를 목표로 하고 법의 지배를 받는 국제 공동 기구는 역사의 궁극적인 지표로 남아 있다. 이 지표와 비교될만한 것은 없다.

"모든 인간은 태어날 때부터 자유로우며 그 존엄과 권리에 있어 동등하다. 인간은 천부적으로 이성과 양심을 부여받았으며 서로 형제애의 정신으로 대해야 한다." 이 선언은 1948년 12월 10일에 태어난 세계인권선언 제1조로, 모든 유엔 회원국들이 여기에 동의했다.

현재 소수 지배집단이 전파하는 신자유주의의 거짓말 때문에 이 세계에서 공동의 의식은 소외당하고 있다. 하지만 모든 이들의 의식에는 모든 인간이 동일한 권리를 지닌다는 생각이 내재되어 있다.

타인에 대한 공포, 부정, 경멸이 전 세계에 더욱더 맹위를 떨칠수록, 신비하게도 희망은 더욱더 커진다. 사람들의 의식이 반기를 들 때가 가까이 다가오고 있다. 다시 시작할 때다.

루소, 볼테르, 디드로, 달랑베르, 몽테스키외는 유엔 헌장에 영감을 주었다. 18세기 이들의 활동은 다자 외교의 토대가 되는 원칙이 생겨나는 데 훌륭한 자양분이 되었다. 특히 1948년의 세계인권선언은 1789년에 프랑스 혁명가들이 작성한「인간과 시민의 권리

선언」을 거의 비슷하게 모방한 것이다.

에른스트 블로흐는 수수께끼 같은 호소를 했다. "무엇보다도 우리의 뿌리를 향해 전진하라!"[1]

나 또한 이 저항에 참여하려고 한다. 몰락하기 직전인 유엔이 재기할 수 있도록 나는 이 책으로 사람들에게 선의라는 무기를 제공하려 한다.

이 책의 구성은 다음과 같다.

1장에서는 오늘날의 야만적인 세계 질서를 언급한 다음, 유엔이 그러한 질서를 전복시키기 위해 2016년에 '2030 어젠다'에서 정한 목표가 무엇이었는지 상기시킨다. '벌처펀드'라는 살인적인 관행을 이 야만적인 질서의 증후로 다룰 것이다.

2장은 보다 사적인 내용을 담고 있다. 이 장은 25년 전에 자서전 성격의 『스위스인의 행복Le Bonheur d'être suisse』[2]을 출간한 이후, 내가 왜 스스로에게 길가로 다시 물러서게 했는지 설명한다. 다시 말하면, 나는 내가 시작한 저항, 내가 승리를 거둔 저항, 내가 패배한 저항, 우리를 기다리고 있고 우리가 함께 시작해야 할 저항에 관해 명확하게 설명하고자 한다. 지난 25년 동안, 특히 내가 2000년에 식량권을 위한 유엔의 특별조사관*으로 임명된 이후로, 이 싸움은 주로 유엔의 전장戰場에서 벌어지고 있다.

---

* 유엔의 대부분 기구에는 기구가 해결해야 할 사안을 주로 현장에서 직접 조사해 기구의 이사회나 위원회에 보고하는 임무를 맡은 특별조사관이 있다.

3장과 4장에서는 유엔의 토대가 되는 원칙과 이 원칙이 생겨난 역사적인 과정을 되짚어본다. 넓은 의미에서 세계를 지배하는 정치 전략은 두 가지가 있는데, 이들은 서로 대립한다. 바로 (미국이 펴는) 제국주의적 전략과, 유엔이 내세우는 보다 겸손하고 보다 인내심을 요구하는 다자 외교다. 5장은 제국주의적 전략과 이것을 이데올로기적으로 정당화하는 현상을 집중적으로 다룰 것이다.

6장과 7장에서는 어떻게 유엔군이 세 대륙에서 평화를 유지하고, 나아가 평화를 회복시키려 노력하고 있는 경우가 무엇이 있는지, 그리고 유엔이 창설한 여러 국제사법재판소의 재판관이 어떻게 법을 적용시키고 있는지를 보여주고자 한다.

우리 시대의 다자 외교는 한 가지 강박관념에 쫓기고 있다. 제1차 세계대전이 끝난 이후 베르사유조약에 따라, 조금 더 자세히 말하면 미국의 우드로 윌슨 대통령의 건의에 따라(그리고 기여한 바는 더 적지만, 프랑스 의회 의장이었던 정치인 레옹 부르주아의 건의에 따라), 연합국이 창설한 국제연맹의 비극적인 운명이 그것이다. 국제연맹은 63개국의 승인을 얻어 창설되었지만(미국은 이때 승인을 하지 않았다. 미국 상원이 베르사유조약에 반대하면서 사실상 국제연맹 가입에 반대하는 표를 던졌기 때문이다), 제2차 세계대전 발발로 사망 선고를 받고 말았다. 그래서 8장에서는 국제연맹을 다룰 것이다. 오늘날, 국제연맹의 몰락은 나를 포함해 유엔 고위급 인사의 머리에서 떠나지 않는 주제다.

예전에는 특별조사관이었고 지금은 유엔인권이사회 자문위원회 부의장인 나의 입장은 미국과 이스라엘 정부뿐 아니라, 두 정부가 창립한 소위 (수많은) '비정부기구'의 강한 반대에 부딪히고 있다. 나는 9장에서 나의 명예를 훼손시키려는 이들의 시도에 대응할 것이다.

희망은 어디에 있을까? 다른 무엇보다 유엔을 회복시키려는 프로젝트에 있다. 이 프로젝트는 유엔이 제공하는 투쟁 수단의 사용을 다시 의제로 삼으려 한다. 도스토예프스키는 『카라마조프가의 형제들』에서 이렇게 썼다. "모든 사람들은 각자 자신 앞에서 벌어지는 일에 책임이 있다." 나오는 말에서는 우리 각자가 맡은 의무가 무엇인지를 언급할 것이다.

1961년 여름에 로마에서 장 폴 사르트르와 프란츠 파농의 첫 만남이 이뤄졌다. 프란츠 파농은 앤틸리스 제도의 정신과 의사이자 알제리혁명의 투사였다. 이후에 사르트르는 파농에 대해 다음과 같이 썼다. "우리는 바람을 퍼트리는 사람들이었다. 하지만 그는 태풍이었다."[3]

적을 안다는 것, 적과 싸운다는 것.

어떤 책이 적의 정체를 드러나게 하고, 사람들의 의식을 해방시키고, 바람을 퍼트리는 데 도움을 줄 수는 있다. 하지만 그 이전에 1941년에 USS 어거스타호에서 생겨났던 희망을 다시 꽃피우고 훗날 살인적인 세계 질서를 부술 사람은 다름 아닌 국민들이다.

차례

1장

국가를 물어뜯는
벌처펀드

미국의 경제지 《포브스》는 워렌 버핏을 세계에서 가장 부유한 사람 가운데 한 명으로 꼽는다. 그는 몇 해 전에 CNN에 출연해 선언하듯이 말했다. "계급 간 전쟁은 물론 존재합니다. 하지만 이 전쟁의 주도권은 제가 속한 부자 계급이 쥐고 있어요. 우리는 이 전쟁에서 이기고 있습니다."[1]

유엔 헌장의 서문은 "국제연합의 국민들인 우리는 (…)"이라는 표현으로 시작한다. 국민들의 공동 이익과 보편적인 공공재를 보호하고 지키는 일은 유엔(보다 정확히 말하면, 1945년 6월 26일에 샌프란시스코에서 서명한 국가들)이 일임하고 있다.

그런데 오늘날에는 부자 계급, 워렌 버핏 같은 사람이 속한 계급이 도처에서 그 이익을 침해하고 있다. 국가는 이런 일을 규제하는 능력을 상실했으며 유효성을 잃었다. 다른 식으로 표현하면 국가는 세계화된 금융자본의 소유자들(아주 능력이 탁월한 자들)에게 KO를 당했다.

비록 제한된 영역이지만, 내가 최근 들어 벌처펀드를 상대로 벌이고 있는 투쟁은 계열적인 방식으로 그러한 현실을 잘 보여준다.

여기서 문제가 되는 전장은 사실상 유엔인권이사회다. 유엔인권이사회는 유엔총회에서 5개 대륙의 나라 수의 비율에 따라 47개국을 선정해 만든 것으로, (유엔의 의회인) 총회와 (유엔의 정부라고 할 수 있는) 안전보장이사회에 이어 유엔에서 세 번째로 중요한 기구다. 이 인권이사회는 두 가지 권한을 지니고 있다. 유엔 193개 회원국이 시행하는 인권 정책을 정기적으로 점검하고, 새로운 상황이 벌어질 경우 필요하다면 국제법을 새롭게 규정하는 것이다.

인권이사회는 하위 기구로 자문위원회를 두고 있다. 18명의 전문가들(이 중 3명은 서구 국가 출신이다)로 구성된 이 기구는 이사회를 위해 서류를 심사하고 제안하는 일을 맡는다. 이 자문위원회는 결정권이 없다. 하지만 이사회를 구성하는 대사 중 인권 전문가가 희소하기 때문에 그 영향력은 막대하다.

자문위원회의 위원은 이사회가 후보자 본국의 제안을 바탕으로 임명하지만, 위원에게 위임된 책임은 강제적이지 않아 자유롭게 행동할 수 있다. 그래도 위원회의 규정에 따라 객관성, 중립성, 독립성을 지킬 것이 요구된다.

하지만 2008년부터 이 위원회 소속인 나는 일을 하며 한순간도 '중립적이지' 않았음을 고백한다. 세계를 변화시키고, 타인의 고통을 달래고, 약탈자의 팔을 꺾을 수 있기를 원하는 사람에게 인권이란 아주 훌륭한 무기나 다름없다. 그리고 투쟁이 진전되기 위해서는 다른 사람과 연합해야 한다. 독립이란 고독을 의미한다. 혼자서는 싸움에서 이기지 못한다. 승리하려면 이사회 회원국과 연합하고 위원회 내부에서 동료와 연합해야만 한다.

세계적인 계급투쟁에서, 다시 말하면 워렌 버핏 같은 이들이 주도해 나가는 부자 대 국민의 전쟁에서 우리는 자신의 진영을 선택해야 한다.

가난한 국가의 국민은 부유한 국가가 번영하는 데 필요한 자금을 대기 위해 뼈 빠지게 일하며 기력을 소진한다. 남반구 국가는 북반구 국가, 특히 이곳의 지배계급에 융자를 갚고 있다. 오늘날, 북반구 국가는 남반구 국가를 지배하기 위한 가장 강력한 수단으로 (남반구 국가가 진 빚에 관한) 채무상환정책을 이용한다.

남반구에서 북반구로 유입되는 자본금 액수는 북반구에서 남반구로 유입되는 자본금 액수를 초과한다. 가난한 국가는 투자, 협력 대출금, 인도주의적 원조 혹은 이른바 '개발' 원조라는 형식으로 부유한 국가의 지도층으로부터 돈을 지원받지만, 가난한 국가는 부유한 국가에게 자신들이 받는 금액보다 훨씬 더 많은 액수를 지불한다.

한 나라의 외채 구조를 언급할 때, (국가가 계약을 맺어 생겨난) 국가 채무와 포괄적 채무를 구분한다. 포괄적 채무는 국가 채무에 해당 국가의 사기업이 독립적으로 진 채무를 더한 개념이다.

(영어로 브라질, 러시아, 인도, 중국, 남아프리카공화국을 가리키는 BRICS[2]를 제외한) 모든 개발도상국이 진 채무는 2015년 12월 31일을 기준으로 국가 채무가 1조 5,390억 달러에 달하고 포괄적 채

무가 3조 1,700억 달러에 달한다.[3] 남반구의 국민은 채무를 상환해야 하기 때문에 노예 같은 상태에서 살아간다.

그 결과 주기적으로 과채무로 파산하는 국가들이 생겨난다. 이렇게 파산한 국가들은 채무불이행 상태에 놓이므로 채권자에게 이자와 원금을 갚을 능력이 없으며, 중앙은행의 외화보유액도 급격히 줄어든다. 국가가 '지급 정지' 상태에 처한 것으로 알려지면 세계의 주식시장에서 그 국가의 채권 가치가 폭락한다. 그러면 더 이상 공채를 발행할 수 없고 어떤 상품도 수입할 수 없다. 그로 인해 경제는 만성적인 위기를 겪고, 수출량은 거의 바닥으로 떨어진다. 외화는 더 이상 유입되지 않으며, 실업자 수는 폭발적으로 증가하고, 국가의 화폐가치도 폭락한다.

각 국가에서는 채무와 파산과 관련해 상세한 법적 절차와 많은 해결책을 마련해놓았다. 가령, 부채에 대한 지불유예명령(모라토리엄)에서부터 (우선 직원을 보호하는 일 등을 포함해) 기업의 질서 있는 파산을 유도하는 일에 이르기까지 여러 가지가 있다. 하지만 국제 무대에서 이러한 조치는 전혀 소용이 없다. 이때 유효한 가치를 지니는 건 오로지 힘의 관계다. 이 때문에 채무국과 국제 은행들은 대립하게 된다.

이러한 환경에서 지난 수십 년 사이에 새로운 주체가 등장했는데, 그것이 바로 벌처펀드다. 독수리를 뜻하는 벌처라는 이름이 붙은 건 먹이를 맹렬하게 습격하고 약점을 가차 없이 공격하는 습성 때문이다. 벌처펀드는 투기적인 투자 자본으로, 조세회피처에 등록해 활동하고, 제2의 시장⁴에서 대개는 정상적인 가치 이하의 가격으로 채권을 전문적으로 매입한다. 최대의 이익을 얻는 것이 목적인 벌처펀드는 어떤 공적인 통제도 받지 않는다.

그러면 벌처펀드는 어떻게 활동할까?

채무에 짓눌리는 국가는 발행한 채권을 할인하는 사안을 두고 주기적으로 협상해야 한다. 기술적인 측면에서, 이러한 협상은 (만일 결론에 이를 수 있다고 한다면) 이전의 채권을 사들이고 이른바 '재조정된' 새로운 증권(채권)을 유통시키는 것으로 귀결된다. 이런 식으로 재조정된 채권의 가격은 70퍼센트나 하락할 수 있다. 그렇게 되면 은행업자는 가격이 이전 채권의 30퍼센트밖에 안 되는 새로운 증권을 받게 될 것이다. 하지만 이전 증권은 사라지지 않고 남아 제2의 시장에서 유통된다.

벌처펀드는 이루 말할 수 없이 부유한 사람들이 소유하고 있는데, 수십억 달러의 군자금을 보유하고 있다. 이들은 변호사 대대라고 부를 만한 수많은 변호사들을 거느리는데, 이 변호사들은 5개 대륙에서 필요하다면 10년이나 20년 동안 소송을 벌일 능력을 지녔다. 이들은 어떻게 행동할까? 우선 제2의 시장에서 정상 가격보다 훨씬 싼 가격으로 이전 채권을 매입한다. 그 다음에는 해당 채무 국가가 그 채권을 100퍼센트 가격으로 사들이도록 법정에서 채무 국가를 공격한다.

2015년에는 26개의 벌처펀드가 32개의 채무 국가를 상대로 227건의 소송을 제기했고 이 소송들은 48군데 법정에서 진행되었다. 2005년부터 2015년까지 10년 간 벌처펀드가 승소한 비율은 77퍼센트다. 그리고 그 기간 동안 벌처펀드가 벌어들인 이익은 33퍼센트에서 1,600퍼센트까지 이른다.

영국과 미국의 법원은 벌처펀드가 가장 많이 이용하는 곳이다. 《월스트리트저널》의 연구에 따르면, 1976년부터 2010년까지 두 나라의 법원에서 26개의 채무 국가를 상대로 120건의 소송이 제기되었다. 그중 벌처펀드에 유리한 판결이 내려진 소송은 89퍼센트나 된다.

벌처펀드 때문에 사람이 죽기도 한다. 여기 한 가지 예가 있다. 2002년에 아프리카 동남쪽에 위치한 말라위에서는 아주 끔찍한 가뭄으로 기근이 들어 1만여 명이 목숨을 잃었다. 또한 국민 1,100만 명 가운데 700만 명이 심각한 영양실조를 겪었다. 하지만 말라위 정부는 이 희생자들에게 아무런 도움의 손길도 줄 수 없었다. 재해가 일어나기 몇 달 전 말라위 정부는 공개시장을 통해 국립식량비축기관이 비축해둔 4만 톤의 옥수수를 팔아야 했던 것이다. 왜냐하면 영국 법정이 벌처펀드가 제기한 소송에서 말라위 정부에게 수천만 달러를 지불하라고 선고했기 때문이다.

《파이낸셜타임스》의 논설위원 마틴 울프는 사람들이 말하는 대로 혁명가는 결코 아니지만 이런 글을 썼다. "이런 유형의 펀드를 '벌처'라고 부르는 건 독수리에 대한 모욕이다. 독수리는 적어도 유용한 역할을 한다!"[5] 그가 옳다. 독수리는 대초원에서 짐승의 시체를 청소해 전염병이 퍼지는 걸 막아주기라도 한다.

벌처펀드를 소유한 자들은 자본주의 시스템에서 가장 악랄한 약탈자다. 여기서 전형적인 인물을 몇 명 소개하고자 한다.

동료들에게 골드핑거라고도 불리는 런던에 사는 마이클 시한은 조세회피처인 버진 아일랜드에 법적인 주소를 둔 기업 도니골 인터내셔널의 주인이다. 1979년, 잠비아는 루마니아로부터 3천만 달러에 이르는 농경 기구와 장비를 수입했다. 이후에 도니골 인터내셔널은 300만 달러를 주고 루마니아가 보유한 잠비아의 채권을 구입했다. 이때 골드핑거는 3천만 달러를 받으려고 런던 법원에 잠비아를 상대로 소송을 제기했다. 그는 승소했고, 이어서는 세계 전역에서 잠비아의 수출 품목인 구리, 잠비아 정부 소유의 부동산, 남아프리카공화국에 왕래하는 잠비아의 화물차 등을 압류했다. 결국 잠비아 정부는 굴복하였고, 법정 밖에서 협상을 진행하여 골드핑거에게 1,550만 달러를 지불하기로 약속했다.

또 다른 조세회피처인 미국의 델라웨어주에 등록되어 있는 FG 캐피탈 매니지먼트의 소유주 피터 그로스만은 콩고민주공화국을 무릎 꿇게 만들었다. 구 유고슬라비아의 기업인 에네르고인베스트는 콩고강에 댐을 짓는 데 필요한 전자 장비를 콩고민주공화국(당시에는 '자이르'라고 불렸다)에 팔았다. 그런데 1980년 말, 콩고민주공화국의 킨샤사 정부는 대금 지불을 중단했다. 그러자 그로스만은 에네르고인베스트(지금은 보스니아 정부의 소유다)로부터 콩고민주공화국의 채권을 250만 달러를 주고 사들인 뒤, 킨샤사 정부에 1억 달러를 지불하라는 법원의 명령서를 제시했다. 파리 국제상업회의소가 그의 권리를 인정한 것이다. 이때부터 그로스만은 세계 곳곳에 있는 콩고민주공화국산 미네랄, 콩고민주공화국 기업의 해외 계좌를 압류했다.

둥그런 대머리에 눈이 생선의 눈알과 닮았으며 근시인 폴 싱어는 엘리엇 매니지먼트와 NML 캐피탈의 주인으로, 개인 재산 가치가 170억 달러에 이르는 갑부다.[6] 1995년, 경제위기가 페루를 뒤흔들어 은행들이 연이어 파산하자 싱어는 이 은행들의 '부실채권'을 1,100만 달러를 주고 사들였다. 은행 부채에 보증을 선 것은 페루 정부였다. 싱어는 뉴욕에서 페루의 리마 정부를 상대로 소송을 제기했고, 2000년에 그는 페루 정부로부터 5,800만 달러를 얻어냈다.

2001년, 라틴아메리카에서 브라질과 멕시코에 이어서 세 번째로 경제 규모가 큰 아르헨티나가 파산했다. 이때 아르헨티나는 810억 달러까지 상승한 국가 부채에 대한 원금과 이자 지불을 중단했다. 실업자 수는 노동인구의 20퍼센트를 넘어섰다. 화폐가치는 달러와 비교해 약 75퍼센트 하락했고, 중앙은행의 외화보유액도 급감했다. 전체 인구 중 47퍼센트가 극빈 상태로 전락했다. 이러한 파국은 무엇보다도 군부독재 때문에 발생한 것이었는데, 이 독재 정부는 역사상 유례를 찾을 수 없을 만큼 압도적으로 많은 빚을 국가에 남겼다.

아르헨티나 정부는 채권자인 은행가들을 소집했고 협상은 2년 동안 지속되었다. 자신들의 재산을 조금이라도 돌려 받고 싶었던 은행가들은 결국 채권을 70퍼센트 할인하는 걸 받아들였다.

그래서 아르헨티나 정부는 재조정된, 그러니까 이전 가치의 30퍼센트에 이르는 새로운 증권을 발행했다. 하지만 예전의 증권이 제2의 시장에서 계속 유통되고 있었고, 폴 싱어의 벌처펀드와 다른 벌처펀드들은 정상 가격보다 싼 가격으로 이 증권을 사들였다.

2003년에 은행가들과 합의한 협정으로 인해 아르헨티나는 한숨 돌릴 수 있었다. 네스토르 키르치네르 대통령은 페론주의*를 내세우는 정의당에서 당선되었다. 그가 빈곤과의 싸움에 나선 덕에 2004년부터 '극빈자'의 비율은 인구의 47퍼센트에서 16퍼센트로 감소했다. 2003년 이전에, 아르헨티나 정부는 GNP의 9.5퍼센트를 (건강, 교육, 기본 영양식 지원 등이 포함된) 사회프로그램에 투자했었는데, 부채가 급격히 줄어든 이후 이러한 투자금의 액수는 15.6퍼센트로 빠르게 상승했다.

하지만 아르헨티나는 벌처펀드와의 투쟁 전선에서 연이어 패배하고 말았다. 몇 가지 예를 들어보자.

뉴욕 연방지방법원은 앞서 언급한 법원들과 마찬가지로 부에노스아이레스 정부로 하여금 폴 싱어에게 채권에 대한 대가로 13억 3천만 달러를 지불하라는 판결을 내렸다. 싼 가격에 그 채권을 사들였던 싱어는 법원의 판결로 1,600퍼센트나 되는 이윤을 얻었

---

* 아르헨티나에서 1946~1955년, 1973~1974년 동안 집권한 후안 도밍고 페론 대통령과 부인 에바 페론이 내세운 경제 및 사회정책과 관련된 이념으로, 복지를 확대하고 노동자의 처우를 개선하는 것을 주요 내용으로 담고 있다.

다! 네스토르 키르치네르는 카사 로사다 대통령궁에서 그 판결을 인정할 수 없다는 편지를 뉴욕에 보냈지만 패배에는 또 다른 패배가 이어질 뿐이었다. 미국 판사들은 전적으로 벌처펀드의 손을 들어주었다.

그럼에도 불구하고 아르헨티나는 계속 지불을 거부했다.

뉴욕의 판결은 물론 집행력을 지니고 있었다. 이때부터 보물찾기가 시작되었다. 싱어는 아르헨티나 중앙은행이 미국에 맡겨둔 금 보유고를 미국 정부가 압류하도록 시도했다. 그런데 당시 아르헨티나 해군의 훈련용으로 쓰이던 호위함 리베르타드호가 기니만에서 항해를 하고 있었다. 이 호위함은 가나의 아크라 항구에 정박했는데, 뉴욕의 판사로부터 요구를 받은 가나 정부는 리베르타드호를 압류했다. 밀을 실은 채 함부르크 항구에 정박하고 있던 배, 마이애미에 착륙해 있던 비행기 등, 벌처펀드로부터 돈을 받은 변호사들은 세계 도처에서 아르헨티나의 재산을 압류하기 위해 시도했고, 대부분 성공을 거뒀다. 2015년 프랑스에서만 아르헨티나를 상대로 40건의 압류 절차가 진행되었다.[7]

2007년, 네스토르 키르치네르의 임기는 끝에 이르렀다. 하지만 그의 뒤를 이은 사람은 다름 아닌 키르치네르의 부인 크리스티나 페르난데스 데 키르치네르였고, 그녀 역시 페론주의 좌파에 속해 있었다. 그런데 그녀는 전략을 바꿨다. 벌처펀드에 굴하지 않으면서 유엔인권이사회에 문제를 제기하기로 결정한 것이다. 약탈자의 행위에 영구적으로 종지부를 찍을 국제법 규정을 얻어내는 것이 그녀의 목적이었다.

크리스티나 대통령은 제네바에 파견될 인물로 매우 명망이 높은 알베르토 페드로 달로토를 임명했다. 외무차관을 지내고, 이후에는 뉴욕에서 대사로 활동했던 달로토는 우아하고, 겸손하고, 키가 크고, 안경 너머로 날카로운 눈빛을 지녔다. 그는 호르헤 루이스 보르헤스 같이 완벽하고 지적인 '부에노스아이레스 사람'이었다. 그는 인권이사회에서 빠른 시간 안에 라틴아메리카 국가 그룹의 지도자급 중재자로 인정받았고, 곧이어 이사회의 부의장으로 당선되었다.

2013년에 나는 인권이사회 자문위원회에서 재선하기 위해 사람들에게 나를 알리는 캠페인을 벌였다. 반면 미국과 이스라엘 정부는 나의 명예를 신랄하게 깎아내리는 캠페인을 전개했다. 그 이유는 뒤에서 설명할 것이다.

당시 스위스 정부는 제네바에 능란하고 임무 수행력이 뛰어난 알렉산드르 파젤 대사를 파견한 상태였다. 내게 '외교상'의 겸손함이 결여되었다고 나무라던 그는 내가 하는 일에 매우 비판적이었다. 어느 날 그가 말했다. "아르헨티나 대사가 당신을 위해 열정적이고 아주 능숙하게 선거 운동을 하고 있더군요. 그런데 그가 왜 그러는지는 아무도 이해하지 못합니다." 나는 리셉션에서 이 아르헨티나 대사와 몇 차례 마주쳤고, 이따금 복도에서도 마주치곤 했지만 우리는 가까운 사이가 아니었다.

그럼에도 그는 내가 당선되는 데 결정적으로 기여했다.

1년 후에 나는 그가 내게 호의적이던 이유를 알게 되었다. 벌처펀드와의 투쟁을 준비하던 그는 위원회에서 믿고 의지할 수 있는 조사관이 필요했다. 그러던 와중에 나의 책 『탐욕의 시대』[8]와 『빼앗긴 대지의 꿈』[9]을 읽은 것이다. 인권이사회는 2014년 9월 26일에 채택한 결의안 27/30에 따라 자문위원회에 다음의 두 질문에 답하는 분석적인 보고서를 작성해 줄 것을 요청했다. "벌처펀드는 피해를 입은 국민의 경제적 · 사회적 · 문화적 권리를 어느 정도로, 그리고 어떤 방식으로 침해하고 있는가? 벌처펀드의 행위를 막을 필요가 있다면 어떤 국제법 규정을 새로 마련해야 하는가?"

나는 이 두 질문에 답하고, 필요하다면 새로운 규정을 제시할 위원회의 조사관으로 지목되었다.

어느 날, 나는 제네바에 있는 티파니 레스토랑에서 식사를 하고 있었다. 세계적으로 유명한 아르헨티나의 피아니스트 미겔 앙헬 에스트레야가 빅토리아홀에서 막 콘서트를 끝낸 이후였다. 달로 토 대사와 그의 배우자, 그리고 나와 에리카는 콘서트가 끝난 다음에 마련된 저녁식사에 초대되었다. 우리는 테이블에 함께 앉았다. 이때의 저녁식사를 나는 결코 잊지 못할 것이다.

1976년, 에스트레야는 비델라 장군의 쿠데타로 수립된 부에노스아이레스 독재 정부를 피해 도주하던 중 몬테비데오의 콘도르 조직원에게 붙잡혔다. 이 콘도르 조직은 칠레, 아르헨티나, 볼리비아, 브라질, 우루과이의 군사독재 정부 비밀 요원이 수행하는 암살 작전을 통괄하고 있었다. 예후디 메뉴인을 포함한 여러 예술가가 세계적으로 캠페인을 벌인 덕분에 에스트레야는 목숨을 건질 수 있었고, 1980년에는 자유의 몸이 되었다. 이후에 그는 프랑스로 망명했다.

나는 에스트레야에게 그가 붙잡혔던 상황에 대해 질문했다. 알베르토 달로토는 말없이 듣고 있다가, 에스트레야의 이야기에 정확한 설명을 덧붙이며 몇 마디 지적을 하기 시작했다. 그 역시 생존자였던 것이다. 쿠데타가 일어나자마자 부에노스아이레스대학교의 학생이던 달로토는 10여 명의 친구들과 함께 지하에서 저항 운동을 벌이기 시작했다. 하지만 비밀리에 살아간다는 건 불가능한 일이 되었다. 친구들이 하나둘씩 '사라진' 것이다.

당시에 '사라진다'는 건 체포된 다음 고문을 받다가 죽는 것을 의미했다. 가령, 체포된 사람들은 헬리콥터에서 산 채로 아르헨티나와 우루과이 사이를 지나 대서양으로 흘러드는 라플라타강에 버려지곤 했다. 알베르토는 부에노스아이레스의 유명한 의사였던 아버지에게 메시지를 전하는 데 성공했다. 그의 아버지는 당시 독재 체제에서 중요한 직책을 수행하던 한 경찰서장의 부인을 수술해 목숨을 살린 일이 있었다. 이 일로 경찰서장은 알베르토의 아버지에게 매우 고마워하고 있었다. 알베르토의 아버지는 그를 만났다. 경찰서장은 알베르토가 '테러리스트'가 아니라는 공식적인 결정을 내린 다음 그에게 여권을 마련해줬고, 나중에는 에어프랑스 항공기의 트랩에까지 몸소 나가 알베르토를 배웅했다.

티파니 식당에서 저녁을 함께 하고 나서 우리는 깊은 연대감을 느꼈으며, 서로를 존중하는 태도로 견실한 우정을 나누었다. 우리가 매우 빠른 시간 내에 공들여 계획한 투쟁 작전은 복잡했다. 미국, 독일, 영국, 캐나다, 호주는 벌처펀드의 활동에 어떠한 제한도 두지 않았으며, 제한을 두는 것에도 열성적으로 반대했다. NML 캐피탈의 소유주 폴 싱어는 공화당에 가장 많은 돈을 기부하는 인물로 알려져 있었다. 그런 그가 달로토를 상대로 미국 재무부와 국무부의 반대를 이끌어내는 것은 전혀 어려운 일이 아니었다. 월스트리트의 주장에는 반론이 불가능하다. 벌처펀드는 자유 시장을 작동시키는 한 수단이고, 시장의 자유는 신성하다는 것이다.

내 생애에서 2014년과 2015년만큼 많은 일을 한 경우는 드물었다. 동료이자 스페인의 젊고 뛰어난 법률가인 밀레나 코스타스 트라스카사스와 얼마나 많은 시간을 함께 일했던가? 약탈당한 나라들의 외교관과 얼마나 많이 토의했던가? 유엔무역개발회의의 경제학자를 얼마나 많이 만났던가? 금융시장 전문가이자 대학 친구인 마르셀로 코엔, 마르크 체스니와 얼마나 많은 토의를 했던가? 이 일들은 매우 매력적이었지만 기력을 소진시키는 것이었다.

2016년 2월 15일, 나는 보고서를 제출했다.[10] 나는 거기서 벌처펀드의 활동이 세계 모든 국가의 법에 실제적으로 존재하는 선의의 규칙을 위반하고 있다고 설명했다. 예를 들어 스위스 민법은 그 규칙에 대해 다음과 같이 언급한다. "각 개인은 선의의 규칙에 따라 권리를 행사하고 의무를 이행할 책임이 있다. 권리를 명백히 악용하는 일은 법에 의해서 보호받지 못한다."(2B조, 1, 2항) "선의가 상황에 따라 요구되는 배려와 양립하지 못할 경우, 누구도 그 선의에 따라 행동할 수 없다."(3B조, 2항) 그런데 국가의 부채를 재편성하는 작업이 끝에 이르러 재조정된 증서가 발행될 때 벌처펀드는 선의를 위반하는 일을 시행한다. 내가 새로운 국제법 규정을 마련하라고 조언한 것은 바로 이런 이유 때문이다. 그에 관한 내용은 다음과 같다.

채권자가 한 국가에서 발행한 공채나 채권을 사들이면서 불법적인 이익을 추구할 때, 채무자인 국가에 대한 그의 권리는 방금 언급한 공채나 채권을 사들이는 데 지불한 가격으로 한정되어야 한다. 그러므로 어떤 유죄 판결도 선고될 수 없으며, 국가가 인정한 공채나 채권에 대해 현재의 기준으로 정해진 한계를 넘어서서 가격을 지불하도록 하는 외국의 중재 판결이나 유죄 판결은 효력을 가질 수 없다.

불법 이익을 추구하는 일은 채권자가 공채나 채권을 사들이는 데 투자한 가치와 공채나 채권의 액면가치[11]사이의 명백한 불균형에서, 혹은 채권자가 공채나 채권을 사들이는 데 투자한 가치와 채권자가 지불하기를 요구하는 금액 사이의 명백한 불균형에서 기인한다.[12]

팔레 데 나시옹은, 그리고 일반적으로 유엔은 스파이들로 가득하다. 세계의 모든 첩보 기관, 특히 (미국, 중국, 러시아, 그리고 정도가 심한 건 아니지만 프랑스 같은) 열강의 첩보 기관이 외견상으로는 철저한 보안 속에서 진행되는 듯한 대화를 엿듣고, 몰래 서류를 복사하고, 유엔의 국제공무원에게 뇌물을 주고, 신임을 얻은 유엔 파견 외교단인양 자주 행동한다. 따라서 서구의 (그리고 다른 지역의) 스파이가 나와 알베르토 달로토 사이의 아주 사소한 대화까지 엿듣고, 작업 기간 동안 내가 어떤 일을 하고 있었는지 파악한 것은 지극히 당연한 일이다.

인권이사회의 투표는 2016년 9월 회합 시기에 실시될 예정이었다. 팔레 데 나시옹에서 수백 미터 떨어진 프레그니에 위치한 미국 대사의 요새*에서는 경보음이 울렸다. 적들은 자신들이 패배할 수도 있다는 걸 분명히 의식하고 있었다. 그들은 내가 보고서에서 조언한 내용을 알고 있었으며 달로토가 이사회로 하여금 그 조언을 채택하도록 만들기 위해 필요한 사람들을 결집시켰다는 사실도 파악하고 있었다. 달로토가 그렇게 했을 개연성은 충분했다.

그래서 적들은 전략을 바꿨다. 그들은 유엔 안에서 싸우기를 포기하고 할 수 없이 그들의 조상이 사용했던 전략, 즉 덜 복잡하면서도 효과가 있는 전략을 채택하기로 했다. 바로 부패의 힘을 빌리는 것이다. 아르헨티나는 2015년 12월에 대통령 선거를 치렀다. 좌파연합이 지목하고 크리스티나 키르치네르가 지지한 후보(이 후보가 당선된다면 벌처펀드에 대항하는 투쟁을 계속 이어나가야 했다)는 실제로 거의 모든 여론조사기관으로부터 호의적인 평가를 받았다. 하지만 이 후보는 최종적으로 지방 출신의 우파 정치인에게 패

---

* 유엔의 미국 대사가 머무르는 곳이나 업무하는 곳을 이런 식으로 비유적으로 표현하고 있다. 미국인들이 이 장소를 병력을 동원해 철통같이 보호하고 있기 때문이다.

배하고 말았다. 이 우파 정치인이 당선되기 위해 천문학적인 액수
의 돈을 쓴 것이다.*

아르헨티나의 대통령이 된 마우리시오 마크리는 벌처펀드가
요구하는 것들을 지체 없이 모두 들어줄 것이라고 선언했다. 그리
고 그는 실제로 그렇게 했다! 그는 임기 첫 6개월 동안 벌처펀드에
약 100억 달러를 지불했다. 그는 선임자들이 약속한 사회복지 예
산을 대대적으로 감축해 이 돈을 마련했다. 동시에 국제 금융시장
은 아르헨티나에 문을 개방했다. 이 나라는 다시 빚을 졌고, 2016
년 3월부터는 국제 금융시장에서 진 빚이 150억 달러에 이르렀다.
불가촉천민으로 취급받던 아르헨티나는 순식간에 국제 금융시장
이 소중히 여기는 나라가 되었다.

2016년부터 마크리는 외국인 멘토가 요구한 극단적인 자유주
의 정책을 국내에서 실시하기 시작했다. 농산물 수입품에 대한 관
세와 더불어, 다국적 탄광기업에 부과하는 세금을 면제한 것이다.
2015년까지 기업 셸 아르헨티나의 CEO를 지낸 다음 에너지장관
이 된 후안 호세 아란구엔은 새 대통령 임기의 첫 6개월 동안 에너
지와 관련해 8개의 중요한 계약을 체결했는데, 아르헨티나의 이름
으로 성립되었지만 이 중 7개의 계약은 셸 사**에 혜택이 돌아가는
것이었다.

---

* 미국이 이 정치인에게 선거자금을 대주었음을 암시한다.
** 로열 더치 셸은 네덜란드에 본사를 둔 세계적인 다국적 기업으로, 석유나 석유화학제품 생
산과 관련된 사업을 한다.

마크리가 추진한 정책은 노동자 계급에게 끔찍한 결과를 불러왔다. 인플레이션으로 물가가 28퍼센트 상승하고 수십만 명의 실업자가 발생했다. 전기 요금, 가스 요금, 대중교통비, 연료비도 각각 500퍼센트, 400퍼센트, 100퍼센트, 5퍼센트나 올랐다.[13]

2016년 4월, 파나마 공화국의 모색 폰세카 로펌이 만든 역외회사 리스트, 곧 국가가 부과하는 세금을 회피하고 어떤 경우에는 비밀스럽게 돈세탁을 하도록 도와준 기업의 목록이 알려지면서, 파나마 페이퍼스 스캔들이 터졌다. 마우리시오 마크리가 로펌의 도움을 얻어 조세회피처인 바하마에 120만 달러가 예금된 개인 비밀계좌를 소유하고 있다는 사실이 알려지자 아르헨티나 국민은 모두 경악했다. 2016년 5월 31일, 대통령은《라 나시온》에서 비밀 계좌가 존재한다는 사실을 인정했다.

마크리 대통령은《국제정치》에 실린 알리세 포우야트와의 인터뷰에서 자신의 정치적인 모델을 언급한 적이 있는데, 그 첫 번째 인물은 콜롬비아의 전 대통령이자 라티푼디움*의 소유주를 지키는 군대식 조직의 우두머리를 지낸 알바로 우리베였다.[14]

2016년 5월 23일 월요일 정오 무렵, 뤼생에 있는 우리집에서 이 책을 쓰고 있을 때 전화가 울렸다. 임무를 지니고 유엔에 파견된 알베르토 달로토였다.

"새로 파견될 대사는 당신과 이야기를 나누고 싶어 할 겁니다."

그의 목소리는 망설임이 없었지만 슬픈 어조를 띠고 있었다.

---

* '광대한 사유 농지'라는 뜻으로, 이곳에서는 고대와 같은 노동 착취가 행해진다.

"저는 떠납니다."

"어디로 가시죠?"

"복귀하라는 지시가 내려와서 부에노스아이레스로 갑니다."

"그럼 그곳에서는 무슨 일을 하시는 거죠?"

"저도 아는 바가 전혀 없습니다."

"좌천될까요?"

"네."

내가 알베르토 달로토를 다시 볼 수 있을지는 모르겠다. 그래도 내 기억 속에 그는 불굴의 힘과 온전히 선의로 가득 찬 용기를 보여주며 국민의 이익을 지키려 한 외교관의 모범으로 영원히 남을 것이다.

오늘날 번영을 누리는 벌처펀드는 부자는 힘이 세고 국가는 힘이 약하다는 사실을 왜곡된 방식으로 뚜렷이 보여준다. 세계화된 금융자본은 각국에 지지자와 하수인을 두고 있다. 유엔은 '새천년 개발 목표'가 실패한 이후 그 소수 지배집단의 오만함―이 오만함이 그토록 한쪽으로 기울어진 불행의 원천이다―과 대면했고, 내가 앞서 언급한 '2030 어젠다'를 공들여 계획했다. 예를 들어 기아 문제에 대해서는 더 이상 '희생자의 수를 감소시키는 것'이 아니라 집단적인 죽음을 완벽하게 막아내는 것이 목표다. '2030 어젠다'의 두 번째 목표는 '기아를 완전히 종식시키기'라는 표제어를 달고 있다.

하지만 여기서도 마찬가지로, 이 29페이지짜리 문서로는 기아 종식을 위한 구체적이거나 현실적으로 효과적인 조치를 취할 수 없다. 가령 증권시장에서 주요 식량을 대상으로 투기하는 일, 헤지펀드가 남반구의 농경지를 부당한 방식으로 소유하는 일, 농작물을 연료로 사용하는 일, 유럽이 세계 식량시장에서 헐값으로 식량을 팔아버리는 일, 벌처펀드가 부정하게 이익을 취하는 일 등을 금지하는 조치를 국가에 강제할 수 없다.

서구의 국가원수와 정부각료는 세계 식량 거래량의 85퍼센트를 통제하고 있는 10여 개 다국적 사기업의 분노 섞인 반응과 경제적·정치적 보복을 몹시 두려워하기 때문이다.[15] 그럼에도 '2030 어젠다' 작성에 참여한 국가들은 정상참작의 여지가 있다.

유엔은 국가들 간의 조직이다. 안전보장이사회를 구성하는 15개의 회원국 중 5개국은 상임이사국으로 행정권을 행사한다. 193개 회원국은 유엔의 국회라고 할 수 있는 총회에 참석한다. 총회에서 각 대륙의 국가 수에 비례해 47개국을 선출해 인권이사회[16]를 구성한다. 앞서 말했지만 이 기구는 주기적인 조사를 실시해 각 국가가 세계인권선언에 따른 규칙을 준수하는지 감독한다.

그러나 세계인권선언이 공표된 1948년 이후, 그리고 지난 25년 사이에 세계는 눈에 띄게 변화했다. 1945년, 승전국들은 자주권을 일부 상실했다. 그리고 해가 지날수록 그들은 더 많은 자주권을 잃어가고 있다. 국가의 결정권이 국가—이 국가가 민주주의 체제건 그렇지 않건 간에—의 정부에게서 초대륙적이며 세계화된 자본을 가진 소수 지배집단의 손으로 눈에 띄지 않게 천천히, 그러나 확실하게 넘어간 것이다.

이제부터 이 지배집단의 위협적인 권력은 막대해질 것이다. 여기 한 가지 예가 있다.

2011년 10월에 프랑스는 G7 정상회의를 주관했다. 그달 초, 니콜라 사르코지는 저녁 8시에 방송되는 채널 TF1의 프로그램에 출연해, 프랑스 정부는 이제 증권시장에서 주요 식량을 대상으로 벌이는 투기를 금지해달라고 G7 정상들에게 요구할 것이라 선언했다. 이러한 투기는 식량의 생산자도 소비자도 아닌 금융가가 벌이는 일이다. 사르코지 대통령에 따르면, 작물 가격이 폭등하는 주요한 원인 중 하나는 기본 농작물 시장의 자본화다.

정상회의는 그달 말에 칸에서 열렸다. 하지만 프랑스는 회의에서 자국의 입장을 더 이상 고수하지 못했다. 그 사이에 다국적 식량기업들이 결집해 워싱턴, 런던, 베를린, 심지어는 파리에서까지 단호히 자신들의 의사를 알렸기 때문이다. 그들은 '시장의 자유'는 침범해서는 안 되는 영역이라는 기치를 내세우며 프랑스 대통령이 제안하려 했던 안건에 반대했다.

기본 농작물 거래의 통제권을 쥐고 있는 그 소수 지배집단의 구성원들은 프랑스를 무릎 꿇렸고, 한 나라의 대통령에게 굴욕을 주었다.

니콜라 사르코지는 높이 평가받을 수도 있고 그렇지 않을 수도 있다. 하지만 어쨌든 그는 2011년에 프랑스에서 민주적으로 당선

된 대통령이다. 그리고 프랑스는 유엔안전보장이사회의 상임이사
국이자 유럽 대륙에서 두 번째로 경제규모가 큰 나라다.

세 번째 천년의 시기로 막 진입할 무렵, 독일의 사회학자 위르
겐 하버마스는 경종을 울렸다.

오늘날 '세계화'라는 이름으로 변화의 흐름이 나타나고 있다. 이
흐름은 우리 주의를 끌며 훌륭한 역사적 성취들을 바꿔 놓으려 한다.
우리는 국가, 사회, 경제가 같은 국경 안에서 거의 동일한 외연을 갖고
있었다는 사실로 인해 그러한 성취들을 이룰 수 있었다. 그런데 시장
의 세계화로 인해 (단순한) '국제적인' 경제시스템─국가들은 이 시
스템 내부에서 국내 거래와 국제 거래 사이의 경계를 정의내린다─
이 '초대륙적인' 경제로 변화하고 있다. 여기서 중요한 사실은 무엇보
다도 자본이 세계 도처로 움직이는 현상이 가속화되고 있으며, 세계
적인 차원의 그물망으로 조직된 금융시장이 국내 생산지들의 가치를
정한다는 것이다. 오늘날 국가적 주체들이 세계적인 상거래의 그물망
속에서, 예전에 그 그물망에 국가 간 관계나 국제적 관계의 구조를 강
요했던 매듭을 지을 수 없는 이유는 이 때문이다. 오늘날 국가의 경제
는 국가의 경계 안에 있지 않다. 오히려 국가는 시장 안에 존재한다.[17]
하버마스는 다음과 같은 결론을 내린다.

기업들은 막대한 이익을 내는 생산지로 내달리며 세계적으로 첨
예한 경쟁을 벌이고 있다. 이러한 조건 속에서 기업들은 어느 때보다

생산성을 높이고 노동 전체를 합리적으로 조직화해야 할 상황에 처했다. 이런 이유 때문에, 기술 발달로 일자리가 감소하는 경향이 장기적으로 더욱더 촉진된다. 지역 자원과 긴밀히 연관되어 있던 기업들의 경쟁력이 점차 약화되는 반면에, 이곳저곳을 옮겨 다니는 기업들이 차츰차츰 위협적인 권력을 갖게 된다. 이러한 사실은 대량 해고를 통해 분명하게 드러난다. 실업이 증가하고 악순환을 불러오는 상황, 사회적인 안전시스템이 필요를 충족시키는 능력을 조금씩 잃는 상황, 그리고 세수가 축소되는 상황—국가의 자본이 마지막 보루로 내몰리게 되는 순환—속에서, 성장을 유도하는 (국가의) 조치들은, 이 조치들을 취하는 것이 불가능함에도 불구하고 더욱더 필요해진다. 왜냐하면 그동안에 국제적인 증권시장들이 국가의 경제정책을 '평가하는' 임무를 떠맡게 되었기 때문이다.[18]

인간의 사회를 세계화된 금융자본주의의 정점으로 내몬 역사적 사건이나 기술혁명, 정치 투쟁과 정치적인 결정[19]을 지금 되돌아보려고 하는 것은 아니다. 자본주의를 주도하는 소수 지배집단은 인류의 역사에서 어떤 황제나 교황이나 왕도 가져본 적 없는 권력을 쥐고 있다. 또한 이들은 국가나 국가 간의 통제, 그리고 국제사회, 국회, 노동조합의 통제에서 모두 벗어나 있다. 그들의 전략은 오로지 하나다. 즉 가장 빠른 시간 안에 이익을 극대화한다는 원칙을 따르는 것이다. 세계은행에 의하면, 2015년에는 모든 분야를 총괄해 선별한 500개의 매우 부유한 다국적 사기업이 세계 총생산, 즉 전 세계에서 (상품, 서비스, 자본, 특허 등을 포함해) 한 해 동안 산출된 모든 부의 53퍼센트 이상을 점유했다.

그 기업들을 지배하는 유일한 법칙은 다른 기업과 합병하거나, 다른 기업을 무너트리거나, 매수를 하는 방식으로 나타나는 정글의 법칙, 가장 맹렬한 경쟁의 법칙이다.

이런 상황에서 그들에게 어떤 도덕적인 요구를 하거나, 어떤 윤리적인 의무를 상기시키는 것은 그다지 합리적이지 않을 것이다. 네슬레, 유니레버, 카길*은 사실 세계의 기아와 싸우기 위해서가 아니라, 이익을 극대화하기 위해 일하고 있다.

나는 식품업계에서 세계적 대기업인 네슬레의 회장이자 교양 있고 훌륭한 스키어인 피터 브라벡 레트마테를 존경하고, 거의 호감을 가지고 있다. 하지만 만일 브라벡이 매년 네슬레 주식의 가치(주주 가치)를 눈에 띄게 크게 올리지 못한다면, 그는 자신의 자리를 잃을 것이다.

우리는 구조적으로 폭력적인 세계와 대면하고 있다.

《뉴욕타임스》의 기자가 다음과 같은 일화를 전했다. 2001년 조지워싱턴대학교 교수인 미첼은 『기업의 무책임Corporate Irresponsibility』이라는 책을 예일대학교출판부에서 발행했다. 그는 이 책에서 미국의 주요 다국적 기업들이 특징적으로 갖고 있는 무소불위의 권력과 오만함에 대해, 치밀한 논거와 훌륭한 자료를 근거로 신랄하

---

* 세 기업은 표면상으로는 유엔의 사막화방지운동에 참여해 아프리카의 기아를 줄이는 일에 협력하고 있다.

게 비판했다. 이 책은 미국은 물론 유럽과 아시아에서 큰 화제가 됐고, 저자의 견해는 열정적인 토론의 대상이 됐다.

2001년, 미국의 빌 클린턴 대통령은 두 번째 임기가 끝나갈 무렵에 전용기로 우간다로 가는 도중 한 기자로부터 갑작스런 질문을 받았다. "대통령께서는 미첼의 책을 읽으셨습니까? 그 책을 읽고 어떤 결론을 얻으셨습니까? 앞으로 무엇을 하실 겁니까?"

클린턴은 잠시 동안 침묵하다가 대답했다. "별 도리가 없습니다. (…) 저는 미합중국의 대통령일 뿐입니다."

2015년에는 세계에서 가장 부유한 상위 1퍼센트의 사람들이 나머지 99퍼센트의 사람들보다 많은 재산을 가지고 있었다.[20] 그리고 세계에서 가장 부유한 62명의 거부들은 전 세계 50퍼센트의 사람들보다 더 많은 부를 소유하고 있었다.

같은 해 달러로 계산했을 때 억만장자는 1,826명이었다. 그런데 동일한 시기에 73억의 세계 인구 가운데 30억에 가까운 인구가 하루에 2달러 미만의 수입으로 살아가고 있었다. 심지어 이보다 못한 사람들도 매우 많았다. 세계은행의 관료들은 이렇게 지상에서 버려진 사람들을 가리키는 완곡한 표현으로 '극빈자'라는 말을 사용한다.

이 세계의 주인들 중 몇몇은 아프리카와 라틴아메리카의 대부분 국가들의 국내총생산보다 더 많은 재산을 갖고 있다. 예를 들어, 마이크로소프트의 빌 게이츠와 그의 부인의 재산은 810억 달러로 추정된다. 멕시코 기업인 카를로스 슬림의 재산은 790억 달러에 이르고, 워렌 버핏의 재산은 730억 달러가 넘는다.

세계는 지옥 같은 악순환에 빠져 있다.

매우 부유한 사람과 극도로 가난한 익명의 대중 사이에 존재하는 불평등은 끊임없이 커지고 있다. 2010년과 2015년 사이에 세계에서 가장 부유한 562명의 부는 41퍼센트 증가한 반면, 가장 가난한 30억 명의 재산은 44퍼센트 급락했다.

엄청난 재력을 소유한 사람들의 반은 미국 출신이다. 나머지는 유럽 출신이고, 중국, 일본, 사우디아라비아, 멕시코, 브라질 등의 출신도 적게나마 존재한다.

대부분의 사람들은 여기서 언급한 수치 뒤에 가려진 금융적·경제적·정치적·이데올로기적 권력의 크기를 상상조차 하지 못할 것이다. 나는 이런 상상을 해 본다. 만일 누군가가 1달러짜리 지폐를 나란히 늘어놓는 데 흥미를 느낀다면, 10억 달러로 지구를 세 바퀴나 돌 수 있다.

오늘날, 몇몇 신자유주의 경제학자들은 완벽하게 반박할 수 있는 주장을 옹호하고 있다. 나는 여기서 극도로 단호하게 그 주장을 반박하고 싶다. 그들은 확실히 불평등이 정의의 추상적 의미에 반대된다고 말한다. 하지만 그 불평등이 카라치나 마닐라나 상파울루의 난민촌 주민이 황폐한 삶을 이어가는 비참한 현실에 대해 책임이 있는 건 아니라고 주장한다. 그러고는 이 경제학자들은 영국의 경제학자 데이비드 리카도가 후에 다시 받아들인 애덤 스미스의 말을 인용한다. "건강과 마찬가지로, 부는 누구에게서 받아낼

수 있는 것이 아니다."²¹

이 주장은 명백히 불합리하다. 나의 친구이자 동료인 만프레트 노바크가 그 이유를 설명한다. 현재 빈대학교의 교수인 노바크는 오랜 시간 유엔인권이사회 소속이었는데, 불굴의 의지를 지니고서 고문과 여러 다른 비인간적 처우를 다루는 특별조사관으로 일했다. 그는 지칠 줄 모르고 세계를 돌아다니며 감옥을 방문하고, 고문실에 들어가는 데 성공했으며, 심각한 부상을 입은 피해자나 그 지인들의 이야기를 들었다. 그는 무책임한 국가가 시민에게 부과하는 절망적인 삶과 고통이 어떤 것인지 잘 알고 있다.

5개 대륙 곳곳에서 수천 명이 만프레트 노바크 덕분에 목숨을 건질 수 있었다. 그의 악착같은 노력 덕분에 그들은 자유의 몸이 된 것이다.

그의 말에 따르면, 몇몇 사람이 아주 막대한 부를 축적하는 과정에서 불평등이 파생되는 것은 국가의 규칙이 사라졌기 때문이다. 가령 은행을 통제하는 절차가 폐기되고, 사적인 독점권이 생겨나고, 조세회피처가 만연하는 등의 현상 때문에 부자는 더 많은 재산을 축적할 수 있는 것이다.

문제의 불평등은 필연적으로 가장 취약한 계층을 위한 사회적 서비스를 축소시킨다. 또한 시민과 지도자 사이의 신뢰를 약화시키고 파괴하는 현상을 낳는다.

노바크는 사회를 가혹한 곳으로 만드는 이런 과정을 지칭하기 위해, 거의 번역이 불가능한 독일어 'ausgehöhlt'('홈이 패인', '안이

빈', '실체가 없는' 등의 뜻을 지닌다)를 사용한다. 불평등은 민주주의 국가를 '안에서부터' 공격한다. 암적인 존재와도 같은 불평등은 인간의 권리를 위협하고, 차츰 사회를 집어삼킨다.[22]

국가가 힘을 상실하고 신념도 법도 없는 소수 지배집단이 이 세계를 다스릴 때, 그리고 법치국가 대신에 살인적인 질서가 자리잡을 때, 누가 공공재와 보편적인 이익을 보호하겠다고 주장할 수 있을까?

한 번 더 위르겐 하버마스의 견해를 들어보자.

> 시장에 의해 정치가 축출되고 있다. 국민국가는 세금을 징수하고 경제성장을 유인하여 국가의 합당성을 보장한다. 하지만 국가는 이 능력을 점점 상실하고 있다. 그러나 국가 외에 그 어떤 것도 이런 상실을 보상할 수 없다. (…) 자본이 빠져나가는 지속적인 위험에 대면한 국민의 정부는 비용을 낮추는 일을 거쳐 탈규제에 이르는 길을 미친 듯이 질주하게 된다. 그 결과 혐오스러운 이익이 창출되고, 전대미문의 임금 격차가 나타나며, 실업이 증가하고, 사회 소외계층이 점점 많아진다. 많은 사람들의 정치적 참여를 이끌어내는 사회적 조건이 파괴될수록, 민주주의적 결정은 공식적이고 올바른 절차를 통해 채택되었다 해도 그 신뢰성을 상실하게 된다.[23]

하버마스는 이 논리를 바탕으로 주권의 이동에 대해 질문한다. 쇠퇴하는 국가의 뒤를 이어 공공재를 보호할 임무를 맡을 국가 간의 기관, 초국가적인 기관이 존재할 수 있을까?

하버마스는 이 역할을 유럽이 맡을 수 있다고 생각했으나 나는 그의 견해에 동의하지 않는다. 내가 보기에, 유럽연합(EU)은 '대륙 민주주의'라는 호칭을 지닐 수 없다. 오늘날 이 연합이 조직되어 있는 모습을 볼 때, 창설자들이 무엇을 소망했건 간에 유럽연합은 본질적으로 초국가적인 사기업의 이익을 클리어링clearing*하고 통괄하고 증대시키는 기구이기 때문이다.

수많은 징후가 이런 사실을 증명한다.

지금 유럽연합 집행위원장은 장 클로드 융커로 우스꽝스러울 정도로 다국적 자본의 하수인 역할을 훌륭히 수행하고 있다. 2002년부터 2010년까지, 그는 룩셈부르크의 총리와 재무장관, 그리고 유로존 재무장관을 위한 비공식적인 기구이지만 최고의 권위를 지닌 유로그룹의 의장을 동시에 지냈다. 그는 이 직위에 있으면서 '세법해석 사전답변제도'**라고 불리는 548개의 비밀스런 세무 타협안을 놓고 금융·상업·산업·서비스 분야의 수많은 다국적 기업들과 협상했다. 사람들이 조심스럽게 말하듯, 룩셈부르크의 이 '사전답변제도'는 탈세를 도와주려는 목적에서 만든 것이다.

국제회계감사기업인 PwC에서 일했던 용감한 앙트완 델투르

---

* 이익 산출에 방해가 되는 것을 제거한다는 뜻.

** 기업 활동에서 발생하는 세무문제의 불확실성을 해소하기 위해 관세당국에 사전에 특정한 상황에 대한 유권해석을 요청하는 경우에, 세무당국에서 조세법령해석의 명확한 기준을 포함한 제반 사항을 심사해 알려주는 제도. 기업은 이 제도를 활용함으로써 세법상 확실한 해석을 얻을 수 있다.

는 어느 날 융커가 만들어낸 시스템을 폭로했다. 이어서 국제탐사보도언론인협회가 수행한 아주 훌륭한 작업 덕분에, '사전답변제도'의 실체가 밝혀졌고 '룩스리크스LuxLeaks'*라는 표현이 시민들에게 알려졌다.

내가 이 글을 쓰는 순간에도, 장 클로드 융커는 유럽연합 집행위원회장직을 계속 맡고 있다. 반면 앙트완 델투르는 재판을 기다리고 있다. 룩셈부르크 검찰이 금융 관련 기밀사항을 누설했다는 이유로 그에게 소송을 제기한 것이다. 그는 5년의 징역형과 벌금 100만 유로를 선고받을 위기에 처했다.[24]

다른 예를 들어보자. 장 클로드 융커의 위원회는 3년 전부터 미국과 자유무역협정을 체결하고자 추진하고 있다. 이 협정의 명칭은 '범대서양 무역투자동반자협정(TTIP)'이다. 유럽연합에 소재한 41개의 다국적 기업이 이 협정을 추진하도록 만든 동인이다. 이로 인해 몇 가지 관례가 '보다 조화로워질' 것이다. 이 협정이 체결되면 식료품 분야에서 소비자를 보호하고 금융 분야를 통제하며 환경을 보호하는 규정이 축소될 것이며, 민간중재법원이 창설될 것이다. 국가가 시행하는 이런저런 법이나 행정적인 결정으로 이익이 줄어든 다국적 기업은 이 법원을 통해 강력하게 자사의 손해배상 청구를 할 수 있다.

TTIP 협상은 비밀리에 진행되고 있다. 어떤 나라의 정부도 협

---

* 다국적 기업 340곳이 조세피난처인 룩셈부르크를 통해 수십억 달러의 세금을 탈루했다는 폭로.

상가들에게 위임된 직무에 관해 알지 못한다. 그러나 일단 협정이 체결되면, 어떤 나라의 국회도 이 협정을 문제 삼거나 비준을 거부할 수 없다.

하지만 이보다 더 심각한 문제가 있다.

2016년 봄. 내가 이 책을 쓰고 있는 지금 이 순간, 수십만 명의 난민이 시리아, 이라크, 아프가니스탄에서 벌어지는 전쟁의 참상을 피해 조국을 떠나고 있다. 1951년 7월 28일, 전 세계의 국가들은 난민의 지위와 관련된 협정, 이른바 '제네바 협약'을 승인했다. 이 협약에 의해, 새로운 보편적 인권인 보호권*이 생겨났다.

자국에서 정치, 종교, 인종차별 때문에 박해를 받는 사람은 누구나 국경을 넘어 외국 정부에 보호와 피신처 제공을 요구할 수 있으며, 이것은 박탈할 수 없는 권리다.

그런데 유럽연합은 지금 이 협약을 폐지하려 한다. 유럽연합은 자체 국경을 봉쇄하고, 고문을 당하거나, 심각한 부상을 입거나, 심지어 죽지 않기 위해 도망치는 성인들과 아이들이 난민 대피소를 요구하지 못하도록 벽과 방책과 철조망을 세우고 있다.

유럽연합 본부가 있는 브뤼셀의 혐오스런 관료들은 이런 식으로 수십만 명의 피해자를 절망적인 상황으로 내몰며, 유럽연합의 토대를 이루는 근본적인 원칙인 법에 의한 통치와 연대의 절대적인 필요성을 폐기해버리려 한다.

---

* 교회 같은 성소나 외국 공관 등에 피신하며 보호를 받을 수 있는 권리.

그렇다. 이 점에서 하버마스는 틀렸다. 유럽연합은 공공재를 초국가적으로 관리하는 기구지만 제 의무를 명백히 망각하고 있다.

유엔의 상황은 어떨까? 유엔은 의무를 잘 수행하고 있을까? 공공재와 보편적 이익을 관리하는 초국가적 기구로서, 유엔 창설자들이 바란 대로 만족스럽게 기능하고 있을까? 나는 이 문제를 논의하기 위해, 안토니오 그람시가 말했던 '의지의 낙관주의'에 의지하려 한다. 현재 유엔의 상태는 상당히 나쁘다. 수많은 회원국이 처한 비참한 상황은 이 국제기구에 타격을 주고 있다.

게다가 확실한 것은 유엔에서도 악마 같은 인간, 증오심을 불러일으키는 인간, 사악한 인간과 마주칠 수 있다는 것이다. 더구나 음울한 관료, 그러니까 높은 임금만 받는 기생 인간도 있다. 이 소심한 인간들은 모두를 경계하고 언제나 결정을 미룬다. 그러나 그곳의 심장부에는 모하메드 시아드 두알레흐, 가이 라이더, 로랑스 부아송 드 샤주르느, 밀레나 코스타스 트라스카사스처럼 존경받을 만하고, 용감하고, 강경한 인내심을 지닌 인물도 있다. 또한 시리아에서 벌어진 반인도적 범죄와 전쟁범죄를 조사하는 위원회 의장인 파울로 세르지오 핀헤이로, 아프리카연합 대사인 장 마리 에우주, 인권이사회 소속의 에릭 티스투네, 제네바 유엔 본부 사무국장인 미하엘 뮐레르, 지안 프랑코 파토리니가 있고, 이외에도 여러 인물이 있다.

유엔은 국제 규범을 만들고 실천하는 데 있어 잠재적으로 유일

하고도 생생한 원천이다. 라코르데르*는 설교 중에 장 자크 루소의
『사회계약론』에 나오는 명백한 진리의 말을 인용하기를 좋아했다.
"약자와 강자 사이에서는 자유가 억압이며 법이 해방이다." 그렇
다. 유엔헌장과 세계인권선언에서 공표된 원칙은 오늘날 언제나
우리 역사의 지평을 이루고 있고, 우리의 발길을 이끄는 유토피아
가 되고 있다.

　내가 벌처펀드를 상대로 벌인 투쟁에서 겪은 패배에 관해서 마
지막으로 할 말이 있다. 쿠바의 작가 호세 마르티는 다음과 같이
말했다. "진리는 한 번 깨어나면 다시는 잠들지 않는다." 폴 싱어는
아르헨티나 국민과 아프리카, 아시아, 카리브제도의 수많은 국민
과의 싸움에서는 확실히 이겼다. 하지만 우리는 싱어와 그 부류의
사람들을 장막에서 끌어냈다. 우리의 의식은 깨어났다. 잉걸불 아
래에서는 불이 은근하게 계속해서 탄다. 어느 날엔가는 다른 사람
들이 이 저항을 더 먼 곳으로까지 이끌어 나갈 것이다.

---

* 1802~1861. 프랑스 도미니크수도회의 수도사이자 설교가. 루소의 제자로 있었고 이후에
개종했다.

2장

유엔에서 수행한 저항과
과도한 희망

1993년 2월, 나는 내 첫 번째 전기 『스위스인의 행복』의 서문에서 다음과 같이 썼다. "로제 바스티드*가 『응용 인류학Anthropologie appliquée』에서 그렇게 했듯이, 나는 '길가에 잠시 멈춰 설' 권리, 패배한 투쟁에서 교훈을 이끌어낼 권리, 얼마 남지 않은 미래에 대해 불안한 심정으로 깊은 생각을 할 권리를 요구한다."[1]

그 이후로 거의 25년이 지났다. 나는 『스위스인의 행복』에서 나의 유년기, 정치적인 선택, 콩고민주공화국과 브라질에서 여러 해를 보내며 자아를 형성한 시기, 스위스 은행의 범죄를 상대로 투쟁을 벌인 일을 떠올렸다.

이 책에서는 새로운 멈춤의 시간, 지나간 25년을 정리할 권리를 요구하려 한다. 여러분은 이 새로운 회고의 글의 핵심부에서, 내가 유엔 한가운데서 수행한 저항과 관련해 품었던 과도한 희망, 그 저항의 실패와 일시적인 승리에 관한 분석, 유엔에서 활동하며

---

* 1898~1974. 프랑스의 인류학자, 종교학자, 사회학자. 이성적 시대에서는 주목받지 못했던 꿈, 환상, 최면적 상태, 신들림 등의 현상에 주목했다.

얻은 작은 몫을 평가하는 데 관심을 갖고 있다는 사실을 알 수 있을 것이다.

나는 유엔에서 2000년부터 2008년까지 식량특별조사관으로 있었고, 이어서 2009년에는 인권이사회 자문위원회의 부의장이 되었으며, 2016년에는 같은 자리를 두고 3년을 재임하게 되었다.

대부분의 사람들처럼, 나의 내면에는 죽음에 대한 공포와 그 공포가 반복해서 나타나며 남긴 흔적이 있다. 죽음은 세계의 모든 문화에서 수십억 명의 사람들을 끊임없이 괴롭히는 것처럼 나 역시 괴롭히고 있다.

장 폴 사르트르는 "모든 죽음은 암살이다"라고 강하게 말했다.

내 육체는 자연히 죽음으로 향해 가고 있다. 일반적으로 인간의 세포 구조는 7년을 주기로 새로워진다. 그러나 노화와 함께 세포의 재생 속도는 점차 느려지고 어느 날엔가는 그 속도가 멈춘다. "모든 시간은 상처를 주고, 마지막 시간은 죽인다."[2] 그런데 의식은 완전히 다른 운명을 지녔다. 그것은 축적되는 방식으로 기능한다. 의식의 내용물은 멈추는 일 없이 증대하고, 축적되고, 풍부해진다. 이것은 무한의 영역에 속한다. 나는 특히 나의 유한성을 초월하는 기나긴 역사에 대해 생각한다.

인간의 내면에는 영원에 대한 생각이 있다. 인간은 살기를 원하지, 죽기를 원하지 않는다. 나의 생각과 말과 행동을 구체화하기 위해 나의 의식은 물리적인 실현 매체, 곧 생리학적인 토대, 육체, 감각, 신경체계를 필요로 한다.

육체가 소멸한다면 의식 역시 기능하기를 멈출 것이다. 그렇다면 의식도 죽는 걸까? 의식이 결정적으로 사라지는 걸까? 나는 그렇게 생각하지 않는다. 우리를 구성하는 요소 중에는 시간과 우주의 무한함도 있다. 나는 부활을 믿는다.

누구도 죽음을 '준비할' 수 없다. 사람은 짐승을 길들일 수는 있지만 그 이상은 하지 못한다. 그래서 죽음의 순간에 의식이 무無에 가능한 많은 의미를 대립시킬 수 있도록, 사람들은 매일같이 사고를 통해서나 말을 통해서나 행동을 통해서 최대한의 의미를 만들어내고 있다.

어떤 죽음도 '자연스럽지' 않다. 사르트르가 옳다. 모든 죽음은 암살이자, 떼어놓기이자, 단절이다.

나는 에리카와 함께 포도를 재배하는 작은 마을에서 살고 있다. 이 마을은 스위스 영토가 끝나는 지점인 제네바주 서쪽 끝의 양지바른 퇴석지대에 자리하고 있다. 론강은 여기서 스위스를 벗어나 웅장한 모습으로 프랑스 쪽으로, 곧 세이셀, 퀼로즈, 리옹으로 흘러 들어간 다음 지중해에 닿는다. 어느 계절이든, 매일 일어나 몽블랑 산괴와 눈으로 하얗게 반짝이는 정상 위로 떠오르는 해를 볼 때면, 감사의 마음에 깊게 젖곤 한다. 지금껏 질병으로부터, 증오로부터, 고독으로부터, 불행으로부터, 굴욕으로부터 나를 지켜준 이 삶에 감사함을 느끼는 것이다.

한때 로마제국의 영토였던 이곳의 주민들은 기원 후 몇 세기 사이에 기독교를 받아들였다. 이어서는 게르만 정복자들이 그렇게 했다. 우리는 크루아 드 플롱(납으로 만든 십자가)이라는 길에 살고 있는데, 최근에 납으로 만든 십자가가 보관된 묘지가 발견되었다. 당시 이곳에 살고 있던 포도 경작자와 포도주 제조업자들은 실리적인 사람들이었다. 신이 최후의 심판 때 세례를 받은 사람과 이교도를 구분할 수 있도록 도움을 주어야 한다고 판단한 것이다. 그들 기준에서 십자가를 지니고 있는 육체는 승천할 운명이고, 그렇지 않은 자는 무無 속으로 떨어질 운명이었다.

나는 어떻게 죽게 될까? 나는 언제, 그리고 어느 하늘 아래서 마지막 숨을 내뱉게 될까? 나는 비참하고 혼자인 상태에서 죽을까, 아니면 내가 사랑하는 사람의 팔에 안겨 죽을까?

아무도 이런 재앙이 일어날 장소와 시간을 알지 못한다.

지금 이 순간 유일하게 확실한 일은 내가 살아 있다는 것이다. 확실히 매우 짧은 시간이지만, 나는 삶 속에 있고, 살고 있고, 호흡하고 있고, 경이로움을 느끼고 있다.

영국 시인 딜런 토마스가 죽어가는 아버지를 위해 쓴 시가 떠오른다. "평안한 마음으로 좋은 밤에 들어가지 마세요 / 빛이 죽을 때는 분노를, 분노를 느껴야 합니다."[3]

15살 때, 중학교 동창의 묘지 옆에서 내 삶의 유한성을 발견한 날을 또렷하게 기억한다. 그 이후 나는 매번 돌아오는 아침이 기적적이라고 느꼈다. 하지만 한편으로는 그날 이후로, 나의 내면에는 지나가는 시간으로 인한 고통이 자리 잡았다. 내가 경험하는 어떤 순간도 다시는 되돌아오지 않는다는 고통 말이다. 그러나 우리가 파편화된 시간을 경험할지라도, 이런 사실 때문에 매 순간 우리의 실존은 존엄하며, 평가할 수 없을 만큼 귀중한 가치가 있다.

삶을 선사하는 건 바로 죽음이다. 죽음으로 인해 나의 실존이 유한하다는 의식을 강제받기 때문이다. 죽음은 나의 행위에, 그리고 그 행위의 유일성을 경험하게 되는 각 순간에, 비교할 수 없는 위엄을 부여한다. 죽음은 불확실한 지속의 시간을 통해, 나를 특정한 존재로 만든다. 죽음이 없다면, 나는 말 그대로 아무런 존재도 아니다.[4]

나는 고뇌가 섞인 감사의 정을 가득 품고서 미래를 그리 염두에 두지 않고 살아가고 있다. 나와 내 주위의 사람들을 위해서다.

재기발랄한 희곡 작가이자 연출가인 아들 도미니크는 존경과 불안함이 섞인 채로 다음의 말을 확실한 사실인 것처럼 이야기한다. "사실, 아버지는 은근히 원시적인 인간 같으세요."

기원전 두 번째 천년이 끝나갈 무렵 이집트신왕국의 한 익명의 율법학자가 파피루스에 다음과 같은 말을 적어 놓았는데, 나는 그 내용에 동의한다.

> 인간은 소멸하고, 육체는 다시 흙먼지가 되고,
> 그의 동족도 모두 다시 흙으로 돌아가지만,
> 책으로 말미암아 그에 대한 기억이 입에서 입으로 전해진다.
> 한 권의 책이 단단하게 지은 집보다 더 낫고 (…)
> 성소에 세워진 비석보다 더 낫다.

앎을 지닌 예언가들은 죽었는데,

그들의 글이 그들에 대한 기억을 지속적인 것으로 만들지 못한다

면, 그들의 이름은 잊혀질 것이다.[5]

책은 죽음에 맞서는 매우 훌륭한 무기다.

나는 확실히 '앎을 지닌 예언가'는 아니다. 그저 제네바의 프티 부르주아이고 지식인일 뿐인 백인이며, 지금껏 이 세계를 황폐하게 만든 참상을 다행히 피해간 인간이자, 사랑스러운 가족 사이에서 자유롭고 행복하게 살아가는 인간일 뿐이다. 그리고 내가 불의에 어떻게 저항했는지 보고하는 일이 죽음을 상대로 의미를 만들어내고 스스로 그것과 싸움을 벌이고 있다는 환상을 내면에 심어주는 인간일 뿐이다.

카를 마르크스는 1883년 5월 14일 오후가 시작될 무렵 런던의 메이틀랜드 파크 로드 41번지에 있는 자신의 작은 주택에서 65세의 나이로 평안하게 죽었다. 그는 하이게이트 묘지에 묻혔다.

그는 마지막 숨을 거둘 때까지, (모든 이의 필요를 충족시키기에는 부족한 재물을 획득하기 위해 서로 투쟁을 벌이는) 주인과 노예라는 저 주받은 상황이 수세기동안 계속해서 인류를 따라다닐 것이고, 인간은 오랜 시간이 지나기 전에는 그들의 "전사적前史的인 상태"에서 벗어나지 못할 것이며, 인간의 조상인 영장류로부터 물려받은 폭력적인 본능이 그들의 행동과 타인과 맺는 관계를 오랫동안 계

속 지배할 것이라 확신했다. 그런데 이러한 염세주의는 그보다 앞서 살았고 그에게 확실한 영향을 미쳤던 수많은 지식인들 또한 갖고 있던 생각이었다.

시리아 독재 정부의 대통령 바샤르 알 아사드*의 고문실에서부터 유럽과 리비아와 이라크에서 지하디스트가 저지르는 피비린내나는 광기어린 짓에 이르기까지, 그리고 기아 때문에 일상적으로 발생하는 대규모의 죽음에서부터 이 세계를 실질적으로 지배하는 소수의 통제할 수 없는 파렴치함과 확고한 오만함에 이르기까지, 오늘날 있는 그대로의 세계를 관찰하면, 나는 카를 마르크스의 말에 반박할 수 없다. 그럼에도 나는 마음 깊은 곳에서 역사는 어떤 의미를 지니고 있다고 생각한다. 나는 인간이 점진적으로 인간적인 존재가 된다고 믿는다. 나는 사는 동안 너무나 많은 사랑을 받고 경험했기 때문에, 나로서는 신의 작업을 믿지 않을 수 없다. 지금으로서는 내가 자명하다고 간주하는 것을 주장하는 것으로 그치겠다. 즉 인간은 우연히 태어나지 않았고, 우리의 역사가 추구하는 지평은 모든 이의 행복이라는 것이다.

프랑스의 정치인 장 조레스는 1914년 7월 31일에 파리의 몽마르트 거리와 크루아상 거리가 만나는 지점에 위치한 크루아상 카페에서 암살당하기 며칠 전에 이런 글을 썼다. "길 가장자리로 시신들이 즐비하다. 하지만 이 길은 정의로 이어진다."

---

* 철권통치자였던 하페즈 알 아사드의 아들로, 아버지의 사망 이후 대를 이어 대통령이 되었다. 시리아 사태는 아랍의 봄 이후 독재 정부와 시민 사이의 대립 상황에서 발생했다.

3장

이성의 부드러운 폭력

나는 이 장의 제목을 베르톨트 브레히트에게서 빌려왔다. "나는 이성이 인간에게 부드러운 폭력을 가한다고 믿는다. 그들은 이성에 오랫동안 저항할 수 없다. 내가 돌이 떨어지도록 놔둔 다음 '돌이 떨어지지 않는다'고 말하면 나를 계속 지켜볼 사람은 없을 것이다. 아무도 그렇게 행동할 능력이 없다. 하지만 증거가 뒷받침되면 매우 강하게 현혹된다. 대부분이 그것에 굴복한다. 그리고 오랜 시간이 지나면, 모든 인간이 그것에 굴복한다."[1]

유엔은 이러한 이성의 부드러운 폭력을 체현한다. 유엔의 주요한 선행을 기술한다는 건 복잡한 일이다.

유엔을 소개할 때면 다음과 같은 역설에 부딪힌다. 1941년에 USS 어거스타호에서 프랭클린 루스벨트와 윈스턴 처칠은 잘 조직되고, 분명한 규정이 있고, 일관성이 보장된 세계적인 차원의 조직을 구상했다. 이러한 사항을 표현한 것이 바로 유엔헌장과 세계인권선언이다. 하지만 사실상 유엔은 오늘날까지 명확한 위계 시스템이 갖춰지지 않았다. 유엔에 소속된 기구들은 다양한 정책을 시행하는데, 이 정책들은 때로는 서로 모순되기도 한다.

따라서 유엔은 엄격한 구조를 지닌 조직이라기보다는, 23개의 전문기구, 고등판무관, 관리 조직, 기금, 프로그램 등이 중앙행정기구를 옆에 두고 서로 공존하는 성운 같은 조직이라고 할 수 있다. 대부분의 기구는 행정적으로 서로 독립해 있어 자체적으로 예산을 보유한다.

다수의 국가가 참여하는 외교 활동인 유엔을 통해 현안이 성공적인 결실을 맺는 일은 흔히 일어난다. 세계의 주요 전염병을 정복할 수 있게 해준 세계보건기구의 대대적인 백신 캠페인이건, 아니면 노동자를 착취로부터 보호하기 위해 노동에 관한 국제 협약을 준수한 일이건 간에, 이런 성공적인 사례는 유엔 산하 전문기구 국제공무원들의 인내심 어리고, 집요하고, 그리고 때로는 그 맥락이 베일에 싸여 있던 작업 덕분이다.

나를 가장 감동시킨 일은 세계식량계획(WFP)으로 실현되고 있는 작업이다. 이 기구 덕분에 2015년에는 전 세계에 있는 9,100만 명의 사람들에게 식량을 제공할 수 있었다.

다음은 유엔총회에서 결정한 WFP의 직무 내용이다.

"위급하게 요구되는 일에 대처하고, 사회적이고 경제적인 발전을 지지하면서, 전 세계의 기아와 가난을 없애야 한다. WFP는 특히 유아사망률을 감소시키고, 임산부의 건강을 증진시키고, 미량영양소 결핍과 싸우는 일을 목적으로 삼아야 한다."

수단의 서부, 케냐의 북부, 소말리아, 아프가니스탄, 파키스탄의 서부에서는 무장 강도가 (응급 지원을 하는 다른 기구에도 그렇게 하듯이) WFP 소속의 화물차를 주기적으로 공격한다. 이 과정에서 물자를 약탈당하고, 차량이 소각되고, 이따금 운전수가 살해당한다. 이러한 상황이니 WFP에서 봉사활동을 하는 모든 사람들은 존경을 받을 만하다(ICRC[2], AAH[3], 옥스팜[4]이나 또 다른 NGO들도 같은 작업을 수행하는 중이다). 그들은 매번 여정에 오를 때마다 생명의 위험을 감수하기 때문이다.

WFP는 놀라울 정도로 복잡한 기구다. 이 기구는 5개 대륙에서 응급 창고를 관리한다. 세계 시장에서 주요 식량의 가격이 낮아질 때면, WFP는 수천 톤의 재고를 비축한다.

그리고 이 기구는 자체적으로 5천 대의 화물차를 보유하고 있으며 엄격한 과정을 거쳐 선발한 운전수를 고용하고 있다.

로마에 있는 WFP의 운송부는 항공기도 이용한다. 남수단에서 굶주리고 있는 수십만 명의 사람에게는 육로나 강으로 접근이 불가능하다. 이런 때는 화물기가 상공에서 식량 박스를 투하하는데, 박스가 지면과 충돌했을 때 생기는 충격을 완화하기 위해 낙하산을 이용한다. WFP의 항공기는 유엔 내에서도 유명해서 많은 부서가 이 항공기를 빌려 쓰기를 원한다. 이 항공기가 거의 완벽하게 작동하고 조종사의 기술도 뛰어나기 때문이다.

여기서 나는 튀니지의 시디부지드 태생의 생물학자 달리 벨가스미에게 존경심을 표하고 싶다. 그는 30년 간 WFP를 이끈 중요한 지도자였다. 그는 2015년에 병과 과로로 인해 사망했다.

달리는 즐거움을 표현하기를 좋아하고, 놀라울 만큼 생기 있으며, 비참함을 증오한 사람이었는데, 어쩌면 그는 이것보다 유엔의 관료들을 훨씬 더 증오했을 것이다.

나는 그에게 스키 타는 법을 가르쳐주겠다고 약속했었다. 그는 그 보답으로 내게 낙타 경주에 입문시켜 주겠다고 말했다. 달리는 불과 몇 주 동안 르 그랑 보르낭(프랑스의 오트 사부아에 있는 도시)에서 연습을 한 것만으로도 스키를 쏜살 같이 탈 수 있었다. 반면 나는 낙타의 등에 오르는 데 한 번도 성공한 적이 없었다.

이 대목에서 한 가지 일화를 이야기해야겠다. 이 일화는 이미 『굶주리는 세계, 어떻게 구할 것인가?』[5]에서도 언급했다. 그만큼 이 일화는 달리 벨가스미의 커다란 용기 그리고 정치적 판단력뿐 아니라 그가 인류에게 품고 있던 깊은 애정을 잘 보여준다.

2002년, 그는 파키스탄의 수도 이슬라마바드에서 WFP 활동의 책임자로 있었다. 그런데 어느 날 기근이 아프가니스탄 남부와 중부 지역을 휩쓸어 어린아이들과 성인 수천 명이 죽어갔다. 이때 벨가스미는 무모해 보이는 결정을 내렸다. 파키스탄 북서쪽에 있는 도시 페샤와르로 쌀과 밀, 분유 박스, 생수병들이 실려 있는 '27톤' 화물차 30여 대를 집결시킨 것이다.

그는 평소 아프가니스탄의 수도 카불에 있는 작전사령부와 연락을 취하던 미군 연대장에게 다음과 같은 내용의 메시지를 전했다. "우리 화물차들이 카이베르 고개를 내려와 잘랄라바드 도로를 타고 내일 아침 7시 무렵에 아프가니스탄 영토로 들어갈 겁니다.

비행작전사령관에게 알려주시기 바랍니다. 내일 저녁까지, 밤이 올 때까지, 좌표들이 서로 연결되어 있는 도로 위로 폭탄을 투하하는 걸 완전히 중지해줄 것을 요구합니다."

다음 날 새벽, 벨가스미는 출발 신호를 보냈다. 미군 연대장의 답신은 그가 파키스탄과 아프가니스탄을 가르는 토르캄 관문을 지났을 때, 그러니까 화물차 대열이 이미 아프가니스탄 영토를 달리고 있을 때에야 도착했다. 미군 연대장은 즉시 이동을 멈추라고 요구했다. 그러나 WFP의 화물차들은 이미 꾸불꾸불한 나선형 고갯길을 내려오며 잘랄라바드를 향해 가고 있었다. 달리 벨가스미는 선두 차량의 조수석에 앉아 있었다.

나는 이 일화를 수년이 지난 이후 WFP에서 일하는 동료에게서 들었다. 나는 이야기를 듣고서 큰 소리로 말했다. "달리는 죽을 수도 있었어!" 나의 동료는 대답했다. "물론이지. (…) 그런데 어쩔 수 없잖아. 그게 달리인 걸!"

나는 8년 동안 식량특별조사관으로 일하며 낙담한 적도 있고, 심지어 절망적인 순간을 경험한 적도 많다. 하지만 매우 자랑스럽고 기쁜 순간들도 있었다.

예를 들어, 방글라데시의 제소르를 방문했을 때[6] WFP는 한 아이 당 25센트를 투자하는 것만으로도 수백 명의 학생들에게 쌀밥, 밀로 끓인 죽, 콩이 가득 든 사발로 날마다 영양식을 공급할 수 있었다. 아이들이 우리와 만나며 수줍은 미소를 지을 때, 이어서는 음식이 도착하는 걸 보며 기쁨의 환호성을 지를 때, 내 가슴은 뜨거워졌다.

여기에서 더 나아가 WFP는 50달러로 한 아이에게 1년 간 음식을 제공할 수 있게 되었다.

우리가 제소르를 다녀온 이후에도 나의 동료 샐리 안 웨이와 크리스토프 골레는 방학 중에도 음식 배급이 끊기지 않도록 하기 위해, 방글라데시의 수도 다카에 있는 교육부 사무실에서 사자처럼 투쟁을 벌였다.

콩고강을 따라 떠내려온 충적토와 서로 얽히며 자란 나무들과 식물들과 꽃이 천천히 쌓여 이 섬을 만든 것처럼, 유엔은 해를 거듭하며 무수한 사람들의 지지를 받으면서 매우 크게 성장했다. 그리고 그 세계를 구성하는 다양한 기구는 각각 자체의 역사를 갖게 되었다.

국제노동기구(ILO)는 1919년부터 활동을 시작했다. 이 기구는 베르사유조약에 따라 국제연맹이 개입하면서 창립되었다. 이 조약의 서두에는 두 가지 프로젝트가 등장하는데, 이것을 계획한 사람들은 노동환경을 개선하고 사회정의를 실현하는 일이 세계의 평화를 지속시키는 데 필수불가결한 조건이라고 확신했다.

ILO가 창립될 때 직접 참여한 사람들 가운데에는 대개 장 조레스의 오래된 협력자들인 프랑스 사회주의자들이 있었다. 가령 사회주의자이자 국회의원인 알베르 토마 같은 인물이 대표적이다. 알베르 토마는 제1차 세계대전 동안 군비장관을 지내고, ILO 창립 이후에는 제네바에 위치한 국제노동사무국의 초대 사무국장을 지냈다.[7] 그리고 오랫동안 조레스의 비서였던 동시에 제네바대학교의 교수였던 경제학자 에드가 미요도 있었다. 그는 1925년에 "경제적인 현실을 노동문제와 관련 지어 연구"하는 일을 맡은 국제노동사무국의 한 부서를 책임지게 되었다.

장 조레스는 제1차 세계대전이 발발하기 전날인 1914년 7월 31일에 암살당했다. 그가 우리에게 남긴 보물, 곧 국제적으로 연대하는 일과 사회적으로 부당한 일에 저항하는 것은 정확히 말하면 알베르 토마와 에드가 미요와 이들의 ILO 소속 동료들이 이끈 투쟁 덕분에 지금까지 전해지고 있다.

ILO의 감시관은 유엔 회원국이 자발적으로 조인한 191개의 국제협약을 적용하는지 조사하기 위해 전 세계를 돌아다닌다. 그 국제협약에서는 노동조합의 자유를 인정하고, 노동자의 건강과 휴식을 보장하고, 공장, 플랜테이션, 광산에서 일하는 노동자에게는 보호 규정이 적용될 것을 보장한다. 조사를 할 때 우선적인 임무는 아동 착취 행위를 상대로 투쟁하는 것이다. 캄보디아의 플랜테이션에서 페루와 부르키나파소의 금광에 이르기까지, 수십만 명의 아이들이 ILO의 감시관 덕분에 자유로워졌으며 존엄성을 지킬 수 있었다.

앞서 언급했듯 23개의 전문기구는 거의 모두 자체적으로 총회를 열고 고유한 예산을 할당받는다. 국가 간 이사회가 이 기구들을 통제하는데, ILO만은 예외다. 이 기구는 노동조합원, 경영주, 국가 대표자가 동일한 인원으로 참석하는 3자 이사회가 운영한다.

'고등판무관사무소'라는 명칭은 이 기구가 특별한 위엄을 지니고 있다는 사실을 가리킨다.

강력한 권한을 가진 난민고등판무관사무소(HCR)는 현재 6천만 명 이상의 난민과 이주민에게 도움의 손길을 건네고 있다. 이 기구는 국제연맹에서 직접적으로 생겨났다. 원래의 명칭은 '난민원조센터'였고, 제네바에 위치한 국제연맹사무국에 소속되어 있었다.

1933년 나치가 베를린에서 정권을 장악했을 당시, 독일은 국제연맹의 회원국이었다.[8] 그런데 히틀러는 총통 관저에 입성하자마자 공산주의자, 사회주의자, 유대인을 박해하기 시작했다.

내가 젊은 시절에 가장 인상 깊게 읽은 책인 『늪지대의 군인들』을 쓴 위대한 배우이자 공산주의자이던 볼프강 랑호프는 1933년에 함부르크에 있는 극장에서 나치의 친위대에게 납치당했다. 사람들은 그가 뵈르게르모어 수용소에 끌려갔다는 사실 외에는 알 수 있는 게 없었다.

당시 바이마르 공화국*에서 만든 법 중 몇 가지는 여전히 효력이 있었다. 그래서 예전에 합법적이던 활동은 어느 정도까지는 지속될 수 있었다. 예를 들어, 몇몇 신문은 볼프강 랑호프를 찾는다

---

* 독일에서 제1차 세계대전 후인 1918년에 일어난 혁명으로 성립된 공화국. 1933년에 히틀러가 집권하면서 이 공화국은 사라지게 된다.

는 의견을 실었다. 하지만 함부르크의 경찰국장이 랑호프 가족에게 유감의 뜻을 전했듯이, 나치의 친위대를 상대로 할 수 있는 일은 아무것도 없었다. 이때의 독일에서는 희생자들이 발을 디딜 만한 곳이 점차 사라지고 있었다. 그럼에도 13개월 후에 랑호프는 그가 이송된 리히텐베르크 수용소에서 풀려났다. 그는 곧 스위스로 망명해 취리히에 머물렀고, 빠른 시간 안에 취리히 극장에서 가장 두각을 나타내는 배우 중 한 명이 되었다.[9]

1933년 봄부터 신변의 위협을 느낀 수많은 독일인들은 조국을 떠날 결심을 해야 했다. 이때 국제연맹의 난민원조센터는 이들이 다른 유럽 국가나 미국으로 떠나 그럭저럭 다시 자리를 잡을 수 있도록 도왔다.

그러자 히틀러는 극도의 분노에 휩싸였다. 그는 독일 난민을 돕는 일을 즉각 중단하라고 국제연맹에 요구했다. 스코틀랜드 출신으로 젊은 나이에 국제연맹의 사무총장을 지내고 있던 에릭 드러먼드 경은 히틀러의 이런 반응에 우물쭈물하더니, 독재자의 심경을 누그러뜨리려고 베를린으로 밀사를 급파했다. 그러나 아무런 효과도 없었다. 결국 국제연맹의 보편적인 성격을 지키고 싶었던 드러먼드는 한 가지 해결책을 생각해냈다. 난민원조센터는 즉시 해체되었다.

대신 드러먼드는 제네바에서 60킬로미터 떨어진 로잔에 새로운 기구를 두었다. 이 기구는 형식적으로는 국제연맹으로부터 독립되어 있었는데, 드러먼드는 이 기구에 난민고등판무관사무소라는 명칭을 붙였다. 히틀러는 한동안 감정이 누그러졌지만 이내 난민고등판무관사무소가 난민의 탈출 · 보호 · 재정착 작업을 효율적으로 수행하고 있다는 사실을 알아채고는 국제연맹의 문을 쾅하고 닫고 떠나버렸다.

오늘날 유엔에서는 두 기구만이 고등판무관사무소를 두고 있다. 내가 방금 언급한 난민고등판무관사무소와 인권고등판무관사무소다. 그런데 후자는 자체 예산도 없고, 독립적인 국가 간 행정이사회도 없으며, 행정적으로 뉴욕에 있는 유엔 본부의 한 부서에 불과하다. 사실상 이 기구의 명칭은 적절하지 않은 것이다.

이 기구를 둘러싸고 상황이 어떻게 전개되었는지 보자.

제2차 세계대전이 6년에 걸쳐 진행되는 동안 여러 국가의 국민은 이루 헤아릴 수 없는 고통을 경험했고 수천만 명이 목숨을 잃었다. 그런데 1945년 6월에 샌프란시스코에서 국제연합의 초석을 마련하기 위한 회의가 열렸을 때, 회의 참여가 허용된[10] 국가의 대표들은 고려의 대상으로 삼아야 할 인권의 내용에 대한 합의를 이끌어내지 못했다. 그래서 그들은 (프랑스인과 미국인 두 명을 위원장으로 두는) 위원회를 만들고, 이 위원회에 3년 내로 세계인권선언을 공들여 구상할 임무를 부여했다.

그렇다면 이 회의가 실패한 이유는 무엇일까?

공산주의국가의 대표들은 경제적 · 사회적 · 문화적 권리를 중요시하려 했고, 그중에서도 특히 식량권을 강조했다. 다음의 내용은 식량권에 관한 정의다. "식량권은 직접적인 생산을 통해서든 돈을 이용한 구매 방식을 통해서든, 소비자인 국민의 문화적 전통에 상응할 만큼 질적으로나 양적으로 적합하고 충분한 양의 음식을 규칙적이자 지속적으로 자유롭게 섭취할 수 있는 권리다. 이를 통해서 국민은 심리적이고 육체적인 삶, 개인적이고 공동체적인 삶, 고통으로부터 자유로운 삶, 만족스럽고 존엄성이 있는 삶을 보장받을 수 있다."

이 주장은 샌프란시스코에서 격정적인 논쟁을 불러일으켰다. 영국 대사는 우크라이나 대사(스탈린은 소련을 대표할 사람의 수를 늘리기 위해 우크라이나와 벨라루스를 '독립된 국가'로 인정하도록 만드는 데 성공했다)를 비판했다. "우리는 배가 부른 노예를 원하지 않습니다." 그 말을 들은 우크라이나 대사는 이렇게 대답했다. "자유로운 인간도 굶주림으로 죽을 수 있습니다."

이로 인해 서구와 공산주의 세계 사이에 절대적인 대립 관계가 형성되었다. 어떤 타협도 불가능했다. 서구인들은 공산주의자들이 프롤레타리아트 독재 체제를 유지하고 자국의 국민이 민주주의를 접할 수 있는 모든 행위를 불허하기 위해 (집회 · 표현 · 의식 · 종교 · 이동의 자유, 주체적 결정에 대한 권리 등) 시민적이고 정치적인 권리를 부정하고 있다고 비난했다. 공산주의자들은 강력한 권력을 쥔 자본가들이 사회정의를 부정해야 하기 때문에 경제적 · 사회적 · 문화적 권리를 거부하고 있다고 비판했다.

결국 스탈린은 이 언쟁에서 패배했다. 1948년 12월 10일에 파리의 샤이오 궁전에서 채택한 세계인권선언은 앞선 역사적인 선언, 즉 1776년에 영국에 대항한 미국인들의 선언과 1789년에 프랑스 혁명을 주도한 사람들의 선언과 내용이 거의 비슷하다. 이 선언은 한 가지 조항에서만 경제적 · 사회적 · 문화적 권리를 언급하는데, 그것도 상당히 모호한 용어를 사용하고 있다.

1991년에 소비에트연방이 붕괴되었다. 그때까지 크렘린의 늙은 집권자들은 USSR(소비에트사회주의공화국연방)의 국민에게, 카를 마르크스가 원했고 1848년의 '선언'에서 추켜세웠던 정부와는 거리가 먼 타락한 경찰국가적 독재 체제를 강요한 것이다. 1992년, 매우 높은 크기를 자랑하며 뉴욕에 자리하고 있는 유엔 본부의 39층에서 한 예외적인 인물이 즉시 상황을 이해하고, 유엔 사무총장의 자격으로 총회도 안전보장이사회도 열지 않은 채 역사적인 일을 시도했다. 제6대 유엔 사무총장인 부트로스 부트로스 갈리였다. 그는 지적인 사람이자 오랜 기간 장관직에 있으면서 여러 유용한 경험을 쌓은 이집트의 파샤pacha*였으며, 섬세하고 박식한 법률학자였다.

그는 1993년에 빈에서 인권과 관련된 세계 회의를 직권으로 개최했다. 이 회의는 1948년에 파리에서 진행된 이래로 두 번째로 열리는 것이었다. 거의 반세기 동안 지속된 냉전에 종지부를 찍고, 시민적 · 정치적 권리와 경제적 · 사회적 · 문화적 권리를 하나의 새로운 선언에서 결합시키는 것이 그의 목표였다.

---

* 오스만제국에서 국가의 고위직에 있는 사람을 명예롭게 부를 때 사용하던 말.

부트로스 갈리는 빈에서 인권에 관하여 아주 훌륭한 해석을 내놓았다.

인권은 기준이 되는 도구로서, 모든 국민이 그 덕분에 다른 국민을 이해하는 동시에 자신들의 고유한 역사를 쓸 수 있는 인류의 공용어 역할을 합니다. 인권은 정의상, 모든 정치의 궁극적인 기준입니다. (…) 그리고 본질적으로 이 권리는 유동적입니다. 이 표현들이 의미하는 바는 다음과 같습니다. 인권은 불변하는 계명을 언급하는 일, 그리고 역사적인 의식의 순간을 표현하는 일, 두 가지를 목적으로 삼고 있다는 것입니다. 따라서 그것은 모두 절대적이면서도 역사적인 시공간에 위치합니다.

인권은 모든 국가의 가장 작은 공통분모가 아니라, 반대로 내가 축소 불가능한 인간성이라고 부르고 싶은 것이고, 가치들의 정수입니다. 우리는 이 가치들을 바탕으로 우리가 유일한 인간 공동체라고 함께 단언할 수 있게 됩니다.[11]

헤겔을 다른 방식으로 표현하고자 나는 경험을 토대로 다음과 같이 덧붙이고 싶다. 인권—경제적 · 사회적 · 문화적 인권과 더불어 시민적 · 정치적 인권—은 '절대'적인 관계에 있다는 것이다.

어떤 권력도 인권의 정당성을 없앨 수는 없지만, 우리는 인권이 신기루처럼 되어 버린 모습을 발견할 수 있다. 사실 인권이 범죄와 직면했을 때, 인권을 실제로 존재하게끔 해주는 유일한 것은 인권에 대한 확신의 힘이다. 이 힘은 인권을 말하는 사람이 품고 있는 믿음에서 생겨난다.

여기서 결정적인 역할을 하는 것은 인권을 말하는 주체의 선의와 성실성이다.

부트로스 부트로스 갈리는 그러한 신뢰성에서 이점을 이끌어 냈다. 그가 역사적인 순간에 한 자리에 모인 171개국의 대표에게 '빈 선언'이라는 이름으로 제출한 결의안 초안은 1993년 6월 25일에 채택되었다. 이때부터 (시민적 · 정치적이고, 경제적 · 사회적 · 문화적인) 모든 인권은 보편적이고, 불가분하며, 상호 연결되는 것으로 선언되었다.

빈에서 부트로스 갈리에게 노골적으로 반대하지 않기 위해 신경을 쓰던 미국 대표들은 투표의 순간에 기권했다. 오늘날까지도 그들은 경제적 · 사회적 · 문화적 권리를, 특히 식량권을 인정하지 않는다.

한편 이 이집트인은 빈에서 또 다른 승리를 거두었다. 그때까지 유엔은 제네바의 윌슨 궁에 위치한 '인권의 보호와 증진을 위한 기구'만 두고 있었다. 부트로스 갈리는 '인권고등판무관사무소'라는 명칭이 붙은 새 기구의 창설을 두고 투표에 부쳤다. 그는 능숙하게 일을 진행시켰고, 제네바의 그 작은 기구는 가치를 부여받은 동시에 예전보다 더한 위엄을 얻게 되었다. 아, 하지만 이러한 장려책은 아주 공허한 작업으로 끝날 운명이었다. 부트로스 갈리는 미국 대표들을 달래기 위해 새 기구가 유엔 본부의 한 부서에 지나지 않을 거라는 사실을 결국에는 받아들여야 했기 때문이다. 이러한 과정을 통해, 인권고등판무관사무소는 행정적으로나 정치적으로 자립하지 못하고, 독립적인 예산이 없으며, 자체적인 행정이사회를 두지 못한 허울뿐인 고등판무관사무소로 남았다.

인권고등판무관사무소와 인권이사회의 관계는 복잡하고, 그 사이에서 갈등도 빈번하게 일어난다. 우선적인 권한을 보유하고 있는 건 이사회다. 앞에서도 말했듯이 이사회는 두 가지 임무를 맡고 있다. 유엔 193개 회원국이 각각 수행하는 인권 정책을 감독하고, 이전에 없던 상황이 발생하여 새로운 규정이 필요할 때 그에 맞는 타당한 규정을 마련하는 것이다.

인권이사회는 특별조사관을 두고 있으며, (임시 회의를 제외하고) 매년 3번에 걸쳐 3주씩 진행되는 정기회의 동안에는 제네바에 소재를 둔다.

유엔 사무국의 한 부서일 뿐인 인권고등판무관사무소는 법적인 권한이 없으므로 필요할 때 인권이사회의 비서실 역할을 하고, 특별조사관을 기술적·행정적으로 지원한다. 이 부서는 5개 대륙에, 곧 튀니스, 암만, 보고타, 카트만두 등에 사무소를 두고 있는데, 각 국가의 인권위원회를 지원하고 장교와 경찰을 대상으로 인권에 관한 교육을 실시한다. 그리고 인권을 침해받은 희생자들에게 인권을 지키는 대응 방법을 알려주며, 그들이 국제적 차원에서 행동할 수 있도록 돕는다.

그런데 남반구 국가가 대다수를 차지하고 있는 인권이사회는 인권고등판무관사무소를 주저 없이 비판한다. "자발적 기부"라는 구실을 내세우지만 주요 출자자로 군림하는 서구 국가들의 정책을 우선적으로 시행한다는 이유 때문이다(여기서 상기해야 할 사실은 인권고등판무관사무소의 예산 중 40퍼센트만이 유엔의 일반 예산에서 나온다는 것이다).

부트로스 부트로스 갈리는 2016년 2월 16일에 카이로에서 사망했다. 나는 애정 어린 마음으로 그를 추억한다.

오늘날, 이집트는 압둘팟타흐 알 시시 총사령관의 집권 아래 부패와 독단으로 황폐화되면서 희망이 전혀 보이지 않는 국가로 변해가고 있다. 알 시시 수하의 경찰은 매년 성별을 구분하지 않고 민주주의자, 학생, 노동조합 운동가 수천 명을 고문하고 그들을 죽음에 이르도록 만든다. 길에서 체포된 이후에 흔적도 없이 사라진 사람들도 있다.

이뿐만이 아니다. 알 시시는 반체제 이념을 지녔다고 의심하여 베두인족 마을을 네이팜탄으로 폭격했다. 그리고 그는 가자 지구와 시나이반도 사이에 있는 라파 국경을 폐쇄해 지난 2006년부터 이스라엘의 경제봉쇄를 겪고 있는 180만 팔레스타인 주민의 육체적인 고통과 절망을 가중시키는 데 일조하고 있다.

알 시시의 독재 체제와 인권이사회의 관계는 극도로 나쁘다. 반면, 인권고등판무관사무소의 '아랍 국가' 부서의 책임자이고 집요한 인물인 프레이 펜니셰는 카이로 정부와 최소한의 대화 채널을 계속 유지하기 위해 교묘한 책략을 사용하고 있다. 압둘팟타흐 알 시시는 우둔하고, 잔혹하며, 냉소적이고, 거짓말을 잘 하는 군부 독재자의 전형으로서 서구인에게는 유용한 인물이다.

그를 대하는 서구 국가들 중에서도 특히 프랑스의 위선은 가히 충격적이다. 프랑수아 올랑드는 2016년 4월 17일에 카이로를 방문했을 때, 이집트와 프랑스 사이의 "특별한 관계"를 두고 찬사를 아끼지 않았다.[12] 올랑드가 떠날 때 18개의 계약이 체결됐는데, 대개는 무기 인도에 관한 내용이었다.

부트로스 부트로스 갈리는 그의 생애 내내 이와는 다른 이집트를 구상화하던 인물이었다. 자랑스럽고, 관용적이고, 깊은 차원에까지 문명화되어 있던 이집트를 말하는 것이다. 그가 평생 사랑했던 레아는 알렉산드리아의 유대교 가문 출신이었고, 그 자신은 콥트파* 가문 출신이었다. 그의 할아버지인 부트로스 파샤 네루스 갈리는 단호한 민족주의자였다. 오스만왕조가 지배하던 시기에 재상을 지낸 네루스 갈리는 1910년에 한 영국 요원에 의해 암살당했다.[13] 부트로스 갈리는 소르본대학교에서 국제법을 연구해 박사학위를 받았다. 그는 프랑스를 열정적으로 좋아했다.

부트로스는 아프리카 대륙 출신으로는 처음으로 유엔 사무총장을 지낸 사람이다.

그는 제네바에 자주 오곤 했다. 단단히 무장을 한 제네바주 경찰들이 유엔 소속의 군인들과 함께 제네바 코인트린 국제공항에 그를 맞으러 나갔다. 이어서 검은 리무진 대열이 팔레 데 나시옹의

* 이집트에서 고대부터 내려오던 기독교.

공식 출입문을 지나치고는 쓰레기통이 쌓여 있는 곳 앞을 지나 중앙건물 1층에 위치한 요리실 출입구 쪽으로 나아갔다.

부트로스 갈리는 이따금 내게 웃으며 말하곤 했다. "당신은 운이 좋습니다. (…) 정문으로 팔레에 들어갈 수 있으니까요!"

부트로스 갈리는 1977년에 외무부장관을 지낼 때 아누아르 엘 사다트 대통령을 따라 예루살렘까지 놀라운 여행을 했다. 심지어 이때 이집트 대통령이 이스라엘의 의회 크네세트에서 낭독한 화해의 연설문 원고를 부트로스 갈리가 썼다는 소문도 있다.

지하디스트들은 1981년 10월 6일에 카이로에서 열병식을 참관하던 사다트를 암살했다. 그들은 부트로스 갈리도 죽이겠다고 공개적으로 말했다.

제네바에는 사무총장의 가깝고도 절친한 친구이자, 국제법에 관해 명성이 높은 대학교수이던 조르주 아비 사아브가 살고 있었다. 스위스 서쪽에 위치한 휴양지 몽트뢰에 있는 아비 사아브와 그의 배우자 로제마리의 별장에서는 열정적인 토론과 대화가 오가는 야회가 열리곤 했다. 나와 에리카도 기회가 될 때면 이 자리에 참석했다. 부트로스 갈리의 박식함은 정말로 놀라울 정도였으며, 유머감각과 비꼬는 듯한 표현도 마찬가지였다. 부트로스는 겸손한 사람이어서 사람들은 금방 편안한 분위기에서 그와 대화를 나눌 수 있었다. 그는 몸이 매우 말랐고, 안경을 쓰고 있었지만 양쪽의 교정시력이 몹시 불균형했다. 부드러운 갈색 눈은 어떤 것도 숨기는 것이 없었다. 그가 아주 친밀한 지인들 사이에서 논리를 펼칠 때면 그 눈에서 지적인 불꽃이 튀는 것 같았다.

1996년, 이스라엘군이 레바논 남부를 침범했다. 성서에 등장하는 지역인 가나[14]에는 유엔 레바논 평화유지군(UNIFIL)의 한 부대가 자리 잡고 있었다. 이스라엘 전투기는 레바논 마을에 폭격을 가했다. 이때 수백 명의 농부와 그 가족들이 가나로 피난을 갔다. 이스라엘 포병대는 이 작은 마을도 공격했고, 100명 이상의 성인과 아이가 죽거나 심각한 상해를 입었다.

부트로스 갈리는 국제조사위원회를 구성해 네덜란드 출신의 장군에게 지휘 책임을 맡겼다. 당시 미국 대사 매들린 올브라이트는 위원회 해체를 강력히 요구했지만 부트로스는 거부했다.

유엔 사무총장은 일반적으로 각각 5년씩 두 번의 임기를 맡는다. 하지만 1996년 말, 클린턴 행정부는 첫 번째 임기 말에 이른 매우 반항적인 인물 부트로스 갈리를 직책에서 물러나게 하는 데 성공했다.

유엔이라는 성운에서 어떤 행성이 탄생하는지는 전적으로 우연에 달렸다. 예를 들어 국제농업개발기금(IFAD)이 그렇다. 유엔 식량농업기구와 마찬가지로 그 본부는 로마에 소재한다. 이 기구만이 맡고 있는 특별한 임무에는 (2헥타르 이내의 경작지에서 일하는) 영세농이 땅을 재개발할 수 있도록 돕는 것, 생물 다양성을 보존하는 것, 작물 생산량을 높이는 것, 도수작업*을 감독하는 것이

---

* 물이 어떤 일정한 방향으로 흐르도록 물길을 만드는 일.

있다. 오랫동안 IFAD는 알제리의 훌륭한 대사인 이드리스 자자이리가 책임자로 있었다. 그는 아미르*였던 압델 카데르의 후손이기도 했다.

1973년 10월 유대인들의 단식 기간인 욤 키푸르 때, 이집트 군대가 사전에 알리지 않고 수에즈 운하를 건너 시나이 반도의 중앙에 있는 고개까지 진격했다. 그곳을 점령하고 있던 이스라엘군은 깜짝 놀랐지만, 빠른 시간 안에 역습을 감행했다. 이 공격은 전격적으로 이뤄졌다. 아리엘 샤론의 기갑부대가 운하를 건넌 다음 카이로에 이르기 위해 사막을 달렸다. 샤론의 부대가 카이로에서 북쪽으로 110킬로미터 떨어진 곳에 위치한 이 때, 헨리 키신저는 기갑부대의 대열을 멈추게 하고 휴전을 강요했다.

그 이후 연이어 협상이 열리던 중,[15] 키신저는 걸프만에 위치한 아랍 국가들에게 다음과 같은 거래를 제안했다. "제가 카이로와 알아즈하르대학교, 그리고 카이로가 이 세계에 자랑하던 위용을 회복시키고 있으니, 여러분은 아프리카 영세농을 돕기 위해 노력하면 됩니다." 사우디아라비아와 걸프만의 군주국들은 수십억 달러를 내놓았다. 이 프로젝트에는 분명 전략적인 계산이 깔려 있었다. 여전히 소련 블록의 국가와 중국의 협력에 크게 의존하던 아프리카에서 영향력을 행사하고, 시장경제를 더욱 강화시키려는 목적이 있었던 것이다. 이렇게 해서 IFAD가 탄생했다!

---

* 이슬람 세계에서 왕족과 귀족의 칭호로 사용되던 말.

유엔의 세계에서 생겨난 한 기구는 보다 기술적인 기능을 담당한다. 비록 그 기능이 세계 시장에서 자본적으로 아주 큰 중요성을 지닌다고 하더라도 말이다. 가령, 국제전기통신연합(ITU)은 텔레비전과 라디오 주파수를 배분하고, 인터넷과 전화와 다른 모든 디지털 통신 장비와 관련해 발생하는 많은 문제를 해결하고 있다. 이 기구의 본부는 제네바에 있다.

WIPO는 'World Intellectual Property Organization'(세계지적소유권기구)의 약자로 모든 형태의 지적 소유권을 보호하는 것이 이 기구의 목적이다. WIPO는 문학과 예술작품의 저작권을 보호하고, 특허권 · 상표 · 디자인 · 표본적인 작품을 관리하고, 지적 · 기술적 소유권과 연관된 분쟁을 법정 밖에서 해결한다. WIPO는 외교 세계에서 가장 부유한 기구로, 자체에서 등록시키는 각 특허권에 (무거운) 세금을 부과해 돈을 거둬들인다. 푸른색 유리창이 달린 이 기구의 본부는 제네바 유엔 본부의 광장을 웅장한 자태로 내려다보고 있다.

이보다 더 아래에, 곧 평화의 거리와 로잔의 길이 만나는 구석에 현대식 건축양식으로 지은 푸르스름한 유리창의 다른 건물이 높이 서 있다. 이 건물은 세계기상기구(WMO) 본부다. 이곳의 홀에는 볼 때마다 매번 나를 숨 막히게 만드는 사진들이 항상 진열되어 있다. 그 사진들에서는 불기둥이 하늘을 가르고, 10미터 높이의

쓰나미가 해안 도시를 덮치고, 하늘에서 태풍이 일고, 폭풍우가 땅과 바다에 파괴적이고 폭력적인 힘을 가하고 있다. 보는 사람을 매우 놀라게 만드는 일련의 사진들은 회오리치는 사이클론이 열대 지방을 훑고 지나가는 모습을 그대로 전달하고 있다.

나는 WMO의 직원들이 없었다면 목숨을 잃을 뻔했다.

2007년 11월 초, 나는 동료들과 쿠바 동쪽에 위치한 라스투나스주에서 국가가 관리하는 농업협동조합과 농가를 방문한 뒤, 쿠바의 수도 라 아바나로 돌아가기 위해 올긴 공항에 도착했다.

오후에 태풍이 온다는 소식이 전해졌다. 바람은 점차 강하게 불어왔다. 활주로 가장자리를 둘러싸고 있던 멋진 종려나무들이 바람에 흔들렸다. 주변의 작은 마을에 뻗어 있던 길에서 사람들은 조금이라도 빨리 집에 도착하기 위해, 그리고 아마도 창문에 판자를 붙이기 위해 열심히 뛰어갔다.

시간이 흐르자 나와 동료들은 더욱 겁이 났다. 우리 일행은 인원이 적어 모두 통제탑 아래에 있는 격납고 안으로 피신할 수 있었다. 10개의 좌석을 갖춘 파이퍼 경비행기가 격납고 앞에 착륙해 있었는데, 턱수염을 조잡하게 기른 조종사는 올림푸스의 신처럼 침착함을 유지한 채 약간 거만한 분위기마저 풍기고 있었다.

'쿠바항공'의 조종사는 아주 거칠었다. 승객이 불안해하고 심지어 공황 상태에 빠진다 해도 그들은 아무런 감정 변화를 보이지 않는다. "우리는 정시에 떠날 거요. 내가 항로를 알고 있소. (…) 북쪽으로 갈 것이니 바람은 (…) 걱정할 것 없소."

우리를 수행하며 의전을 담당했던 두 명의 친구들이 항의했지만 전혀 소용없었다. 콧수염을 기른 남자가 들은 척도 안 했기 때문이다.

바람 소리는 공포를 불러일으켰고, 종려나무는 완전히 구부러졌다. 황토색 구름은 얼룩말 같은 줄무늬를 만들어내고 있었다.

그런데 갑자기 기적이 일어났다. 한 전신기사가 탑에서 내려와 조종사를 불렀다. "라 아바나에서 메시지가 왔어요. WMO 카리브제도 사무소의 메시지를 대신 전하는 겁니다. (…) 바다에서 불어와 (…) 동쪽으로 향해 가는 (…) 1급의 태풍이 앞으로 몇 분 안에 온답니다. 모든 비행기가 가까운 공항에 착륙하고 있어요."

우리는 큰 부담을 덜었고 WMO 카리브제도 사무소의 기상예보관에게 감사함을 느꼈다. 이틀 후에 지프를 타고 17시간 동안 길을 달려 라 아바나에 도착한 우리는 폭풍우가 할퀴고 지나간 수많은 곳에서 장애물과 마주쳐야 했다.

이제 다시 인권과 인권에 경의와 현실성을 부여해야 할 이성의 부드러운 폭력에 대한 문제로 돌아가자.

인권은 유엔헌장에서 15번 언급되고 있지만, 유엔이 취할 수 있는 (군사 행위, 경제적 제재 등의) 제재 조치 항목을 열거하고 있는 제7장에서는 단 한 번도 언급되지 않는다. 이런 이유로 인권은 무력으로 강제되지 않는다. 인권을 침해받은 희생자가 소송을 제기하고 보상을 요구할 세계인권법원도 없다.

그래서 인권을 향상시키려면 각 국가를 설득하는 수밖에 없다. 물론 1945년 이후 총회와 안전보장이사회에서는 인권과 관련되고 제재 조치가 포함된 수십 가지 결의안을 투표에 부쳤다. 인권이사회 또한 매 회기마다 결의안을 투표에 부친다. 하지만 내가 반복해서 지적하듯이, 안전보장이사회와는 반대로 인권이사회는 설득을 통해서만 결의안을 실천에 옮길 수 있을 뿐이다.*

그렇다면 인권이사회의 결의안은 순전히 수사학적 글에 불과하다는 결론을 내려야 할까? 인권이사회는 수사학을 좋아하는 사람들이 자신들의 주장을 두고 논쟁을 벌이거나 대립하는 포럼에 불과하다고 결론 내려야 할까?

물론 아니다.

앵글로색슨인들이 인권에 관한 결의안의 효율성 정도를 판단하기 위해 사용하는 용어가 있는데, 그것은 "명명하기Naming와 부끄럽게 만들기Shaming"이다. 결의안은 범죄를 명명하고, 그 범법자에게 수치심을 준다는 의미다.

팔레스타인의 시인 마흐무드 다르위시는 분명하게 말했다. "나는 잔혹한 현실과 반대되는 상황을 역설함으로써 잔혹한 현실과 대면한다."[16]

인권이사회는 시민단체에게 국가와 동등한 지위에서 발언할 수 있는 권한을 부여한다. 이런 기구는 유엔 내에서 인권이사회가

---

* 유엔에서 안전보장이사회의 결의안은 강제성과 집행력을 갖지만, 총회나 인권이사회의 결의안은 그렇지 않다.

유일하다. 뉴욕에는 소위 '자격 B'라고 하는 특별한 절차가 존재하는데, 이 절차를 통해 유엔의 비정부기구위원회는 어떤 NGO나 사회적 · 종교적 운동의 구조, 창립 경위, 능력을 조사하고, 이어서 그들에게 심의 과정에 참여할 수 있는 권한을 부여할지 결정한다.

그런데 이 영역에서도 부패가 모든 걸 타락시키고 있다. 어떤 국가는 완전한 'GONGO'(국가가 조직한 비정부기구: Government-Organized Non-Governmental Organization), 곧 정부가 범죄를 은폐하는 데 이용하기 위해 비정부기구를 만드는데, 바로 중국이 그러한 예다. 1990년대 이래로 중화인민공화국은 '파룬궁'[17]이라는 종교운동을 박해하고, 2012년부터는 수련자들을 사형시키거나 고문을 하며 죽음에 이르게 하고 있다. 서구의 비정부기구, (이사회에서 신임을 받은) 교황대사, 세계교회이사회는 인권이사회 앞에서 이 범죄를 고발했다. 그러자 갑자기 '중국의 종교적인 자유를 위한 운동'이 활발히 전개되고, '중국 자유사상가 연합' 같은 단체가 우후죽순 생겨났는데, 사실 이런 모든 운동과 단체는 중국이 만든 것이었다. 중국 전 대륙에 완전한 '종교적 자유'가 존재한다는 증언을 하겠다는 구실로 자격 B를 획득한 다음, 인권이사회에 영향을 미치게 하기 위해서였다.

또 다른 예를 들어보자. 인권이사회는 이른바 '전반적인 조사'라고 불리는 절차를 따라야 한다. 달리 말하면, 유엔의 모든 회원국은 5년마다 앵글로색슨인들이 "동료 평가Peer-Review"라고 부르는, 다른 국가나 기구에 의해 평가받는 절차를 밟아야 한다. 그런데 사악한 계책을 꾸미는 국가는 용병이나 다름없는 NGO를 만든 다음 자격 B를 얻게 한다. 이런 기구는 가장 부패한 국가들에게 돈을 받고 서비스를 제공한다. 최근의 한 가지 사례를 들면, 사우디아라비아에 대한 전반적인 조사가 실시되었을 때, 한 용병 같은 NGO가 인권이사회 앞에 등장해 사형제도, 법원의 판결에 따른 신체 절단, 채찍으로 때리는 고문 등 합법적으로 시행되는 그 많은 관례(가령 여성에게 굴욕감을 주는 일)가 코란에 언급되어 있다는 이유로 극찬했다.

인권이사회가 투표로 결정하는 결의안의 효력에 대해 언급해야 할 것이 한 가지 더 있다. 공동체가 어떤 국가의 범죄에 대해 알게 되면, 그것은 불안을 유발시켜 국가 권력자에게 압력을 행사하게 하는 힘이 된다. 여론은 들끓을 것이고, 시민은 운동을 통해 정부에 물음을 던지게 될 것이다.

그러면 이때 흔히 기자들이 질문을 하게 될 것이다.

그런데 과연 이런 것들로 충분할까? 확실히 아니다. 결의안에 생명과 현실성을 부여하는 또 다른 메커니즘이 있다.

유엔에 새로 가입하려면 헌장과 인권선언서에 서명해야 한다. 하지만 이 기초적인 문서 외에도 무수한 협정이 존재하는데, 이 협정은 법적인 권리가 아닌 관례적인 권리를 만들어낸다. 이 차이점을 이해하려면 설명이 필요하다.

인권선언서에 명시된 규칙은 모든 국가가 준수해야 한다. 국가들이 조인하는 방식을 통해 결정된 협정에 따라 정의된 유일한 선언이기 때문이다.

　몇 가지 예를 들어보자. 잔혹하고, 비인간적이고, 인간의 존엄
성을 파괴하는 고문과 형벌 그리고 잔혹한 처우에 반대하는 협정,
강제적인 추방을 반대하는 협정, 아동의 권리에 관한 협정, 여성에
대한 모든 형태의 차별 행위를 근절하기 위한 협정은 각각 전문가
로 구성된 위원회가 관리한다. 이런 협정에 서명한 국가의 대표는
5년마다 자국에서 이 협정을 실천하기 위해 취한 조치를 보고해야
한다. 통상 18명의 매우 뛰어난 능력을 지닌 국제적인 전문가로 구
성된 위원회가 각 국가에서 제출한 보고서를 비판적으로, 그리고
대개는 엄격하게 검토한다.

　각 국가의 시민사회 운동가는 이 전문가로 구성된 위원회에 국
가가 제출한 보고서와는 다른 내용의 보고서를 제출할 수 있다. 위
원회는 정부의 보고서를 인정하거나 거부하고, 보충 정보를 요구
하고, 제안을 하기도 한다. 위원회는 마치 검사나 예심판사처럼 행
동한다. 그리고 위원회에서 판단한 내용은 인터넷에 공개된다. 나
아가 대부분의 협정에는 부가적인 '규약'이 있는데, 이 규약에 따
르면 피해자의 친인척이나 피해자는 협정의 어떠어떠한 항목이
위반된 것에 대해 소송을 제기할 권리가 있다.

　조사관을 두는 위원회도 있는데, 특히 고문과의 투쟁이 문제될
때가 그렇다. 이때 위원회의 사절은 감금 장소, 감옥, 경찰서를 방
문하거나, 피해자나 그 친지로부터 증언을 수집할 수 있다.

　위원회와 조사관 이외에도 다른 개별적인 기구가 있다. 예를 들

어 불법감금 조사단체가 있다. 이 기구는 보잘 것 없는 명칭에도 불구하고 매우 놀라운 결과를 내놓고 있다. 예전에 파리의 대법원에서 검사장을 지냈으며 열의가 어마어마했던 법률가 루이 주아네가 오랫동안 이 기구를 이끌었다. 루이 주아네와 그의 동료는 이란, 온두라스, 카메룬, 체첸 등의 감옥에서 '잊혀 가던' 수감자 수백 명을 석방시키는 데 성공했다.

하지만 이성의 부드러운 폭력을 행사하는 과정에서 생겨난 가장 효과적인 제재는 법적이거나 정치적인 제재가 아니라 금융적인 제재다. 대개 아주 잔인한 체제는 매우 가난한 국가에서 성립된다. 해당 국가는 이런 체제를 유지하기 위해 세계은행의 대출금에 의존하고, 외채를 관리하기 위해 국제통화기금(IMF)이 선사할지 모르는 선의에 의존한다. 이전에 나는 이 강력한 두 기구에 대해서 부분적으로 매우 비판적인 분석을 자주 내놓곤 했다. 하지만 이제 수평선에서 서광이 비치기 시작했다는 걸 인정해야 할 것 같다.

두 기구에는 조건적인 협상은 모조리 배제된다는 규약이 있다. 이들이 대출을 허용하거나 거부하는 기준은 오로지 (고객의 부채 상환 능력, 국가의 경제적 상태 등의) 금융적인 것이었다. 그런 중에 이 두 기관이 회복의 길에 들어섰음을 확인하게 되었다. 워싱턴 북서쪽 H가 1818에 자리하고 콘크리트와 유리로 만들어진 이 두 건물에서 사고방식이 변화하고 있는 것을 감지한 것이다. 그곳의 임원들은 국가에 대출 여부를 판단할 때 잠재적인 고객의 국가에서 인권이 존중되고 있는지 아니면 침해받고 있는지 점차 고려하기 시작했다.

이러한 변화는 대체적으로 한 인물의 새로운 운영 방식과 도덕성에서 기인했다. 바로 13년 간 IMF를 이끈 미셸 캉드쉬다. 매우 유명한 은행가였던 캉드쉬는 매혹적인 책『이 드라마의 무대는 세계다』[18]에서 그가 추진한 변화에 대해 설명한다.

인권이사회는 결의안을 공들여 준비하고 작성하는데, 이는 길고도 복잡한 작업이다. 결의안 위원회가 회기 초기부터 모임을 갖고, 이어지는 3주 동안 무수한 모임이 열린다.

닫힌 문 뒤에서 벌어지는 교섭은 일반적으로 매우 힘든 과정을 거친다. 보통 외교관들의 의견은 서로 대립한다. 결의안이 수정되고, 거기에 변화된 내용이 실리고, 새로운 결의안에 동의하는 일이 순차적으로 일어난다.

제네바는 독특한 장소다. 이 작은 도시에 사는 주민은 18만 7천 명밖에 되지 않는다. 팔레 데 나시옹은 일종의 벌통과 같다. 그곳이나 그 근방의 레스토랑, 호텔, 바는 조심스런 만남과 대화가 진행되도록 안전한 장소를 제공한다. 그래서 팔레 데 나시옹의 1층에 자리하고 있고 그 옆의 아름다운 정원에서 공작들이 태연한 자태로 이곳저곳을 돌아다니는 '바 뒤 세르팡(뱀의 바)'과 그 테라스는 비공식적인 교섭이 벌어지는 곳으로 유명하다. 여기서는 모든 사람이 서로를 안다. 그렇다고 모든 사람이 말을 거는 건 아니다. 부시 행정부에서 보낸 미국 대사들은 공식적인 회의 이외에는 내게 말 한 마디도 건네지 않았다!

2016년 3월, 이사회의 31번째 회기가 마지막 주를 맞던 어느 날, 바 뒤 세르팡에서 팔레스타인 대사 이브라힘 크라이시가 내게 다가왔다. "교수님, 교수님의 도움이 필요합니다. (…) 이스라엘의 팔레스타인 점령지에서 활동하는 이스라엘 기업과 외국 기업들에 관한 우리의 결의안을 스위스인들이 투표에 부치려 하지 않아요. 부탁입니다. 그들에게 말을 좀 해주십시오."[19]

그러고 나서 얼마 지나지 않아 나는 스위스 대표로서 인권부장을 맡고 있는 바르바라 폰타나가 복도를 지나가는 걸 보았다. 나는 그녀를 불러 세웠다. "당신들은 팔레스타인의 결의안을 거부하는 것 같은데요? 의회에 있는 사람들은 제정신이 아니군요. (…) 유럽연합조차도 크라이시의 문건을 지지하고 있어요. 당신들은 제3세계 전체에 등을 돌리려 하고 있습니다!"

바르바라 폰타나는 스스로의 역량과 끄떡도 않는 독립심 때문에 모든 이로부터 존경을 받는다. 여태까지 완강한 그녀에게 해야 할 일을 지시한 남자는 없었다. 그런 폰타나는 내게 거칠게 말했다. "당신은 무슨 일에 참견하시는 건가요? (…) 베른은 나름대로 판단을 하고 있어요. (…) 당신 일에나 신경 쓰세요!"

2016년 3월 23일, 인권이사회에서 스위스 대사는 팔레스타인의 결의안에 찬성표를 던졌다. 어떤 기적이 베른에서 일어났음이 틀림없다!

나는 확실히 허세에 차 있었다. 하지만 내가 스위스연방에 투표를 하라고 지시내릴 수 있다고 상상하는 정도까지는 아니었다. 더구나 나는 자문위원회의 부의장인데도 불구하고 중재 작업을 하는 데는 전반적으로 실패했다. 한 가지 사례만 들어도 이 사실을 증명하는 데 족할 것이다.

스위스는 평화적인 시위에 참여하는 사람들의 안전을 보장하라고 각 나라들에 요구하는 결의안을 작성하기 위해 2년을 투쟁했다. 콩고민주공화국의 킨샤사에서 방글라데시의 다카에 이르기까지, 사우디아라비아의 리야드에서 몽고의 울란바토르에 이르기까지, 시위자는 기본적인 인권—집회를 갖고 평화적으로 시위할 수 있는 권리—을 행사하는데도 불구하고 경찰에게 구타를 당한다. 이집트의 카이로나 온두라스의 테구시갈파 같은 몇몇 수도에서는 정부에 낙인찍힌 시위자들이 죽음을 당하기까지 했다.

스위스 외교관들은 결의안이 만장일치로 채택되길 희망했다. 그러면 결의안의 힘이 더 확실해질 것이기 때문이다.

2015년 9월 30번째 회기의 어느 야간 회의 때, 나는 넓은 회의실의 구석 벽에 등을 기대고 있었다. 이때 바르바라 폰타나가 조용히 내 곁으로 왔다. 그녀는 분개한 목소리로 거의 속삭이며 말했다. "당신의 베네수엘라 친구들이 우리의 결의안을 무효화하려 해요. (…) 그들은 결의안을 투표에 부치기를 거부할 뿐 아니라 총회의 때 결의안에 반대하기로 약속했다는군요. 당신이 그들에게 한마디 해주신다면 감사하겠어요."

다음 날, 나는 제네바의 프랑수아 르망 거리에 위치한 베네수엘라 대사관에 전화했다. 장관 고문직이자 인권 문제를 다루는 젊은 에드가르도 토로 카레뇨가 즉시 전화를 받았다. "여보세요! 아, 내 친구여! 어떻게 지내세요?"

나는 내 개인적인 생각을 덧붙이며 메시지를 전달했다. 온두라스에서 환경보호 운동가들이 경찰에게 구타당해 사망하는 일이 벌어지고 있었다. 그것도 도로 한가운데서. 그리고 얼마 전 카이로에서는 시위 진압 전문 경찰이 학생 10여 명을 암살했다. 시위자의 생명과 안전을 보장하고 그들을 보호하기 위한 규정을 만드는 일이 시급했다.

에드가르도는 유쾌하고, 건강하고, 매사를 능숙하게 처리하는 젊은 외교관이다. 그는 베네수엘라인이라면 일반적으로 갖고 있는 확신이 몸에 배어 있다. 대답이 터져 나왔다. "선생님, 저희는 재고할 것이 없습니다! 제가 카라카스(베네수엘라의 수도)에서 배운 내용은 분명합니다. (…) 우리나라에 파시스트가 있어요. 니콜라스 마두로는 우리 대통령이고, 민주적인 방식으로 선출됐습니다. (…) 엔리케 카프릴레스는 이 선거를 인정하지 않고 있어요. 그는 거의 매일 같이 거리로 하수인들을 내보내고 있습니다. 그는 혼란을 일으키고 있어요. 카프릴레스는 시위대가 평화적으로 행진하고 있다고 주장하지만, 우리는 알고 있죠. 그의 많은 하수인들은 무장하고 있습니다. (…) 우리는 결의안을 투표에 부치는 걸 거부할 뿐 아니라 이 결의안에 반대할 겁니다. 우리는 친구들을 모을 거예요. 결의안은 결코 채택되지 않을 겁니다!"

격렬한 논쟁이 벌어진 이후 스위스의 결의안은 투표에 부쳐졌다. 하지만 이에 심하게 반대하는 목소리는 없어지지 않았고 결국 결의안의 영향력은 상당히 약화되었다.

나의 중재 시도는 실패하고 만 것이다.

2016년 4월 24일, 언론인 오드리 퓔바르는 이텔레 채널에서 진행을 맡고 있는 프로그램 〈18시 정치〉에 나를 초청해 유엔에서 한 일을 설명해달라고 요청했다. 오드리 퓔바르는 신념 있고, 아름답고, 지적인 여성이다. 그런데 갑자기 그녀는 어찌할 바를 몰라 하는 것 같았다.

"당신은 언제나 분노하죠. (…) 그런데 어떻게 그런 기구에 자리를 잡게 되었나요? 당신은 은행가와 불의에 대항해 악착같이 싸웠습니다. (…) 하지만 어떻게, 예를 든다면, 사우디아라비아 같은 혐오스런 체제의 대표자와 한 자리에 앉을 수 있나요?"

리야드에서 파견된 대사인 파이살 빈 하산 트라드는 인권이사회에서 중요한 역할을 맡고 있다. 그런데 그의 정부는 여전히 이슬람교 율법인 샤리아를 실천에 옮기고, 체제 반항자를 피가 날 정도로 채찍질하고, 정부를 비판하는 사람을 고문시켜 죽이고, 여성을 모욕하고, 어떤 사람이 도둑으로 의심받는다면 그의 손을 자른다.

사우디아라비아는 프랑스의 도움을 받고 있는데, 2016년에 프랑스는 150억 유로를 받고 사우디아라비아에 폭격기, 로켓탄, 대포를 인도할 예정이었다. 사우디아라비아 정부는 예멘과 바레인에서 어린이와 성인들을 학살하기 위해 이 무기를 사용할 것이다.

인권이사회 자문위원회의 회기 때면 내 옆에는 중국인 장이샨이 앉는다. 그는 매력적이고, 예의를 잘 지키며, 유머 감각이 풍부하다. 그는 안전보장이사회에서 중국 대사를 지내기도 했다. 젊은 외교관인 장이샨은 톈안먼 광장에서 학생들을 학살한 사건을 옹호했다. 자문위원회에서는 중국의 유일한 당을 위해 변론을 펴기도 하며 사형제도를 지지한다.

인권이사회에는 또 다른 산하기구인 특별조사관을 선출하는 위원회가 있다. 사악한 인물인 온두라스의 대사 로베르토 플로레스가 몇 년 간 이 위원회를 이끌었다. 로베르토 플로레스는 2009년 쿠데타를 주동했던 사람들 중 한 명인데, 이 쿠데타로 민주적인 방식으로 선출된 마누엘 셀라야 대통령이 권좌에서 축출되었다. 그리하여 경찰국가가 된 온두라스는 2016년 현재까지도 독재 체제가 계속되고 있다.

오드리 퇼바르가 옳았다. 나는 의심스런 인물과 교제해야 하는 상황에 자주 놓인다. 그럼에도 내가 계속 일하는 것은 스스로 전복적인 통합이라고 부르는 것을 실행하고 있기 때문이다.

1938년에 스탈린에게 처형된 후 1988년에 복권된 니콜라이 부하린은 "혁명가는 원칙을 갖고 있는 기회주의자다"라고 썼다.

한 명의 지식인은 그 자체로는 아무것도 아니며 오로지 사회적인 운동과 결합할 때에만 역사적인 실존에 이를 수 있다. 요컨대 민중 세력과 유기적으로 연결되어야 한다. 지식인은 상징적인 재산과 의식적인 내용물을 생산하며, (개념, 이론, 분석 같은) 상징적인 재산이 민중의 운동에 도움을 줄 경우에만 지식인으로서 어떤 유용성을 획득하게 된다.

사상을 어떻게 구현하느냐의 문제는 우리를 늘 따라다닌다. 한 사상이 현실에 실제적으로 영향을 미칠 수 있는 힘을 지니려면 어떤 조건이 필요할까? 그에 대해 정확히 아는 사람은 아무도 없다. 하지만 이런 사상의 구현은 의식의 내용물을 만들어내는 모든 이들의 야망으로 남아 있다. 그것은 내 야망이기도 하다.

장 폴 사르트르의 희곡 『더러운 손』의 주요 등장인물인 에드레르는 이러한 문제를 잘 요약해서 보여준다. 그는 의구심에 몸부림치는 휴머니스트 위고에게 말한다. "그렇다면 아무것도 하지 마세요. 그냥 가만히 있으세요. 팔꿈치를 몸에 꽉 붙이고 장갑을 끼세요. 하지만 제 손은 더럽습니다."[20]

더러운 손에 반대되는 것은 깨끗함, 비非행동, 우리 눈앞에서 전개되는 역사가 아무리 끔찍한 것일 지라도 그것을 수동적으로 관조하는 태도다.

4장

유엔의 뿌리를 향해

갈릴리*에서 보낸 어느 여름 저녁, 모든 곳이 금빛 석양으로 물들어 있었다.

특별조사관으로서 임무를 수행할 때마다 나는 죄수들이 균형 잡힌 식사를 하고 있는지 확인하기 위해 감옥, 구금 시설, 경찰서를 방문해야 했다. 나는 이런 경험을 통해 국민을 억압하는 많은 국가가 장기간에 걸쳐 식량을 줄이거나 아예 굶주리게 하는 것을 추가적인 처벌로 시행했다는 사실을 알았다.

한번은 이스라엘 북쪽 수많은 감옥 중 한 곳을 동료들과 함께 방문한 적이 있다. 과거에 사회학을 전공한 그곳의 책임자는 정부의 점령 정책과, 그로 인한 경제적·사회적·심리적 파괴 현상을 조심스럽게 비판했다. 그 정책 때문에 팔레스타인의 가족들이 겪는 절망에 대해서도 언급했다. 우리는 옛 영국의 병영에 있는 테라스에 앉아 있었다.

갑자기 젊고 호의적인 장교가 내게 말했다. "지평선 위의 저 어

---

* 팔레스타인 북부에 위치한 지역으로, 현재는 이스라엘의 행정구역에 속한다.

두운 선이 보이시나요? 아마겟돈산이랍니다."

나는 (복음서와 사도행전을 제외하고는) 가급적 성경을 읽지 않으려 한다. 구약성경에는 신이 벌을 내리는 일이 너무나 많이 나오고, 시편에는 목가적인 시가 너무 많이 등장하기 때문이다. 그 모든 토템의 짐승 때문에 거의 이해할 수 없는 요한 묵시록에 대해선 또 무슨 말을 해야 할까? 그럼에도 나는 아마겟돈은 기억하고 있었다. 요한 묵시록에 따르면, 그곳은 '선'과 '악' 사이에서 궁극적이고 결정적인 전쟁이 벌어질 장소다. 오늘날 모든 정황을 볼 때, 우리가 세계적인 계급투쟁의 절정 국면에 가까이 다가가 있다는 걸 알게 된다. 나는 아마겟돈이 가까운 곳에 있다는 생각이 드는 걸 막을 수 없었다!

현재 우리 역사의 지평을 이루고 있는 건 유엔의 토대 역할을 하는 긴 문서다.

이 세계가 겪은 가장 끔찍한 학살은 제2차 세계대전 중에 일어났다. 나치와 일본의 제국주의자들이 저지른 이해할 수 없고 너무나 끔찍한 대량 학살을 말하는 것이다. 그 결과 6년 동안 5,700만 명의 시민과 군인이 사망했고, 부상자, 장애인, 실종자가 수십만 명에 달했다.

유엔이 창설된 건 이러한 살육 때문이었다.

실제로 유엔의 토대 역할을 하는 두 문서인 유엔헌장과 세계인권선언에는 이런 재앙에 대한 기억이 깊게 배어 있다. 문서를 작성한 이들은 초국가적인 세계 조직을 창설하면서 보편적인 가치를 명시했고, 어떤 대가를 치르더라도 다시는 괴물 같은 인간들이 나타나지 않게 하기 위해 노력했다.

그렇기 때문에 우리는 헌장의 서문을 뼛속까지 새겨 기억할 필요가 있다.

우리 연합국 국민들은 일생에 두 번이나 말할 수 없는 슬픔을 인류에 가져온 전쟁의 불행에서 다음 세대를 구하고, 기본적 인권, 인간의 존엄 및 가치, 남녀 및 대소 각국의 평등권에 대한 신념을 재확인하고, 또한 정의와 조약 및 기타 국제법의 연원으로부터 발생하는 의무에 대한 존중이 계속 유지될 수 있는 조건을 확립하며, 더 많은 자유 속에서 사회적 진보와 생활수준의 향상을 촉진할 것을 결의했다.

유엔 헌장 제1조에는 유엔의 목적과 원칙이 명시되어 있다.

유엔의 목적은 다음과 같다.

1. 국제 평화와 안전을 유지하고, 이를 위하여 평화에 대한 위협의 방지, 제거 그리고 침략 행위 또는 기타 평화의 파괴를 진압하기 위한 유효한 집단적 조치를 취하고 평화의 파괴로 이를 우려가 있는 국제적 분쟁이나 사태의 조정, 해결을 평화적 수단에 의하여 또한 정의와 국제법의 원칙에 따라 실현한다.

2. 사람들의 평등권 및 자결의 원칙의 존중에 기초하여 국가 간의

우호 관계를 발전시키며, 세계의 평화를 강화하기 위한 기타 적절한 조치를 취한다.

3. 경제적 · 사회적 · 문화적 또는 인도적 성격의 국제 문제를 해결하고, 인종 · 성별 · 언어 또는 종교에 따른 차별 없이 모든 사람의 인권과 기본 자유에 대한 존중을 촉진하고 장려함에 있어 국제적 협력을 달성한다.

4. 이러한 공동의 목적을 달성함에 있어 각국의 활동을 조화시키는 중심이 된다.

다음은 세계인권선언의 서문에 담긴 내용이다.

인권에 대한 무시와 경멸이 인류의 양심을 격분시키는 만행을 초래했으며, 인간이 공포와 결핍에서 벗어나 자유를 누릴 수 있는 세계의 도래가 모든 사람들의 지고한 열망으로서 천명되어 왔다.

인간이 폭정과 억압에 대항하는 마지막 수단으로 반란을 일으키도록 강요받지 않으려면, 법에 의한 통치에 의하여 인권은 필수적으로 보호되어야 한다.

국가 간에 우호 관계를 발전시키는 일은 필수적이다.

회원국들은 유엔 기구와 협력하여 인권과 기본적인 자유의 보편적 존중과 준수를 증진할 것을 스스로 서약했다.

이러한 권리와 자유에 대한 공통의 이해는 이 서약을 완전하게 이행하는 데 가장 중요하므로,

국제연합총회는 모든 개인과 사회 각 기관이 이 선언을 항상 유념하면서 학습 및 교육을 통해 이러한 권리와 자유를 존중하는 태도를 증진하기 위해 노력하고, 국내적이고 국제적인 점진적 조치를 통해 회원국 국민들 자신과 그 관할 영토의 국민들 사이에서 이러한 권리와 자유가 보편적이고 효과적으로 인식되고 준수되도록 노력하게 할 것이다. 이를 위하여 모든 사람과 국가가 성취해야 할 공통의 기준으로서 이 세계인권선언을 선포한다.

다음은 제1조의 내용이다.

모든 인간은 태어날 때부터 자유로우며 그 존엄과 권리에 있어 평등하다. 인간은 천부적으로 이성과 양심을 부여받았으며 서로 형제애의 정신으로 행동해야 한다.

제3조의 내용이다.

모든 사람은 생명, 신체의 자유와 안전에 대한 권리를 가진다.

러시아 혁명가 빅토르 세르주의 『수첩』 서문에서 레지 드브래는 이렇게 썼다. "인간은 철새의 방향 감각에 비견될 수 있는 역사 감각을 필요로 한다. (…) 경제적인 상황이 어떻든 간에, 인간은 강박관념도 유토피아도 없는 삶에 만족할 수 없다."[1]

제네바의 팔레 데 나시옹에서는 세계의 모든 대표가 싸우거나 부조리한 단합을 하며, 통탄할 만한 광경을 보여준다. 그리고 그들이 이 울타리 안에 있다는 사실로 인해 한 사무국장과 어떤 가공할 만한 체제 사이에 공모 관계가 있다는 것이 드러나기도 한다. 또한 안전보장이사회의 명백한 무능력 때문에 시리아, 이라크, 아프가니스탄, 중앙아프리카공화국에서 벌어지는 학살은 중단되지 않는다. 끝으로, 무엇보다 뉴욕에 있는 관료들의 나태함 때문에 매년 수백만 명이 기아로 목숨을 잃는다. 하지만 이런 모든 일에도 불구하고, 나는 유엔의 토대를 이루는 원칙과, 이 원칙에 따라 구체화되려 하는 연대를 유보적인 태도 없이 전적으로 지지한다고 말하고 싶다.

그렇다면 나는 무엇 때문에 이 헌장을 지지하는가? 나는 정치에서의 낭만주의를 혐오한다. 내가 헌장을 지지하게 된 배경에는 종말론이 있다. 곧 독일의 옛 프랑크푸르트학파의 마르크스주의자들인 테오도어 아도르노, 막스 호르크하이머, 헤르베르트 마르쿠제, 발터 벤야민이 구체적으로 표현한 종말론이다.

인간은 언제나 두 가지 역사 안에서 살아간다. 실제로 살아가는 역사와 의식이 요구하는 이상적인 역사. 아도르노는 '부여된 의식'이라는 용어를 사용한다. 막스 호르크하이머는 이 의식에서 '아주 다른 것에 대한 욕망'을 보는데, 방금 언급한 표현은 그의 생전 1973년에 마지막으로 출간된 책의 제목이기도 하다. 독일어로 『아주 다른 것에 대한 동경Die Sehnsucht nach dem ganz Anderen』이라는 제목이 붙은 이 책은 그의 진정한 유언이다.

오늘날, 실질적인 정의는 의심의 여지없이 사라지고 있다. 인류 역사상 세계의 길 위에서 헤매는 피난민과 이주민의 수가 이토록 많았던 경우는 결코 없었다.

기아는 난민촌을 휩쓸고 있다.

사막과 건조한 초원이 경작 가능한 땅을 삼키고 있다. 부르키나 파소의 한 지역은 사하라 사막이 매년 5킬로미터까지 영토를 침범하고 있다.

아프리카 대륙의 거의 3분의 1에 해당하는 지역은 지금 건조한 땅으로 덮여 있다. 이 땅이 1년 동안 흡수하는 빗물은 250밀리미터 미만이다. 관개를 하지 않고서는 어떤 농사도 지을 수 없을 때, '땅이 건조하다'고 말한다. 그런데 건조한 땅으로 뒤덮인 아프리카 사하라 남쪽 지역에서는 3.8퍼센트의 땅만이 관개를 한다.

사하라 사막 남쪽 가장자리에 위치한 사헬의 7개국에서는 이따금 지하수층이 60미터 이상의 깊이에서 발견되지만, 전통적인 기술로는 그 깊이에서 결코 물을 길어 올릴 수 없다. 가축이나 가족 중에서 가장 허약한 식구—아주 어린 아이나 노인—가 죽으면, 혹은 땅이 콘크리트처럼 단단해지면, 생존자들은 길을 떠난다. 어디로 떠날까? 토고의 수도 로메, 베냉의 도시 코토누, 세네갈의 수도 다카르 같은 큰 도시의 난민촌으로 떠나는 것이다. 이런 곳에서는 아기가 쥐에 물리고, 아동 성매매 때문에 어린 소녀가 피폐한 삶을 살고, 계속되는 실업, 영양실조, 전염병 때문에 가족들이 매우 심각한 고통을 겪는다.

고문에 대해서는 무슨 말을 해야 할까? 국제앰네스티의 2015년 보고서에 따르면, 유엔의 193개 회원국 중 67개국이 현 체제에 반대하는 것으로 의심되는 시민에게 체계적으로 혹은 반복해서 의도적으로 상해를 입혔다.

우리는 정의가 퇴행하는 것을 실제적으로 경험한다. 이렇게 퇴행한 정의에 대한 의식 아래와 너머에는 종말론적 의식이 있다.

그 결과 의식이 정의로운 것으로 받아들이는 유토피아는 막강한 역사적 힘이 된다.

유토피아에 대한 우리의 생각은 끊임없이 발전한다.

노예제를 예로 들어보자. 4세기, 고대 로마의 식민지였던 이프리키아(오늘날 알제리 북동쪽에 있는 안나바)에 있던 히포 레기우스의 주교 성 아우구스티누스는 복음과 근본적으로 평등주의적인 메시지를 전파했다.[2]

어느 날 저녁, 한 남자가 그를 만나러 와서 말했다. "당신은 복음과 모든 인간이 평등하다는 말을 전하고 있습니다. (…) 그런데 저는 제가 사는 고장에서 노예들이 파괴된 삶을 살고, 끝없는 고통과 굴욕을 겪는 걸 보게 됩니다. 그들도 당신과 저 같은 인간이 아닌가요?"

아우구스티누스는 깊이 생각을 한 다음 말했다. "라티푼디움은 노예들 없이는 작업을 할 수도 생산을 할 수도 없을 겁니다. (…) 그리고 라티푼디움이 없다면 우리는 모두 굶어 죽을 겁니다. (…) 노예들을 존중하고 공경하세요. 그들을 형제처럼 대우해주세요."

오늘날, 노예제는 카타르와 모리타니를 비롯해 이 지상의 여러 곳에 여전히 존재한다. 하지만 이 세계에서 이성을 가진 사람이라면 누구도 감히 노예제가 정당하다고 옹호하지 못할 것이다.

여기에 인간으로서 단호하게 요구할 수 있는 정의, 곧 굶주림을 거부하는 것에 관한 다른 예가 있다. 내가 유엔에서 식량특별조사관으로 일하는 동안, 몇몇 회원국은 (제네바의 인권이사회에 제출된 것이건 뉴욕의 총회에 제출된 것이건 간에) 지속적으로 나의 보고서와 모든 권고사항을 받아들이길 전면 거부했다. 미국, 영국, 호주를 포함한 여러 국가가 경제적 · 사회적 · 문화적 인권이 있다는 사실을 여전히 인정하지 않는 것이다. 그들에게는 시민적 · 정치적 인권만이 존재한다.

내가 얼마나 많은 날을 미국 대사들과 연이어 논쟁을 벌이며 보냈던가! 그들 중 몇 사람—특히 조지 부시 대통령이 파견한 대사들. 이들은 대개 우둔하지만 오만한 백만장자들이었다—은 노골적으로 인권이사회를 경멸하는 태도를 보였다. 하지만 다른 사람들, 가령 아프리카계 미국인이고, 예전에 국무장관 보좌관으로서 아프리카 쪽 일을 맡았으며, 섬세하고 교양 있는 대학교수 조지 무스는 존경할 만한 외교관이었다.

그런데 미국의 신조는 세계 시장이 완전한 자유를 획득해야만 기아가 근절될 수 있다는 것이다. 미국 국무부의 눈에 시장의 자유에 개입하여 제약을 거는 모든 행위는 신성모독으로 비친다.

물론 이 미국 대사들 중 누구도 영국의 신부 토머스 맬서스의 '정당화' 논리를 감히 공개적으로 준거로 삼으려고 하지는 않았다. 여기서 독자에게 상기시킬 내용이 있다. 처음에는 익명으로 1798년에 출간된 『인구론An Essay on the Principle of Population』[3]의 저자인 토머스 맬서스는 이 세계를 늘어나는 인구로부터 보호할 필요가 있다는 이유로, 매우 불행한 환경에서 살아가는 사람들이 영양실조를 겪고 굶주림 때문에 고통스러워하는 것을 정당화했다. 오늘날에는 아무리 파시스트 같은 외교관일지라도, 맬서스가 주장한 이 끔찍한 논리에 동조하지는 않을 것이다.

요컨대 '부여된' 의식은 이 세계의 공포와 대면하면서도 분명히 앞으로 나아가고 있다. 어느 날엔가, 이 의식은 인간이 겪는 현실로 하여금 정의, 이성, 행복에 대한 열망을 받아들이도록 할 것이다.

1941년 루스벨트와 처칠에 의해 USS 어거스타호에서 세상의 빛을 본 대서양헌장은 1945년의 유엔헌장을 예고하는 것인 동시에 그것을 작성하는 데 영향을 미쳤다. 이 대서양헌장 자체도 태어나기 전에는 루스벨트가 오랜 시간 심사숙고하는 과정을 거쳐야했다. 1941년 1월 6일의 일반교서*에서 루스벨트는 자유에 관해 언급하고, 이후에는 이를 실현하기 위해 계속 노력했다. 이 연설은 '네 가지 자유에 관한 연설'이라는 이름으로 알려졌는데, 그 네 가지 자유란 표현의 자유, 종교의 자유, 결핍을 겪지 않으며 살아갈 자유, 두려워하지 않으며 살아갈 자유를 말한다.[4]

스코틀랜드의 의사이자 영양사였고 제2차 세계대전 동안 영국 정부의 식량정책과학위원회 위원을 지낸 존 보이드 오르는 회담 때 USS 어거스타호에 있었는데, 다음과 같은 글을 썼다.

> 전쟁 추축국이 완전히 파괴되면 연합국이 세계의 통제권을 갖게 될 것이다. 그러나 그 세계는 황폐할 것이다. 많은 국가에서 정치적 · 경제적 · 사회적 구조가 완전히 파괴될 것이다. 심지어 전쟁의 영향을 거의 받지 않은 국가에서도 그러한 구조가 심각하게 훼손될 것이다. 이 세계를 다시 건설해야 한다는 건 명백한 일이다. (…) 나치의 세계 지배라는 공통된 위험에 직면해 연합한 자유로운 국가들이 더 나은 새로운 세계를 건설하는 데 협력하기 위해 계속 연합하여 노력할 때에만, 그러한 작업은 성공할 수 있다.[5]

프랭클린 루스벨트는 사망하기 몇 달 전에, USS 어거스타호에

---

* 미국 대통령이 연초에 상하원 합동회의에서 정부나 국회가 수행해야 할 일에 관해 발표하는 절차.

서 이루어진 체결을 장황한 연설로 다시 한 번 언급했다.

개인의 진정한 자유란 경제적인 보장과 독립 없이는 존재할 수 없다는 것을 우리는 마침내 깨닫게 되었습니다. "결핍의 노예인 인간은 자유로운 인간이 아니다." 배를 곯는 사람들과 실업에 처한 사람들은 독재 체제를 성립시키는 요소가 됩니다.

우리 시대에 이러한 경제적인 진실은 자명한 것으로 받아들여지게 되었습니다. 말하자면, 우리는 두 번째 인권선언을 받아들이게 된 것입니다. 그 선언을 따를 때, 안정과 번영의 새로운 토대가 모든 사람들을 위해, 계급, 인종 혹은 신앙에 관계없이 정립될 수 있습니다.[6]

제2차 세계대전이 끝났을 때, 전 세계 국가 중 3분의 2가 식민지의 굴레 아래 있었다. 1945년 6월에 샌프란시스코에서 열린 유엔 창설 회의에 참석한 국가는 51개국뿐이었다. 회의에 참석하기 위해서는 1945년 5월 8일 이전에 전쟁 추축국에게 선전포고를 해야 했다는 조건도 있었다.

1948년 10월 10일 파리에서 열린 유엔 총회 때에는 세계인권선언을 투표에 부쳤는데, 64개국만이 대표를 파견했다.

막스 호르크하이머는 이렇게 썼다. "노예는 자신을 얽매고 있는 사슬을 결코 참아내지 못한다."

반식민주의 해방 투쟁, 의식의 반란 그리고 지배 국가의 핵심부에서 피지배자와 시민들이 연대하여 반대 운동을 벌인 결과, 샌프란시스코 회담 이후 반세기 동안 무수히 많은 신생국이 생겨났다. 그러니 이제 문제는 유엔이 더 이상 보편성을 지니고 있지 않다는 사실이 아니다. 진짜 문제는 세계화된 금융자본의 소수 지배자들이 국가를 예속화하고 있다는 사실, 그리고 초국가적이며 국제적인 기구라 해도 그 약탈자들에게 법을 강제할 능력이 없다는 사실이다.

덧붙이는 글

우리에게 유엔의 기반이 되는 문서를 다시 생각하게끔 하는 에른스트 블로흐의 "우리의 뿌리를 향해 전진하라"[7]는 단호한 명제는 그 역할이 여기에서 끝나지 않을 것이다. 그 문서가 아무리 훌륭한 세계관과 인간관을 표현하고 있을지라도, 유엔 한가운데서 전개되는 저항에 영감을 주는 유일한 원천은 아니기 때문이다.

사실 이 문서가 전달하는 사상의 많은 부분은 훨씬 더 먼 시기로부터 전해졌다. 특히 빛의 세기*의 철학자들이 쓴 통찰력 있는 저서들로부터, 무엇보다도 장 자크 루소의 『사회계약론』으로부터 전해져 온 것이다.

루소는 『정치 제도』라고 불렸을 걸작을 꿈꾸며 오랜 기간에 걸쳐 『사회계약론』을 쓸 계획을 세웠다. 1762년에 발간한 그의 책은

---

* 이성과 교육의 가치를 중요시한 18세기 '계몽주의' 시대를 가리킨다. 이러한 시대적 풍토 속에서 프랑스혁명이 발발할 수 있었다.

다음과 같은 유명한 대목으로 시작한다. "인간은 자유로운 존재로 태어났지만, 그는 어디에서나 사슬에 묶여 있다. 자기가 다른 사람들의 주인이라고 믿는 사람은 계속해서 그들보다 더 노예적인 상태에 머물러 있게 된다. 어떻게 이렇게 변화하는가? 나는 모른다. 그렇다면 무엇이 이러한 변화를 정당한 것으로 만들 수 있는가? 이 질문에는 대답할 수 있을 것이다."[8] 이어서 저자는 자신의 논증을 펼쳐 보인다. 그 과정에서 보편적 의지라는 표현, 국민주권의 원칙과 시민은 법 앞에서 평등하다는 원칙이 나온다.

당시 50세였던 루소는 가난했다. 『사회계약론』과 『에밀』[9]을 차례로 출간했지만 『사회계약론』은 출간 금지 조치가 내려졌고, 『에밀』은 파리의 의회가 불태워 파기하라는 명령을 내렸다. 결국 루소는 구속될 위기에 처했고, 체포 명령이 내려진 걸 알고서는 제네바로 도피했다. 사실 그는 『사회계약론』에 '제네바의 시민 장 자크 루소'라고 자신 있게 서명하지 않았던가? 그가 제네바를 자신의 고향이라고 주장한 건 이번이 처음이 아니었다. 그를 처음으로 세상에 알렸던 『인간 불평등 기원론』[10]은 "제네바 공화국"과 "훌륭하고, 매우 명예롭고, 최고의 권한을 가진 귀족님들"에게 헌정되었다. 그러나 제네바에서 "훌륭한 귀족님들"은 『사회계약론』과 『에밀』을 시청 앞에서 불태우라는 명령을 내린다. 루소는 다시 도피해야 했고 이번에는 베른의 발도파* 중심지로 떠났다. 그는 죽을 때까지 방랑하며 살 운명이었다.

---

* 12세기 피에르 발도가 창시한 기독교의 한 분파로 성서 텍스트를 중요시하는 분파.

유엔의 세계인권선언은 1789년의 프랑스혁명 때 발표한 '인간과 시민의 권리 선언'과 (거의) 비슷한 내용을 담고 있고, 이 '인간과 시민의 권리 선언' 자체는 1776년 7월 4일에 필라델피아에서 영국에 반기를 든 미국인들이 주창한 '독립선언'의 서두에서 많은 영향을 받았다.

미국 선언서 집필에 참여한 주요 인물 두 명은 노예 대농장의 주인이던 토마스 제퍼슨, 그리고 특히 언론인, 작가, 발명가, 정치인이 되기 이전에 인쇄업자로 일하던 벤자민 프랭클린이었다. 프랭클린은 조르주 당통에게 필라델피아에서 채택된 독립선언의 서두에서 언급되는 원칙을 전달했다. 조지 워싱턴이 프랑스의 왕에게 원조를 요청하고 영국에 대항할 연합세력을 만들자는 뜻을 전달하기 위해 프랭클린을 프랑스로 보냈을 때였다. 그가 두 손자와 주고받은 많은 분량의 편지가 증명하듯이, 벤자민 프랭클린은 장 자크 루소를 매우 존경하고, 그의 책을 열심히 읽었으며, 그를 열렬히 추종했다.[11]

물론, 우리의 저항에 생기를 불어넣는 활력은 또 다른 뿌리에서도 생겨나고 있다. 시간이 지나면서 봉건적이고 자본주의적인 약탈자들에 대항하여 생겨난 무수한 저항 운동들과 더불어, 농부들의 저항과, 노동당들의 승리와 패배와, 조합들의 결집과, 식민지 국민들의 자유를 위한 투쟁에서 전해진 유산이 바로 그것이다.

5장

미국의 제국주의적 전략

고백하자면, 내가 헨리 키신저를 가까이서 볼 수 있던 기회가 단한 번 있었는데, 이때 나는 그에게 호감을 느끼는 나의 감정과 싸워야 했다.

1998년 7월 어느 저녁, 제네바의 호수 주변에 위치한 프레지던트 월슨 호텔 지하의 커다란 홀에서 그를 만났다. 그곳은 아주 부유한 사람들만이 출입하는 장소라는 분위기가 느껴졌고, 바닥에는 두꺼운 양탄자가 깔려 있었다. 키신저는 국제 학문과 개발 연구소의 전략 연구 센터 책임자인 쿠르트 가스타이거 교수의 초청으로 그 자리에 와 있었다. 그는 세계정세에 관해 설명하고 질의에 대답했다. 이후에는 방금 그의 강연을 들은 이들 가운데 엄격한 과정을 거쳐 선발된 칵테일파티 호스트들과 자유롭게 어울렸다.

놀라울 정도로 키가 작은 그는 몸에 꼭 맞게 재단한 회색 양복을 입고 하늘색 넥타이를 매고 있었다. 두꺼운 안경 너머로 지성과 냉소에 찬 눈이 반짝였다. 그는 주위로 모여든 유엔의 국제공무원과 스위스의 대학교수와 유명인 무리, 다시 말하면 박식한 사람들의 무리를 조롱하는 듯한 미소를 지으며 유심히 관찰하곤 했다. 그는 강한 독일어 악센트가 섞인 '뉴욕어'로 말했다. 당시 그는 75세였지만, 활기차고 건강해 보였으며 삶의 기쁨을 느끼는 것 같았다.

그가 세계를 분석하며 제시한 내용은 그 자신의 용감한 행동(이 행동은 분명히 모두 실현되었다), 그의 만남, 그의 예언을 소재로 한 일련의 이야기로 구성되어 있었다.

그의 이야기는 그가 상대한 인물의 초상이 등장하면서 더욱 풍부해졌다. "이어서 저는 마오쩌둥에게 말했습니다. (…) 그는 얼굴이 부었고, 피곤해 보였어요. 그래서 저는 그가 내 말을 정말 듣고 있는지 궁금해졌죠."

참석자들은 그가 하는 이야기에 압도당하고 흠뻑 빠져들어 경탄했다. 그날 저녁, 헨리 키신저는 오만함과 유머, 넘치는 허영심과 맹렬한 위세가 뒤섞인 흥미로운 이야기를 선사했다.

프레지던트 윌슨 호텔에서 칵테일파티가 열리기 며칠 전, 나는 미국 잡지 《애틀랜틱》에서 다음과 같은 일화를 접했다. 헨리 키신저가 이번에는 뉴욕의 상류층 부인 클럽에 초대되었다. 전략지정학에 관한 그의 강연이 끝나자, 머리를 완벽하게 세팅하고 보석을 줄줄이 꿰어 찬 한 여인이 감동받은 듯한 태도를 지으며 그에게 다가왔다. 그녀는 감정에 목이 메인 목소리로 그에게 말했다. "키신저 박사님, 저는 당신이 세계를 구원해주신 것에 대해 감사드리고 싶어요." 이 구원자는 대답했다. "별말씀을 다 하십니다, 부인."

다자 외교에 견주어볼 때, 키신저는 제국주의적 이론과 전략을 육화하고 있는 인물이다. 그가 실행에 옮긴 모든 일과 그의 모든 저서가 이 사실을 증명한다.

1957년, (미래에 미합중국의 56번째 국무장관이 될) 헨리 키신저는 『회복된 세계: 메테르니히, 캐슬레이와 1812~1822년간 평화의 문제A World Restored:Metternich, Castlereagh and the Problems of Peace 1812-1822』라는 제목으로 박사학위를 받은 논문을 책으로 출간했다.[1] 그는 이 책에서 제국주의적 이론을 전개했는데, 1969년부터 1975년까지 국가안전보장회의의 위원으로 있으면서 이 이론을 현실에 적용했다. 이어서 1973년부터 1977년까지 국무장관직을 맡았을 때는 말할 필요도 없다. 다자 외교는 혼란만 초래한다는 것이 이 책의 중심 주제다. 민족자결권과 국가의 자주권을 엄격히 존중한다고 해서 평화가 보장되는 것은 아니다. 위기의 순간에 빠르게 개입할 수 있는 물질적인 수단과 능력을 갖추고 있는 것은 오로지 강대국뿐이기에 이 세계에 평화를 가져올 수 있는 것 또한 강대국이라고 그는 주장한다.

제시 헬름스는 1995년부터 2001년까지 미국 상원의 막강한 외교위원회 의장을 지냈다. 그는 키신저의 말을 이어받아 말했다. "우리는 중심에 있고, 계속 중심에 머물기를 원합니다. (⋯) 미합중국은 도덕적·정치적·군사적 법과 힘의 횃불을 들고서 이 세계를 이끌어나가야 하고, 다른 모든 국민의 모범이 되어야 합니다."[2]

논설위원 찰스 크라우트해머도 이와 비슷하게 주장했다. "미국은 거인처럼 이 세계 위를 걸어 다니고 있습니다. (⋯) 로마제국이

카르타고를 파괴한 이후로, 어떤 강대국도 우리가 현재 다다른 정상에까지 도달하지 못했습니다."[3]

클린턴 행정부에서 매들린 올브라이트가 국무장관을 지낼 때 그녀의 특별고문이었던 토머스 프리드먼은 이러한 내용을 훨씬 더 명료하게 언급했다. "세계화가 정상적으로 이루어지기 위해, 미국은 주저함 없이 정복할 수 없는 슈퍼 강대국—실제로 미국은 이렇습니다—처럼 행동해야 합니다. (…) 시장의 보이지 않는 손은 눈에 보이는 주먹이 없으면 정상적으로 기능하지 않을 것입니다. F-15기의 제조사인 맥도널 더글러스가 없이 맥도날드는 사업을 확장할 수 없습니다. 그리고 실리콘 밸리의 기술에 대해 세계적으로 안정성을 보증하는 보이지 않는 주먹은 '미합중국의 군대, 비행기, 해군, 해병대'라는 이름을 갖고 있습니다."

기원 후 2세기의 4분의 3에 해당하는 시기에 정점에 이른 로마 제국을 이끌었던 마르쿠스 아우렐리우스도 이와 다른 말을 하지 않았다. "제국은 왕국보다 우월하다." 다른 식으로 말하면, 제국은 다른 모든 권력 조직을 능가한다는 것이다.

제국주의 이론의 바탕에는 이러한 가정이 있다. 제국의 정신적인 힘, 빠르게 대처하는 능력, 법적 의지, 사회 조직은 안정을 보장한다. 제국만이 국가, 국민, 대륙 사이의 평화를 지속적으로 보장할 수 있다는 것이다.

미국인의 의식에는 이런 제국주의적 이론이 뿌리 깊게 박혀 있다. 미국의 1달러짜리 초록색 지폐에는 '우리가 믿는 하느님 안에서'(하느님 안에서 우리는 우리의 신념을 믿는다)라는 문구가 당당히 쓰여 있다.

앞서 언급한 메테르니히에 관한 책의 세 번째 판본 서문에서, 키신저는 미합중국이 세계의 질서를 바로잡을 "명백한 운명"을 지닌 국가라고 반복해서 언급한다. 이 "명백한 운명"이라는 표현은, 텍사스가 합병될 때 대륙의 동부 해안에서 건너온 앵글로색슨족이 북아메리카 대륙을 식민지로 삼은 "불가역적인" 사건을 "신권神權에 속한" 일로 명명하기 위해 뉴욕의 언론인 존 오설리반이 1845년에 쓴 글에 등장한다.[4]

감히 말한다면, 미국이 신으로부터 민주주의와 문명을 전파할 임무를 부여받았을 거라는 이런 메시아적 이데올로기는 아직까지도 낡은 것으로 취급받지 않는다. 신이 "명백히" 미국인에게 특별한 사명, 곧 이 세계의 평화와 정의를 보장하고 필요할 경우 세계를 바로 잡을 사명을 부여했다고 믿는 것이다.

헨리 키신저는 오늘날에도 여전히 강력한 권력을 쥐고 있다. 1998년, 대부분의 국가는 국제형사재판소(ICC) 창설을 목적으로 한 로마규정에 조인했다. 하지만 키신저는 이 기구의 원칙에 거세게 반대했다. 이어서 미국은 ICC의 토대가 되는 규정을 비준하지 않았을 뿐 아니라, 거의 20년 전부터 제국주의 이론을 방향키로 삼아 ICC에 반대하는 캠페인을 활발하게 펴고 있다. 미국은 위성국가와 제3세계의 나약한 (따라서 미국의 원조에 의존하고 있는) 국가를 설득할 수 있을 때면—이런 상황은 자주 발생했다—ICC를 무력화하고자 시도하곤 한다.

나는 헨리 키신저가 쓴 책 중에서도 특히 다음의 책을 읽을 때면 등골이 오싹해진다. 1957년에 처음으로 출간된『핵무기와 외교 Nuclear Weapons and Foreign Policy』[5]는 1969년에 많은 내용이 덧붙어 다시 출간되었다.[6] 키신저는 이 책에서 왜 미국이 핵폭탄을 자유롭게, 그리고 마음대로 사용하는 데 정당한 권한을 지닌 세계 유일의 국가인지 설명한다.

2003년에 나는 흐린 하늘의 히로시마를 방문한 적이 있다. 일본에 있는 나의 출판대행 사무소 투틀 모리 에이전시가『세계의 새로운 주인들』의 일본어판 출간 계약을 막 끝낸 이후였다.

나는 히로시마 시장을 만난 다음, 대부분 폐쇄되어 있는 문서보관소를 방문할 수 있었다. 그곳에서 여러 사진들을 보았는데, 지금까지도 그것이 잊히지 않는다. 한 사진에는 어머니와 자식으로 보이는 어린 남자아이, 여자아이 이렇게 셋이 제복을 입은 경관이 앉아 있는 나무 탁자 앞에 서 있었다. 그 경관은 원폭 피해 생존자의 이름과 주소를 기록하는 중이었다. 어머니의 몸 곳곳에는 피부가 떨어져 나가 있었다. 엄청나게 고통스러워 보이는 그녀의 팔은 피부 여기저기 화상을 입은 상태였다. 아이들의 얼굴과 팔 일부는 완전히 불에 탔다. 너무나 어리석은 관료제와 인간에게 가해진 무한한 고통 사이의 만남을 담은 이 사진은 이따금씩 밤에 내 머릿속에 떠올라 사라지지 않곤 한다.

히로시마는 해군이나 공군 기지, 요새나 군수공장 단지가 아닌 그저 평범한 도시에 불과했다. 하지만 1945년 8월 6일 오전 8시 14분 2초에 그곳에서 성인과 아이들 20만 명이 죽었고, 수만 명이 거센 불길에 화상을 입거나, 몸의 일부분을 잃거나, 부상당했다.

3일 뒤인 8월 9일에는 다른 도시가 사방으로 맹렬하게 터지는 핵무기의 화염에 연소되었다.

이 살육을 명령한 사람은 해리 트루먼이었다. 미주리주의 얼굴빛이 창백하고 경박한 변호사였던 해리 트루먼은 미국의 부통령을 지내다가, 일본에 원폭을 투하하기 얼마 전인 1945년 4월 12일에 백악관에서 사망한 프랭클린 루스벨트의 뒤를 이어 대통령이 되었다. 루스벨트의 인격에 심한 열등감을 느끼던 그는 루스벨트의 그림자에서 벗어나기 위해 자신의 제국주의적 정책을 내세우기로 결정하고, 핵무기를 통해서 민간인 수십만 명이 거주하는 도시를 지도에서 지워 없애버리기로 했다.

당시 미국의 제국주의적인 사료 편찬자들은 거짓말을 꾸며냈다. 히로시마와 나가사키의 주민을 대량 학살한 건 일본의 항복을 받아내기 위해 불가피한 일이었다는 것이다. 실제로도 8월 15일에 일본은 항복했다. 하지만 유럽에서 연합군의 최고사령관을 지낸 드와이트 아이젠하워는 자신의 『회고록』에서 일본은 1945년 7월 말부터 군사적으로 패배의 길을 가고 있었고, 어떤 위급한 전략도 이 대량 학살을 정당화하지 못한다고 썼다. "심지어 일본은 국가의 위신을 완전히 떨어트리지 않으면서 항복하려 애쓰고 있었다. (⋯) 그런 혐오스러운 무기로 적을 공격할 필요는 없었다."[7]

마찬가지로, 해군사령관인 동시에 트루먼의 참모장과 육해공 연합군 참모장 회의의 의장을 지낸 윌리엄 리히는 『나는 그곳에 있었다 was there』(1950)에서 이렇게 쓴다. "일본인은 이미 패배했기에 항복할 준비를 하고 있었다. 히로시마와 나가사키에 야만적인 무기를 사용한 일은 일본과의 전투에서 어떤 실제적인 도움도 되지 않았다. (…) 우리는 그 무기를 처음 사용하면서 (…) 중세 암흑시대의 야만인들이 갖고 있던 윤리를 채택하기에 이르렀다. 아무도 우리에게 이런 식으로 전쟁을 하라고 가르치지 않았다. 여성과 아이들을 죽이면서 승리를 획득할 수는 없다."[8]

아인슈타인은 나치의 독일에 대항해 수소폭탄 개발을 지지했지만, 히로시마와 나가사키에 폭탄을 투하한 것은 "어떤 희생을 치르더라도 소련이 전쟁에 개입하기 전에 태평양전쟁을 끝내려는 의도에서" 실행됐다고 언급했다. 이어서 "나는 루스벨트 대통령이 살아 있었다면 이런 모든 일 중 어떤 일도 일어나지 않았을 거라고 확신한다. 그는 그러한 행위에 반대했을 것이다"라고 비판했다.

미국 국무장관 중에서 히로시마를 최초로 방문한 존 케리는 2016년 4월 10일에 '겐바쿠 돔' 아래에서 연설을 했다. '겐바쿠 돔'은 히로시마에서 원폭 투하에도 불구하고 파괴되지 않은 유일한 건축물로, 현재는 평화의 기념물로 지정되어 있다. 그는 감동적인 연설을 했다. 하지만 미국의 이름으로 과거의 잘못을 인정하지는 않았다. 2016년 5월, 이 장소를 방문한 최초의 미국 대통령 버락 오바마 역시 사과하지 않았다.

국제법, 인권, 국제인도법의 기준에 따르면 헨리 키신저는 전범이다. 나아가 그의 세대에서도 가장 악한 전범 중 한 사람이다.

1960년대와 1970년대에 걸쳐, 키신저는 라틴아메리카에서 일어난 군사 쿠데타들의 주동자였고, 당시에 그 대륙에서 성립된 폭력적인 독재 체제들의 가장 충실하고 능력 있는 보호자였다. 그는 특히 '콘도르 작전'*의 유능한 지지자였다. 이 작전이 진행될 때, 여러 독재 체제의 첩보 기관과 경찰 사이에서는 대륙 차원의 공조가 이뤄졌다. 민주주의자와 성인 남녀 수천 명―이 중에는 나의 옛 제자 알렉시 자카르도 포함되어 있다―이 콘도르 작전의 살인자들이 가한 고문으로 사망했다.[9]

1971년 11월, 소아과 의사이자 사회주의자이고 진보적인 조직들의 폭넓은 연대 단체 인민연합의 지도자를 지낸 살바도르 아옌데가 칠레 대통령으로 당선되었다. 그는 구리 광산을 국유화하고 극도로 빈곤한 환경에서 살아가는 계층을 지원하는 매우 구체적인 프로그램을 실행했다. 그러자 키신저는 다국적 기업, 특히 제너럴 일렉트릭사와 연계하고 미국 첩보 기관의 협조를 받아 칠레의 경제를 악화시켰다. 그리고 가능하다면 칠레 경제를 붕괴시키려는 목적으로, 대대적인 파업이 연속적으로 발생하게 손을 썼다.

안데스 산맥과 태평양 사이로 2천 킬로미터 이상 뻗어 있는 칠레는 파블로 네루다가 썼듯이[10] "칼처럼 길고 뾰족한" 매우 인상

---

* 1970~1980년대에 남미의 군사정권들이 미국 중앙정보국의 협조 아래서 정보를 주고받으며 좌파 인사를 상대로 벌인 전쟁.

적인 나라다. 이 나라에서 도로 운송은 필수적이다.

1973년 4월, 화물차 운전수들이 6주 동안 파업을 하며 나라를 마비시켰다. 같은 달에 지방선거가 치러졌다. 키신저의 지휘로 진행된 파업 때문에 경제가 극히 불안정했음에도 국민 대다수는 인민연합에 표를 던졌다.

나는 1973년 5월에 아옌데의 거처인 토마스 모로 지구에 위치한 마당이 딸린 작은 집의 응접실에 햇빛이 비치던 오후를 기억한다. 그는 등이 높은 안락의자에 앉아 있었다. 안락의자 옆에는 경계하고 감시하는 듯한 태도를 누그러뜨리지 않는 독일산 양치기 개가 카펫 위에 엎드려 있었다. 열린 문 앞에서는 MIR('혁명적 좌파 운동') 소속의 젊은 경호원 두 명이 낮은 소리로 대화를 나누고 있었다. 나는 국제단체인 사회주의 인터내셔널의 대표단으로 파견되었다. 모두 네 명이었던 이 대표단의 책임자는 오스트리아 총리이자 사회주의 인터내셔널의 부의장인 브루노 크라이스키였다.

유리창 너머로 안데스 산맥의 눈 덮인 정상이 윤곽을 드러냈다. 해는 장밋빛 하늘에서 저물고 있었다. 아옌데는 상황 분석을 이미 끝낸 상태였다. 그는 입을 다물고 있었다. 그러다 갑자기 그의 회색빛 눈이 강렬하게 반짝이더니 그가 안락의자에서 일어나 말했다. "우리는 일종의 침묵하는 베트남을 경험하고 있습니다."

그는 크라이스키와 포옹한 다음 우리와 악수를 나누었다.

하지만 키신저에게는 "침묵하는 베트남"이 기대한 정치적 효과가 나타나지 않고 있었다. 막 치러진 4월 선거가 그 사실을 증명했다. 그래서 그는 전략을 바꾸었다. 살인 전략으로 옮겨간 것이다. 1973년 9월 11일 아침, 칠레의 비행기가 모네다 대통령궁을 폭격했다. 아옌데가 MIR 소속의 젊은이들을 잔뜩 태운 두 대의 차량과 함께 토마스 모로를 떠나 대통령궁에 도착한 직후였다.

카빈총을 든 헌병대와 특수부대가 헌법광장을 둘러쌌다. 모네다 대통령궁의 한쪽 옆면 전체와 지붕은 불타고 있었다. 살바도르 아옌데는 머리에 철모를 쓰고 손에 경기관총을 들고서는 3층에 있는 그의 집무실에 피신해 있었다.

대통령궁에 공격 명령을 내린 사람은 아우구스토 피노체트였다. 그는 파나마의 미군 부대에서 군사교육을 받은 육군 장성으로 키신저를 지극히 존경했다. 피노체트는 아옌데에게 멕시코까지 갈 수 있는 통행증과 많은 돈을 제시했다. 키신저는 순교자가 생기는 걸 원치 않았던 것이다. 그러나 아옌데는 거절했다. 그는 1973년 9월 11일 화요일 오후 2시에 사망했다.

미국 상원의 특별위원회는 (1974년부터 1975년까지) 두 해에 걸쳐 칠레에서 벌어진 이 사건을 조사했다. 특별위원회는 칠레의 쿠데타에 키신저가 직접적인 책임이 있다고 결론 내렸다.

당시 이 무서운 미국의 국무장관이 실행한 또 다른 제국주의적 전략이 있다. 포르투갈의 옛 식민지였던 동티모르는 인도네시아 군도의 한 섬에 속한다. 1974년, 포르투갈에서 '카네이션 혁명'*이

---

* 포르투갈에서 원로과 군부의 독재에 항거해 소장과 장교들이 일으킨 혁명. 혁명이 성공적으로 끝나자 시민들은 이를 반기며 군인들의 총에 카네이션을 꽂아 주었다.

일어났을 때 주요 독립운동 단체인 FRETILIN*은 인도네시아로부터 독립을 선포했다. 당시 수하르토 장군의 독재 하에 있던 인도네시아는 동티모르의 독립을 인정하지 않았고, 키신저의 부추김과 더불어 미국의 외교적·군사적 원조를 받아 동티모르를 침략했다. 이때부터 FRETILIN의 오랜 저항과 지배자의 극단적인 폭력이 시작되었다.

수하르토의 특수부대는 말로 표현할 수 없는 끔찍한 범죄를 저질렀다. 교회로 피신한 동티모르의 수천 가구는 산 채로 불에 타죽었고 많은 농부들이 독을 탄 우물물을 마시고 죽었다. 동티모르의 수도인 딜리에서는 대량 학살이 벌어졌다. 사람들을 대규모로 강제 이주시키기도 했다.

1998년에 수하르토는 실각했다. 그 이후인 1999년 8월 30일, 유엔의 감독 아래서 마침내 국민투표가 실시되었다. 인도네시아 공화국에 통합된 채로 남을 것인가, 아니면 독립할 것인가? 동티모르인 투표자 중 78.5퍼센트가 압도적으로 독립을 선택했다. 그러자 인도네시아 군대는 즉각 잔혹한 일을 수없이 벌이기 시작했다. 결국 유엔은 동티모르에 국제군을 배치해야 했고, 이어서 그 지역의 행정을 책임지게 되었다.

그동안 인도네시아 군인은 100만 명이 채 안 되는 동티모르의 성인 남녀와 어린이 가운데 10만 명 이상을 살해했다.[11]

노암 촘스키는 동티모르의 국민투표 이후부터 촉발된 약탈, 강

---

* 동티모르에서 1974년 5월에 결성된 당. 우리말로는 '동티모르독립혁명전선'이다.

제 이주, 학살을 보며 다음과 같이 썼다. "이 학살을 멈추게 하는 데에는 폭탄도, 심지어 제재도 필요하지 않았다. 워싱턴과 그 동맹이 이곳 정치에 활발히 개입하는 걸 멈추고, 인도네시아 군부 핵심에 있는 동료에게 잔혹한 일은 중단되어야 한다고 알리는 것만으로도 충분했을 것이다. (…) 우리는 과거를 다시 만들어내지 못하지만, 여전히 존재할 수 있는 위험에서 사람들을 구하고 희생자에게 충분한 보상을 제공하기 위해, 적어도 우리의 잘못을 인정하고 도덕적인 책임을 직시해야 한다. 물론 그렇게 한다고 해서 그런 끔찍한 범죄가 일어났다는 사실을 지우지는 못하겠지만 말이다."[12]

끝으로, 미국의 제국주의적 전략이 베트남에서 얼마나 폭력적이고 비인간적인 방식으로 펼쳐졌는지 상기해보자. 키신저는 당시 20세기 미국의 정치 역사상 가장 중대한 범죄의 공모자였다. 특히 1972년 크리스마스 때, B-52 폭격기가 하이퐁과 하노이의 주거지역, 병원, 학교를 불태우면서 수천 명이 죽거나 매우 심각한 부상을 입었다.

키신저는 이른바 '다이옥신'이라고 불리는 전략을 구상해냈다. 베트남의 저항군이 특히 남부와 서부의 밀림에 숨어 지냈기 때문에 미국은 이 밀림을 파괴해야 했다. 미군 비행기는 10년에 걸쳐 이 밀림에 수십만 톤의 제초제, 곧 다이옥신을 포함한 '에이전트 오렌지'*를 퍼부었고, 이 때문에 여러 세대가 지난 지금까지 땅과 강에 독성이 남아 있다. 이 위험한 화학물질을 베트남 국토에 퍼트

---

* 베트남전쟁 당시 미군이 사용했던 한 고엽제 종류의 암호명.

린 지 50년이라는 세월이 지났지만, 베트남의 마을과 도시에서는 아직도 일부 아이들이 뇌가 손상되었거나 몸이 뒤틀리는 등의 끔찍한 장애를 지니고 태어나 고통받는다. 이 아이들은 몸이 온전하지 못해 사회의 주변부에서 살아갈 수밖에 없는 운명이다.

내가 제네바에서 헨리 키신저를 만날 수 있었던 칵테일파티가 끝나자, 그는 환한 미소를 지으며 프레지던트 윌슨 호텔의 호화스런 홀을 조용히 떠났다. 키신저는 그를 기다리고 있던 방탄 캐딜락에 올라탔다. 한 무리의 캐딜락들이 호수의 강변도로를 달려 제네바의 높은 지대에 위치한 프레그니에 도착했다. 그곳에는 5미터 높이의 콘크리트 울타리, 감시탑, 철조망 뒤로 미합중국의 대사관이 우뚝 서 있다. 국제적으로 그에 대한 체포영장이 발부된 적이 없었기 때문에, 스위스 연방이나 주의 경찰은 그를 체포할 권한이 없었다.

그의 열정적인 일부 팬들은 강변도로까지 그를 따라갔다. 선두에 선 캐딜락이 출발하자 제네바 주민은 열정적으로 박수를 쳤다.

2016년이면 헨리 키신저의 나이가 93세다. 분명 그는 명예를 누리고 유복하게 살다가 침대 위에서 평안하게 죽을 것이다.

뉴욕은 정말 매력적인 도시다. 나는 그곳에서 1950년대 말까지 살았다. 처음에는 리버사이드에 머물렀는데, 이곳에서 엘리 위젤의 전차인이 되면서 그와 깊은 우정을 나누게 되었다. 시간이 지나서 나는 그리니치 빌리지의 찰스가와 휴스턴가가 만나는 지점에 있는 빨간색 건물의 지하실에서 지냈다. 낮에는 법률 공부를 했고, 밤에는 콜롬비아대학교에서 공부를 했다.

나는 2000년부터 유엔에서 일하게 된 이후 자주 뉴욕을 찾았지만 이 도시의 매력은 끝이 없다. 뉴욕에서는 강력하면서 활력 있는 정치적 논의가 매우 자유롭게 진행된다. 키신저는 미국의 수많은 좌파 지식인에게 강박관념으로 남아 있다. 베트남전쟁 이후, 그들은 전쟁범죄와 인류에 대한 범죄라는 죄목으로 키신저를 고발할 것을 요구하고 있다.

뉴욕에서는 정치와 관련해 무언가를 고발하는 책이 무수히 많이 출간된다. 나는 여기서 가장 최근에 나온 미국의 역사학자 그레그 그랜딘의 책을 언급하려 한다. 이 책은 영국의 경제사학자 니얼 퍼거슨의 찬사로 가득한 키신저 전기에 답하기 위해 쓰였다.

2016년 봄, 두 가지 논리에 대한 견해 차이로 미국인들 사이에서 논쟁이 들끓었다. 니얼 퍼거슨은 키신저를 임마누엘 칸트의 제자로 그렸고, 그의 전기 첫 번째 권에 『이상주의자 키신저』라는 제목을 붙였다. 이와 반대로 그레그 그랜딘은 키신저라는 인간을 전쟁범죄자로 간주할 뿐 아니라, 20세기 말과 21세기 초에 미국에 의해서 촉발된 모든 전쟁에 영감을 주고 이데올로기를 제공하여 그 아버지 역할을 한 인물로 본다.[13]

여러분이 알게 되듯이, 나는 다자 외교를 전적으로 지지하고 제국주의적 이론은 단호히 거부한다. 그런데 상황은 그렇게 단순하지 않다. 세상은 복잡하고 미친 것처럼 돌아가고 있다. 그리고 만일 키신저가 옳다고 한다면?

잠시 악마의 옹호자가 되어 보겠다. 만일 세계 강국으로 우뚝선 어떤 국가, 국민들의 보호자이고 신이 부여한 세계적인 임무를 맡은 어떤 국가의 특별한 의지만이 이 세계에서 평화와 행복과 정의를 정립할 수 있다는 것이 사실이라면?

최근에 벌어진 두 가지 비극적인 사태를 보면, 이런 질문이 떠오르지 않을 수 없다. 바로 1994년에 르완다에서 발생한 학살과 1995년에 발칸반도에서 발생한 스레브레니차 학살*이다.

먼저 르완다를 살펴보자.[14]

르완다는 작은 농경 국가로, 2만 6천 평방킬로미터의 면적에서 홍차와 커피와 바나나를 생산하고 초록빛을 발하는 언덕과 깊은 계곡들이 있다. 중앙아프리카에서 대호수 주변에 위치한 이 나라는 1960년 이후로 독립한 상태다. 약 800만 명의 사람들이 이 나라에 거주하고 있는데, 대개는 후투족과 투치족 출신이다.[15] 르완다는 서쪽으로는 콩고민주공화국, 동쪽으로는 탄자니아, 남쪽으로는 부룬디, 북쪽으로는 우간다와 국경을 접하고 있다.

1994년 4월부터 6월까지, 르완다의 언덕들에서 정규군과 인테

---

* 보스니아 헤르체고비나(대개는 보스니아라고 부른다)의 도시에서 벌어진 학살. 1995년, 연대를 이루던 보스니아계(이슬람교)와 크로아티아계(가톨릭)와 독립을 추구하던 세르비아계(세르비아정교) 사이에서 내전이 일어났다. 당시 유엔은 보스니아의 땅으로서 세르비아계 영토 내에 있던 위험한 지역인 스레브레니차를 '안전지대'로 선포했지만, 세르비아군이 이곳을 침공해 약 7,500명의 이슬람교도를 학살했다

라하므웨[16] 민병대원들이 체제에 저항한다는 이유로 투치족의 성인 남녀와 어린이를 전면적으로 학살했을 뿐 아니라, 수천 명의 후투족도 죽였다. 살인자들은 라디오 방송국 '밀 콜린'이 전파하는 내용 때문에 분노에 휩싸여, 르완다의 도시와 마을을 계속 돌아다니면서 공들여 작성한 리스트에 근거해 학살을 시행했다. 이 과정에서 대개는 마셰트라는 농업용 칼이 무기로 쓰였다.

살인을 하기 전에는 흔히 고문이 있었다. 대부분의 희생자는 분노에 가득 찼지만 냉정함을 잃지 않던 사람들에 의해서 칼로 죽음을 당했다. 성인 여성과 어린 소녀들은 대부분 살해되기 전에 강간을 당했다.

수도원과 종교 기관이 운영하는 학교나 교회로 피신한 투치족 가족들이 후투족 사제와 수녀들에 의해 고발당하거나 군인의 손에 넘겨지는 경우도 빈번했다. 당시의 참혹함이 어느 정도였느냐 하면, 카게라강과 냐바롱고강에서는 잘려나간 머리와 사지가 3개월 동안 밤낮 없이 떠내려갔다. 집단학살자들의 목적은 투치족이라면 모두 전멸시키는 것이었다.

이 당시 유엔은 르완다에 대부분 방글라데시, 가나, 세네갈, 벨기에 출신의 군인으로 구성된 1,300명 이상의 국제연합군을 주둔시키고 있었다. 캐나다 출신의 장군 로메오 달레어가 총지휘를 맡은 이 병력은 르완다의 이곳저곳에서 철조망으로 보호된 군대 야영지 안에 머무르며 외부와 분리되어 있었다.

학살이 일어나자 수만 명의 투치족 사람들은 안전한 야영지로 피신시켜 줄 것을 요청하며 국제연합군에게 도움을 간청했다. 하지만 유엔 장교들은 이들을 보호하는 것을 거부했다. 뉴욕의 안전보장이사회에서 떨어진 명령 때문이었다.

집단학살이 시작되었지만 1994년 4월 21일에 채택된 안전보장이사회의 결의안 192는 심지어 르완다에 머물고 있는 유엔군의 수를 반으로 줄이라고 지시했다.

유엔군은 머리부터 발끝까지 무장하고 있었지만, 투창과 못이 박힌 몽둥이와 마셰트로 무장한 살인자 무리가 벌이는 학살 현장을 그저 바라보기만 했다. 유엔군은 이 사태와 투치족의 성인 남녀와 어린이가 어떻게 살해당하고 있는지 꼼꼼히 기록하는 선에서 (그리고 이 내용을 뉴욕에 전달하는 선에서) 조치를 마무리했다.[17]

국제연합군의 차갑고 무관심한 시선 아래서 100일 동안 80~100만 명 사이로 추정되는 투치족 성인과 유아, 어린이, 청소년들이 (그리고 온건한 후투족 사람들이) 학살당했다.

1990년부터 1994년까지 르완다에 무기와 대출금을 지원한 주요 국가는 프랑스, 이집트, 남아프리카공화국, 벨기에, 중국이었다. 이집트가 무기를 인도할 때는 프랑스에서 규모가 가장 큰 은행 중 하나인 크레디리오네가 중간에서 보증을 섰다. 특히 프랑스는 직접적으로 자금 지원을 했으며, 1993년부터 1994년까지 중국은 르완다의 수도 키갈리에 자리 잡은 체제에 50만 개의 마셰트를 제공했다. 르완다 정부는 프랑스가 대출해준 돈으로 이 무기를 사들였다. 이미 집단학살이 시작되었을 때에도, 마셰트를 가득 실은 상자들이 우간다의 수도 캄팔라와 케냐의 몸바사 항구에 도착한 후 화물차에 실려 르완다로 계속 들어왔다.

그러나 우간다에서 흩어져 살던 투치족 젊은이들로 구성된 '르완다애국전선'이 결성한 군대가 진격하자 집단학살자들은 결국 패배했다. 1994년 7월에는 키갈리가 함락되었다. 그럼에도 프랑스는 콩고민주공화국 동부의 북키부주와 그 주도인 고마를 거쳐, 르완다와 콩고민주공화국의 경계에 있는 커다란 키부 호수의 서쪽 연안에 피신해 있던 최후의 집단학살자들에게 계속 무기를 인도했다.

프랑수아 미테랑 대통령이 이끌던 프랑스는 르완다에서 그 어떤 국가들보다 파괴적인 역할을 했다. 한 프랑스 장교는 심지어 집단학살자들과 이들의 정치적인 지원자들을 지지하고, 패배의 날이 찾아온 이후에는 그들이 도주할 수 있도록 도와주었다. 이런 프랑수아 미테랑의 태도는 우리를 놀라게 하는데, 권위 있는 분석가들은 다음과 같이 설명한다. 후투족 출신 하브자리마나 대통령의 독재 체제는 프랑스어권 체제였다. 이 체제와 싸웠던 르완다애국전선은 대부분이 투치족 난민의 자식들로 구성되어 있었는데, 이들은 우간다에서 태어났기 때문에 영어를 사용했다. 프랑수아 미테랑은 프랑스어권 국민을 보호한다는 명분으로 집단학살자들을 빈틈없이 지원했다.[18] 이 집단학살은 르완다의 후투족 출신 독재자 쥐베날 하브자리마나가 탄 항공기가 격추되어 그가 사망하자 촉발되었는데, 미테랑은 하브자리마나의 유족과 우호적인 관계를 맺고 있었다.

칼럼니스트였던 장 하츠펠트는 정확하면서도 인상 깊게 르완다의 비극을 기술했다. 쇠이유 출판사에서 출간한 그의 세 권의 책 『삶의 비참함 속에서. 르완다 늪의 이야기Dans le nu de la vie. Récits des marais rwandais』(2000), 『마셰트의 계절Une saison de machettes』(2003), 『산양들의 전략La Stratégie des antilopes』(2007)은 읽을 가치가 있다. 갈리마르에서 출간한 『피의 아빠Un papa de sang』(2015)도 마찬가지다.

2012년, 르완다애국전선의 대표자로 2000년에 당선된 폴 카가메 대통령은 나와 에리카를 키갈리에서 열리는 르완다 독립 50주년 기념식에 초대했다.

나는 수십 년 전부터 어디를 가든 주머니에 작은 모눈 수첩들을 넣고 다닌다. 그리고 초록색, 빨간색 혹은 파란색 수첩에 떠오른 생각이나 관찰한 내용을 날마다 기록한다. 그런데 키갈리에서는 그렇게 하지 못했다. 어린이와 성인 남녀의 시신으로 가득한 공동묘지 주변에 세워진 국립박물관에서나, 뼈와 피가 잔뜩 배어 있는 옷감으로 가득한 냐마타의 교회에서나, 살인자가 어린이 수백 명을 주변의 가톨릭 학교에 감금한 뒤 마셰트로 베어 죽인 루카라 언덕에서나, 석회로 덮인 해골이 쌓여 있는 무람비의 기념관에서 나는 도저히 펜을 쥘 수가 없었다. 그것들을 보고 기록을 하고 설명을 단다는 것이 갑자기 불경스런 일처럼 느껴졌다.

제네바 유엔 본부의 르완다 대사인 프랑수아 그자비에 옹가람

베는 옳은 말을 했다. "집단학살은 어떤 우연한 순간에 발생한 개별적인 사건이 아닙니다. (…) 계획적으로 이루어지는 것입니다. 순서대로 단계를 밟아가는 절차인 거죠. 즉 잠재적인 희생자의 신원을 조회하는 것에서 시작해, 분류하고, 꼬리표를 달고, 인간성을 말살시키고, 한곳으로 모이게 해 살인할 준비를 하고, 마침내 말살하는 과정인 것입니다."[19]

이 학살은 1994년 4월 7일에 시작되어 100일 동안 진행되었다. 세네갈의 법률가이고 유엔 르완다 특별조사관이던 바크르 웅다예는 다가오는 재앙을 유엔에 알리기 위해 이전 해부터 뉴욕에 보고서를 하나씩 보냈다. 매우 명망 높던 세네갈의 다른 법률가 아다마 디엥도 같은 조치를 취했다. 집단학살이 진행되는 동안, (이사회의 이전 기구인) 인권위원회가 제네바에 모여 회기를 시작했다. 아다마 디엥은 이 자리에서 47개 회원국에게 정확한 정보를 제시했다.

하지만 눈과 귀를 닫은 유엔의 지도자들은 움직이지 않았다. 이것은 제네바에서도 뉴욕에서도 마찬가지였다. 국제연합군은 그들의 야영지에 얼이 빠진 채로 나타난 투치족 사람들을 이런 식으로 냉정하게 살인자들의 손에 넘겨 버렸다.

이제 다른 학살 사건을 살펴보자. 유엔이 손가락 하나 까딱하지 않는 동안 수천 명을 덮친 스레브레니차 학살 사건은 제2차 세계대전이 끝난 이후 유럽에서 일어난 가장 공포스러운 사건이다.[20]

지금은 1995년 7월 8일 토요일이다. 우리는 보스니아 헤르체고비나에, 더 정확히 말한다면 보스니아인의 고립된 도시인 스레브레니차에 있다. 굶주리고 불안감에 병든 4만 명이 넘는 사람들이 숨죽여 지내고 있는 이 도시는 세르비아인이 만든 바리케이드가 둘러싸고 있다. 스레브레니차는 안전보장이사회의 결정으로 침입이 불가능해진 여섯 개의 '안전지대' 가운데 하나다. 그런데 오늘 아침에도 ICRC(국제적십자위원회)의 차량 한 대가 제지를 당했다. 이 도시로 들어가지 못하는 것이다.

이 고립된 도시에서 대표단은 미칠 지경이다. 그들은 전파를 통해 세르비아 군대가 다가오고 있는 걸 알리고 있다. 450명의 네덜란드 국제연합군은 도시의 동쪽 경계에 위치한 포르토카리에 주둔해 있다. 이 네덜란드군의 사령관 톰 카레만스 대령은 유엔의 지침에 따라 전진하고 있는 세르비아의 장갑차 대열을 향해 전투기로 공격할 것을 요구한다. 그런데 크로아티아의 수도 자그레브에 있는 국제연합군 사령부는 이 요구를 거절한다.

보스니아의 대통령 알리야 이제트베고비치는 토요일 밤부터 일요일 새벽까지 사라예보에서 라디오 연설을 한다. 그는 서구 국가의 개입을 간절히 요청하고, 다가오는 학살극을 세계에 알린다.

우연하게도 일정이 맞아 떨어져, 유엔의 주요 책임자들은 구 유고슬로비아에 관한 회의를 하기 위해 주말에 제네바에 모여 있었다. 이제트베고비치는 제네바 외곽에 자리한 리농에 전화를 건다. 이탈리아 언론의 특파원으로서 팔레 데 나시옹에 파견되어 있고 보스니아인의 친구인 용감한 루이자 발린이 수화기를 든다. 이제트베고비치는 그녀에게 유엔 간부들이 어느 호텔에 머물고 있는

지 알려달라고 부탁한다. 부트로스 부트로스 갈리, 보스니아에 주둔한 국제연합군 사령관인 베르나르 장비에 장군, 사무총장이 구유고슬라비아를 위해 대표로 파견한 일본인 야수시 아카시, 당시 유엔 사무부총장이자 국제연합군을 지휘하던 코피 아난이 한 명씩 깨어난다. 하지만 이제트베고비치의 요구는 거절당한다. 그들은 폭탄을 투하하지 않을 것이다. 진격하는 군대를 멈추게 할 사람은 아무도 없다.

7월 11일 화요일, 지금 스레브레니차의 시각은 11시 15분이다. 주민의 대다수가 포르토카리 마을에 주둔한 국제연합군의 야영지 주변으로 피신했다. 당시 세르비아군 참모총장이던 라트코 믈라디치가 도착하더니, 피신해 있던 가족들 중에서 남자를 격리시키라고 명령한다. 여성, 어린이, 적은 수의 노인―모두 합해 2만 6천 명이다―은 버스에 태워져 서쪽으로 60킬로미터 이상 떨어진 보스니아 전선으로 이송된다.

도시가 점령되기 몇 시간 전, 수천 명의 남자가 숲으로 갔다. 지금 그들은 보스니아인의 영토 동북쪽에 있는 사프나와, 이어서 투즐라에 가기 위해 산을 넘으려 한다. 그러나 여기에는 세르비아인이 이미 매복하고 있다. 이들 중에는 '아르칸'이라고 알려진 젤리코 라즈나토비치의 '호랑이들'*도 있었다. 보스니아인은 모두 큰

---

* 라즈나토비치는 내전 당시 자신의 준군사부대 '호랑이들Tigers'을 조직해 참전했다. 밀로셰비치와 함께 '인종청소'의 주동자 역할을 맡았고, 이 때문에 '반인도적 범죄'라는 죄목으로 유엔에 고발당했다. 그는 재판이 열리기 전인 2000년에 살해당했다.

낫에 베여 죽게 될 것이다. 많은 이들은 목이 잘리기 전에 고문당하고, 눈이 뽑히고, 혀가 잘릴 것이다.

포르토카리에서는 라트코 믈라디치 장군이 남자들을 방수포로 덮인 화물차들에 올라타게 한다. 잠시 후, 이 화물차들은 이슬람교도가 사는 이 고립된 도시의 동쪽 경계에 있는 들판에 그들을 내려놓는다. 그들은 모두 극도로 긴장한 상태다. 보스니아 세르비아 공화국의 군인과, 특별히 세르비아의 수도 베오그라드에서 온 준군사부대 '전갈들'의 군인이 기관총 뒤에서 대기하고 있다. 이들이 격발한다. 어둠이 내리기 전까지, 믈라디치의 살인자들은 8천 명 이상의 보스니아인을 죽이게 될 것이다. 그리고 믈라디치는 그들 중 수십 명에게 친히 최후의 일격을 가할 것이다. 그럼에도 국제연합군은 움직이지 않는다.

1995년 12월 14일, 미국의 작은 도시 데이턴에서, 세르비아 대통령과 살인자 중의 살인자 슬로보단 밀로셰비치는 워싱턴에서 온 대사 홀브룩과 그의 보좌관들이 지시하는 절차를 따르며 적대행위를 종결짓는 협정에 서명해야 했다. 이 서명이 있기 전, 3주에 걸쳐 이탈리아 북부에 계류되어 있던 미국 항공기들은 사라예보 근방의 고지에 있는 세르비아계 포병과 대포에 폭탄을 투하해 모조리 파괴시켰다. 보스니아를 돌아다니던 수많은 장갑차 대열과 군용화물차도 마찬가지였다.

잠시 요약을 해보자.

르완다와 보스니아에서 유엔은 학살의 현장에 상당한 수의 국제연합군을 데리고 있었는데도 사태에 수동적으로 대처했다. 그런데 보스니아에서 그 공포스러운 행위를 한 번에 끝낸 건 미국의 폭격기였다.

하지만 이런 진실에도 불구하고, 나는 제국주의적 이론과 전략을 거부한다.

유엔이라는 조직으로 구체화되고 있는 다자 외교와 헨리 키신저의 제국주의적 이론은 상반된다. 하지만 유엔은 미국의 지지 없이는 존재할 수 없을 것이다. 이 역설을 어떻게 설명해야 할까?

미국은 유엔을 창립한 회원국이며 게다가 미국은 유엔에 가장 많은 분담금을 내는 국가이기도 하다. 미국은 중앙 행정기관 예산의 26퍼센트에 해당하는 100억 달러를 유엔에 매년 지원한다.

앞서 언급한 것처럼, 23개의 전문기구는 각각 자체적인 예산을 보유하고 있다. 그 예산은 일반 예산과 '자발적인 기부금', 두 가지로 구성되어 있는데, 평균적으로 예산의 30~40퍼센트만이 회원국의 일반 분담금으로 충당된다.

세계식량계획—2016년에는 이 프로그램으로 (기근으로 타격받거나, 외국으로 피난을 떠나거나, 국내에서 난민이 된) 5개 대륙의 9,100만 명에게 식량을 제공할 수 있었다—의 프로그램을 실천에 옮기기 위해, 미국은 외화로 자금을 지원하거나 (밀, 옥수수, 쌀 같은) 국내의 잉여 곡물을 기부하는 형태로 프로그램 예산의 62퍼센트를 담당해왔다.

유엔에서 가장 많은 예산을 사용하는 사무국은 평화유지작전을 맡은 사무국, 즉 평화유지활동국(DPKO)이다. 이 사무국의 한해 예산은 70억 달러가 넘고, 그중 많은 부분을 미국이 분담한다. 그런데 유달리 사악한 자금 지원 방식이 있다는 점에 주목해야 한다. '전용 기부금'이라고 불리는 이 기부금은 자발적으로 기부된 것이지만, 기부자는 이 돈이 특정한 목적에 쓰이도록 요구한다. 예를 들어 네팔, 부탄, 라다크(인도, 중국, 파키스탄 사이의 분쟁 지역) 등 히말라야 근방 국가 사이에서 중국의 영향력이 커지는 것에 불안해하던 워싱턴은 유엔 인권고등판무관사무소에 천만 달러를 기부했다. 이 사무소로 하여금 카트만두에 또 다른 사무소를 열도록 하기 위해서였다.

미국이 이만큼의 돈을 지불한다는 건 그로부터 얻는 몫이 있기 때문이다. 이를 위해 그들은 어떤 방식으로 행동할까?

유엔의 국제공무원은 엄격한 위계질서를 따른다. 크게 세 가지 부류의 국제공무원이 있다. '일반 스태프General staff'는 행정 직원으로, 운전수, 보안요원, 비서, (식당, 사무실, 외교서신 담당부서 등의) 여러 직원들이 이 부류에 속한다. 두 번째 부류로는 '전문가들 Professionnels'이 있고, 세 번째 부류로는 국장급의 사람들이 있다. 가장 높은 위계에 있는 사람들은 사무총장, 사무부총장, 사무총장보, 전문기구와 기관의 사무총장, 고등판무관이다. 첫 번째와 두 번째 부류는 유엔 안에서 동일한 방식을 따라 위계를 부여받는다. 이들은 1부터 5까지 나아가는 등급에 따라 지위가 결정된다.

예를 들어 G1, 2, 3, 4, 5나 P1, 2, 3, 4, 5로 나뉘는데, 당연히 능력과 임금에 매우 분명한 차이가 있다.

국장급의 사람은 두 가지 등급, 곧 D1과 D2만 있다.* 국장급은 평균적으로 한 달에 세금이 면제된 2만 5천 달러를 받는 동시에 외교관 면책특권을 갖는다.

유엔의 공식 문건을 따를 때 G, P, D에 속하는 사람들은 무엇보다도 그들의 전문적인 능력에 따라 선발되는 것이 바람직하다. 가장 높은 위계에 있는 지도자급 인사를 선출할 때만 정치적 요소가 고려되는 듯 보인다. 이 인사도 물론 능력에 따라 선발되어야 하지만, 유엔 기구의 보편성과 대륙 간 균형을 보장하기 위해 지리적 · 민족적 출신 성분도 고려 대상이 된다. 일반적으로 회원국 간의 길고, 복잡하고, 상당히 모호한 협상이 진행되고 나서야 그들을 지명할지 여부가 결정된다.

간단히 말해, 적어도 문서상으로 유엔은 엄격한 민주주의 원칙에 따라 운영된다.

더구나 헌장의 제2조에는 "이 기구는 모든 회원국의 주권 평등 원칙에 기초한다"고 쓰여 있다. 그래서 13억의 인구가 사는 중화인민공화국이나 5만 5천 명의 인구가 사는 남태평양의 섬나라 바누아투가 각각 총회에서 동일한 한 표를 행사할 수 있는 것이다.

하지만 미국이 제네바와 뉴욕에 임무를 맡겨 파견한 사람들, 그

---

* 여기서 D는 영어의 Director, 프랑스어의 Directeur의 머리글자로 보인다. 앞에 나온 G와 P도 각각 'General staff', 'Professionnels'의 머리글자라고 추정할 수 있다.

리고 이들 이외에도 미 국무부와 CIA가 유엔에서 일하는 사람을 조심스럽지만 매우 효과적인 방식으로 감시하고 있다는 걸 알아야 한다. 지도자급 인사와 중역 뿐 아니라 P 부류에 속하는 직원들은 대부분 감시 대상이다. P3 이상의 직위에 임명될 각 후보자는 승인을 얻기 위해 우선 신중하게 미국에 순종하는 태도를 보여야 한다. 그래서 임명 절차는 대부분 순조롭게 진행된다. 다만 그 절차가 전문기구에 속한 몇몇 중역의 독립적인 정신—곧 어떤 이의 임명을 거부한다는 의견—과 상충될 때가 있다.

가령 미국 대사관이 제네바 프레그니 도로의 국제노동기구 본부 옆에 위치하고 있음에도 불구하고, 나는 이 기구의 사무총장인 가이 라이더가 미국 대사관에 후보에 관한 서류를 보낸 일이 결코 없다고 맹세할 수 있다.

그럼에도 (미국이 다른 강국과 타협해야만 할 때가 있긴 하지만) 이러한 사전 선출 시스템은 관례가 되었다.

반기문 사무총장이 선출된 일은 상황이 어떻게 진행되는지를 보여주는 좋은 예다.

나는 반기문이 마련한 점심식사 자리에서(그는 경제사회이사회의 임시 회기에 참석하기 위해 제네바에 온 길이었다), 제네바 팔레 데 나시옹의 9층에 있는 레스토랑 데 델레게의 테이블 끝에 앉아 있었다. 그는 진지함과 냉소가 섞인 태도로 우리에게 말했다. "저는 미군 덕분에 목숨을 구할 수 있었습니다."

반기문은 한반도의 어느 작은 도시 출신이다. 1950년, 북한 침입자는 그의 집에서 불과 몇 킬로미터밖에 떨어지지 않은 곳에 있었지만, 마침내 미국의 파병 부대가 상륙해 북한군을 물리쳤다.

좀더 솔직하게 말하면, 반기문이 선출된 일은 사무총장의 선출을 결정짓는 방식이 상당히 모호하다는 걸 잘 보여준다. 2006년에 아프리카인 코피 아난의 임기가 끝났다. 5개 대륙은 순서대로 사무총장직에 후보를 내보내는데, 이는 불문율이다. 이번에는 아시아 차례였다. 가장 적합한 후보는 사무차장인 데다 작가이기도 한 샤시 타루르였을 것이다.[21] 그의 능력과 경력은 문제의 여지가 없었다. 그런데 타루르는 인도인이다. 파키스탄 정부는 타루르가 조명 받는 것을 차단하기 위해 강력한 이슬람회의기구(OIC)의 동맹국들을 소집했다. 이슬람회의기구는 57개국으로 구성되어 있고, 파키스탄이 그 대변인 역할을 한다. 카슈미르 출신으로 파키스탄의 대사인 마수드 칸은 맹렬한 캠페인을 벌였고 타루르는 후보군에서 빠지고 말았다.

이때 안전보장이사회 상임이사국인 중국은 후보를 내보낼 수 없었다.* 그 대신 중국은 한국의 외교부장관으로 있었으나 대외적으로 별로 알려져 있지 않던 반기문을 무대로 나서게 했다.

오늘날 모든 국가가 안전보장이사회를 개혁하고, 1945년 이래 강국으로 부상한 여러 국가, 예를 들어 독일, 브라질, 일본에게 상임이사국의 지위를 (거부권과 더불어) 부여할 필요가 있다는 데 동의한다. 그런데 일본은 중국이 강박관념을 품고 있는 국가다. 한국

---

* 상임이사국은 관례적으로 사무총장 후보를 내보내지 않는다.

은 중국처럼 일본의 지배 때문에 1945년까지 너무나 가혹한 시련을 겪었기 때문에, 중국 정부에게 있어 한국인이 사무총장에 지명된다는 것은 어떤 경우에도 일본에게 상임이사국 자리가 돌아가지 않는다는 것을 의미했다.

미국으로서는 남한이라는 가신家臣 같은 공화국 출신의 국민이라면 자신들에게 충성심을 가질 거라고 기대할 수 있었다. 프랑스 또한 반기문과 연대했다. 프랑스 외무성인 르 케 도르세는 서툴지라도 프랑스어를 몇 마디 할 수 있으면 누구든 지지하는 관례가 있기 때문이다.[22]

제네바 윌슨 궁전에서 일하는 인권고등판무관의 직위도 결정적으로 중요한 자리다. 기적적으로, 그 자리는 미국에 종속되려 하지 않는 사람들이 연속해서 차지할 수 있었다. 완고한 성격에 아주 훌륭한 인물인, 아일랜드 전 대통령 메리 로빈슨에 이어 용감한 캐나다 여성인 루이즈 아버가 그 직위를 이어 받았다. 그녀는 헤이그의 국제재판소에서 구 유고슬라비아에서 자행된 범죄를 다루는 검사로 활동했다. 이후 남아프리카공화국인으로 원래는 남인도와 스리랑카에 사는 타밀족 출신인 나비 필라이가 인권고등판무관으로 있었다. 그녀는 요하네스버그에서 변호사로 일하며 아프리카 민족회의(ANC)의 운동가들을 변호했다. 1994년에 ANC의 지도자였던 넬슨 만델라가 선거에서 승리한 이후에, 유엔은 그녀를 탄자니아의 아루샤 특별재판소에 지명하여 르완다의 학살자들을 재판하게 했다.

메리 로빈슨과 루이즈 아버 사이에는, 윌슨 궁전에서는 잊을 수 없는 세르지우 비에이라 지멜루가 있었다. 그는 2003년에 21명의 동료와 함께 바그다드에서 차량 폭탄 테러로 사망했다.

2014년, 미 '국무부'는 이러한 비정상적인 상태, 그러니까 정신적으로 독립적인 인권고등판무관이 요직에 있는 상황이 꽤나 오랫동안 지속된다고 판단했다. 미국의 요구에 따라, 반기문은 나비 필라이의 임기 연장을 거부했다. 그는 그 자리에 미국이 비밀리에 제공하는 자금과 지원에 의지해 존속하고 있는 요르단 하심왕조의 자이드 라아드 자이드 알 후세인 왕자를 지명했다.

이렇게 해서 2015년 어느 가을날, 인권이사회의 47개 회원국 대사는 매우 놀라운 광경을 현장에서 목도하게 되었다.

국가원수가 인권이사회를 방문하는 것은 매우 의미 깊다. 이사회에 위엄과 신뢰가 부여되기 때문이다.

사우디아라비아의 수도 리야드에서 베네수엘라 볼리바르 공화국의 대통령은 11월 11일에 제네바에 도착한다고 알려왔다. 이사회의 훌륭한 의장이자 독일 대사인 요아힘 뤼커는 이날 임시회의를 소집했다. '인권과 문명 연합의 홀'은 사람들로 가득 차 터질 것 같았다.

그런데 요르단 왕자인 고등판무관은 그 자리에 없었다. 그는 영상으로 베네수엘라 대통령에게 말을 건넸을 뿐이다.

베네수엘라의 대통령 니콜라스 마두로의 열정적인 연설이 막 끝나가던 참이었다. 그는 조국이 겪는 어려움, 인권을 위한 투쟁,

라틴아메리카에서 펼친 가난과의 싸움에 관해 자세히 언급했다. 하심왕조의 왕자가 영상 메시지를 보낸 것은 그에게 굉장히 치욕적인 일이었다. 그는 헨리케 카프릴레스*가 마두로에게 했던 비난을 거의 그대로 따라 했는데, 카프릴레스는 카라카스에 있는 야당 지도자이고, 마두로의 선임자인 우고 차베스를 겨냥한 2002년의 쿠데타 시도에 영향을 준 사람 중 하나였다. 거구에다, 검고 풍성한 머리와 콧수염을 기르고, 눈빛이 생생하던 마두로는 석상처럼 가만히 있었다. 고등판무관이 현장에 없었기 때문에 그는 아무런 대답도 할 수 없었던 것이다.

이런 한탄스러운 광경이 펼쳐진지 30분이 지나, 라틴아메리카의 대사들은 그 고등판무관이 이사회를 방문한 손님을 상대로 모욕적인 일을 한 것에 거세게 항의하는 공개서한을 작성했다.

유엔 한가운데서 펼쳐지는 미국의 제국주의적 전략은 대개 중단 없이 진행되고 있다. 여기에 한 예가 있다.

인권고등판무관은 두 명의 부사무총장의 지원을 받으며 활동한다. 현재 그중 한 명은 제네바에 있는 호주 국적의 사람이고, 다른 한 명은 뉴욕에 있는 영국 국적의 사람이다. 제네바에 있는 3개의 국장(D2) 자리 중, 두 자리는 현재 미국인에게 할당되어 있고 세 번째 자리는 전임자가 사임하여 공석인 상태다. 10개의 부국장 자리에서도 4개를 미국인이 차지했다. 이따금 저질스러운 이중 국

---

* 베네수엘라에서 차베스 시절부터 야권 대통령 후보에 오른 인물.

적의 보호막으로 위장하고 있을 때도 있지만, 미국이 직접적인 영향을 미친다는 건 명백한 사실이다. 유엔의 문건에 따르면, 수단인이나 이란인으로 알려져 있던 어떤 이가 사실은 미국 국적을 갖고 있다는 것이 드러나곤 한다. 나아가 고위급 지도자 중 몇 명은 미 국무부의 교두보로 알려진 비영리기관 국제인권감시단Human Rights Watch 출신이다(예전에 인권이사회에서는 한 미국 대사가 핵심적인 자리들을 돌아가면서 맡기도 했다). 이런 식으로 고등판무관사무소의 지도자급 집단 전체가 거의 대개는 자신들에게 유리한대로 조심스럽게 지침을 퍼트리는 미 국무부의 손아귀에 있다.

그렇다면 나는 어떻게 미국의 검열을 피해 2000년에 식량권을 위한 유엔 최초의 특별조사관으로 지명될 수 있었을까?

그때 나는 얇은 책 한 권『왜 세계의 절반은 굶주리는가?』[23]를 막 출간한 상태였다. 젊은 시절부터 난민고등판무관사무소의 공무원을 지낸 코피 아난은 제네바에 오래 머물렀다. 이 때문에 나는 그와 우정 어린 관계를 맺을 수 있었다. 더구나 나치가 훔친 금을 비밀리에 보관하던 스위스 은행의 역할을 분석하고 널리 알린 나의 책『스위스, 부와 죽은 자들』[24]이 미국에서 출판되어[25] 특히《뉴욕타임스》로부터 매우 호의적인 평가를 받은 상태였다. 이 책의 내용 때문에 '미국의 선발위원들'과 그들의 동맹인 이스라엘인들은 내게 선의 어린 관심을 보였다. 끝으로 내가 스위스인이고 대학교수여서 명백히 중립적이고 객관적일 것이라 여겨진 게 아마 도움이 되었을 것이다. 이런 식으로 운명적인 '탈선'이 일어났다.

그러나 나의 실체는 빠른 시간 안에 드러났다. 2008년과 2013년 두 번에 걸쳐 인권이사회 자문위원회에서 나에 관한 투표가 진행될 때, 나는 미 국무부가 주도한 폭력적이고도 (협박과 지지를 번갈아 하는) 치밀하게 계획된 흑색선전의 대상이 되었다. 미국 대사인 서맨사 파워가 몸소 실행한 2013년의 캠페인은 특히 가증스럽다. 나는 9장에서 이에 관해 언급할 것이다.

미국의 제국주의적 전략을 보여주는 또 다른 놀라운 예는 사실상 중동, 그리고 워싱턴 정부와 텔아비브 정부가 맺은 특이한 관계와 관련되어 있다.

미국은 이스라엘의 육해공군과 첩보 기관에 매년 약 30억 달러를 지원한다. 두 국가는 가장 정교한 (미국의) 군사기술을 공유하고 있다.

미국의 용병 국가인 이스라엘은 제국주의적 권력에 필수불가결한 기능을 맡는다. 근래까지 미국의 경제시스템은 전반적으로 중동의 석유에 의존하고 있었다. 놀라울 만큼 창조적인 성장력을 지닌 미국은 명백히 이 지상에서 첫째 가는 산업 강국이다. 미국은 세계 산업생산량의 25퍼센트를 점유하고 있다. 그런데 이 놀라운 기계를 먹여 살리는 것은 석유다. 매일 2천만 배럴의 석유가 미국에서 소비된다. 극히 최근까지 미국은 그중 60퍼센트 조금 넘는 양을 수입에 의존했다. 알래스카와 텍사스 사이의 영토에 설치된 유전들에서는 하루 800만 배럴을 제공할 뿐이었다. 따라서 미국으로

서는 페르시아만과 아라비아 반도의 군주국이 미국의 제국주의적 전략을 따라야 했고, 이 지역에서 미국 중심의 질서를 보장하는 역할을 맡은 것이 바로 이스라엘이다.

최근 들어 '프레이킹fraking'이라는 기술이 빠르게 발전한 덕분에 미국은 에너지를 자급자족할 수 있게 되었다. '프레이킹'이란 셰일 가스와 석유를 함유한 암석에 수압파쇄 기술을 적용하여 추출해내는 것을 말한다. 하지만 이로써 미국의 중동 군주국에 대한 의존도가 낮아진다 하더라도, 이 지역의 안정을 보장하기 위해서는 이스라엘의 역할이 여전히 중요하다. 중동 군주국 체제가 부패하고 약화되어 자국민으로부터 외면 받고 있기 때문이다.

한 가지 상기시키자면, 사우디아라비아는 7,500억 달러어치의 미국 국채를 보유하고 있다. 만일 어떤 기적이 일어나 사우드 가문 대신 민주 정부가 들어서서 미국에게 채권을 사들이라고 요구한다면, 미국 경제는 붕괴될 수도 있다.

이번에는 2016년 3월 인권이사회의 31번째 회기에서 내가 매우 가까운 곳에서 지켜본 갈등의 현장을 이야기하려 한다.

아프리카, 라틴아메리카, 아시아 국가들의 지지를 얻은 팔레스타인 대사 이브라힘 크라이시는 인권고등판무관에게 이스라엘의 점령지에서 활동하는 이스라엘 및 타국의 (산업, 상업, 금융, 건축, 서비스 분야의) 모든 기업들에 대한 데이터베이스 작성을 요구하는 결의안을 제출하려 했다.[26]

회색 머리에, 호리호리하고, 따뜻한 미소를 지닌 크라이시는 팔레 데 나시옹에서 매우 주목받는 사람이었다. 예루살렘의 오래된 가문 출신이고 의학을 공부한 그는 팔레스타인 대통령 마흐무드 압바스의 가까운 친구다.

텔아비브 정부가 보기에 이 결의안은 두 가지 위험을 내포하고 있었다. 만일 그런 리스트가 유엔에 의해 작성되어 권위를 가진다면, 팔레스타인 국민 및 그들과 연대하고 있는 국가와 비정부기관은 리스트를 이용하여 세계적으로 그 기업들을 비판하는 여론을 이끌어내려 할 것이다.

이사회에 속한 유럽 회원국에도 위험이 닥칠 수 있었다. 사실 드문 경우이긴 해도, 유럽연합은 맹목적으로 점령국 편에 서는 경향이 있었다. 하지만 이번에는 상황이 달랐다. 그리고 이 상황이 벌어지던 2016년 초, 이사회의 47개 회원국 중에서 8개국이 유럽연합에 소속되어 있었다.

2002년부터 유럽연합의 28개국과 텔아비브 정부는 자유무역협정을 맺은 상태였다. 오늘날, 이스라엘은 수출품 중에서 60퍼센트 조금 넘는 물량을 유럽연합 국가로 수출한다. 그런데 최근에 유럽연합은 이스라엘 식민지산의 (오렌지, 대추야자 열매, 가전제품 등의) 어떤 생산품이나 농작물도 유럽 시장에 들어올 수 없다는 지침을 발표했다.

원칙적으로, 모든 이사회 회원국은 자율적으로 투표한다. 그런데 유럽연합의 국가는 결의안이 중요한 내용을 담고 있을 때면 공동의 입장을 견지하려고 노력한다. 이번 사안에서는 브뤼셀의 이

사회 의장(유럽연합 이사회 의장은 6개월마다 새롭게 선출된다)을 맡은 유럽연합 회원국의 대사가 제네바에서 협상을 하고, 이어서는 인권이사회 앞에서 공동의 입장을 대변하는 일을 맡게 되었다.

다행스럽게도! 2016년 3월에 네덜란드가 유럽연합 이사회 의장국을 이어서 맡았다. 따라서 팔레스타인의 결의안과 관련해 유럽의 입장을 두고 협상할 책임은 헤이그 정부 대사의 몫이 되었다.

제네바 유엔 본부의 네덜란드 상임대표자인 로데릭 판 스레번은 정말 놀라운 인물이다. 언제나 활기차고, 삶에 애정을 갖고 있으며, 날카로운 지성을 지닌 이 금발의 거인은 제네바대학교 출신이다. 경제학을 공부한 그는 경제 분야에서 뛰어난 경력을 쌓은 후 늦은 나이에 정부의 외무부서에 들어갔다. 그는 이런 경력으로 인해 경제에 관해서는 대다수의 직업 외교관보다 더 폭넓은 시각을 갖고 있었다. 로데릭 판 스레번은 이스라엘 식민지에 대한 유럽의 지침에 부합하게 팔레스타인의 결의안을 지지했다.

그러자 곧장 제네바 프레그니에 있는 미국 대사의 본부에 적색경보가 울렸다.

오바마 대통령이 제네바로 파견한 특사 파멜라 하마모토는 지체 없이 그녀와 가까운 아랍과 아프리카 대사, 특히 사우디아라비아와 케냐와 보츠와나의 대사에게 그 결의안을 무효화시킬 것을 요구했다. 하지만 이 시도는 실패했다.

그러자 미 국무부는 팔레스타인의 임시 수도인 라말라로 밀사를 급파했다. 마흐무드 압바스는 이 접견을 거부했다. 국무장관인 존 케리가 직접 팔레스타인 대통령에게 전화를 해, 경제적으로나 금융적으로 워싱턴과 협력 관계를 맺을 경우 팔레스타인 정부가 얻게 될 모든 이익에 관해서 강조했지만 마흐무드 압바스는 또 다시 거부했다.

결국 존 케리는 최후의 전략을 시도했다.

이브라힘 크라이시 대사는 비록 오랫동안 부르주아로 살아오며 순화되기는 했지만 불같은 성질을 지니고 있었다. 그가 복도에서 내 팔을 붙들었다. "상상이나 할 수 있겠습니까? (…) 그들이 헬리콥터를 보냈어요!" 그는 내가 상황을 이해하지 못하는 걸 알아차리고는 설명을 해주었다. 미국의 헬리콥터가 요르단의 외무부 장관을 찾으러 요르단의 수도 암만에 가서 그를 태운 다음, 라말라의 정부청사인 무카타로 데리고 간 것이다. 압바스는 그를 받아들이는 것을 거부할 수 없었다.

그런데 라말라의 외무부가 있는 수수한 건물 안에서는 새로운 세대가 권력을 잡은 상태였다. 그들은 존 케리의 위협적인 시도에 매우 거세게 저항했다. 이마드 주하이리는 이 세대의 가장 총명한 외교관 중 한 사람인데, 그는 그르노블대학교에서 공부했고 제네바에서 부대사를 지내기도 했다. 현재 그는 외무부장관이 가장 신임하는 사람이다. 주하이리와 그의 동료들의 조언을 들은 마흐무드 압바스는 요르단인 앞에서도 뜻을 굽히지 않았다.

이렇게 해서 2016년 3월 24일 목요일에 팔레스타인의 결의안은 인권이사회에서 압도적 다수의 표를 받고 가결됐다.

미국의 지도자급 인사들이 펴는 외교 전략은 복잡하다. 그러나 백악관과 의회에서 어떤 정당이 권력을 쥐건 간에, 미국의 지도자급 엘리트층은 대다수가 "명백한 운명"을, 신이 내린 임무를, 간단히 말해 제국주의적 이론을 깊이 믿고 있다.

그들은 이러한 사상을 받아들여 유엔 곳곳에 침투하고, 유엔을 도구화하고, 자신들의 고유한 제국주의적 목표에 따라 유엔을 이용한다.

만일 이 세계적인 조직을 도구화하지 못하는 예외적인 상황이 발생할 경우, 그들은 노골적으로 폭력에 의지한다. 2003년 3월 20일부터 이라크를 침공해 파괴한 것이 단적인 예다.

6장

전쟁과 평화, 유엔의 고뇌

독일 총리였던 빌리 브란트는 내가 아는 가장 훌륭한 사람들 중 한 명이다. 오랫동안 그는 나의 세계관에 영향을 끼쳤고, 또한 내 저항의 자양분이 되었다.

빌리 브란트는 1992년에 사망할 때까지 16년 동안 사회주의 인터내셔널의 회장을 맡았다. 스위스 사회민주당의 대표로 파견된 나는 집행이사회 회의에 참석하곤 했는데, 당시 그 자리에 있던 나와 같은 세대의 사람들은 이후에 나보다 훨씬 더 두드러진 경력을 쌓게 되었다. 리오넬 조스팽은 프랑스에서 총리가 되었고, 피에르 쇼리는 스웨덴에서 기술협력부장관을, 페터 얀코피트히는 오스트리아 총리 브루노 크라이스키 아래서 외무부장관을 지냈다.

오늘날, 사회주의 인터내셔널은 거의 해체 상태에 이르렀지만 당시에는 정치적, 이데올로기적, 경제적으로 상당한 영향력을 갖고 있었다.

몇몇 국가원수나 정부수반이 사회주의 인터내셔널 집행이사회 회의에 참석했기 때문에 우리가 헬싱키, 마드리드, 스톡홀름, 다카르, 제네바에서 모임을 가지며 투숙한 호텔은 경찰의 삼엄한 보호를 받았다. 어쩔 수 없이 고립되기는 했지만 나나 내 또래의 동료들에게는 그런 상황이 명백한 이점이 되었다. 국가원수들과 함께 밀폐된 공간에 있었기 때문에 회의실에서 그들과 나란히 앉았을 뿐 아니라, 아침에는 같은 테이블에서 식사하고 저녁 늦게는 바에서 함께 하루의 마지막 잔을 기울일 수 있었던 것이다.

나는 빌리 브란트에게 깊은 존경심과 감사의 마음을 가지고 있다. 내가 지금 유엔의 현실을 견디며 지낼 수 있는 건 그에게서 얻은 많은 정치적 교훈과 조언 덕분이다. 그는 소외된 타인에게 주의를 기울이는 일을 몸소 실천에 옮긴 인물이었다. 그는 외국어를 잘 하지 못했기 때문에 내가 독일어를 할 수 있다는 것이 우리 관계에 큰 도움이 되었다.

그는 내게 무엇보다도 인내를 가르쳐주었다. 그는 자주 이렇게 말하곤 했다. "당신도 알게 되겠지만 (…) 사람들은 서서히 이해하게 될 겁니다. (…) 민주주의의 보이지 않던 측면이 부상하게 될 겁니다. (…) 점점 더 많은 사람들이 우리에게 투표할 겁니다. (…) 사회정의와 개인적 자율성, 행복에 대한 열망이 역사를 움직이는 강력한 힘입니다."

함부르크의 노동자들이 모여 사는 구역에서 가난한 홀어머니 아래에서 자란 빌리 브란트는 18세 때 스페인의 국제여단*에 들어

---

* 스페인 내전 때 공화파를 지지하는 외국인들이 자율적으로 참전해 만든 여단. 여기에는 앙드레 말로, 헤밍웨이 같은 유명한 문인과 예술가가 대거 포함되어 있었다.

갔다. 히틀러가 권력을 잡았을 때에는 노르웨이로 망명했는데, 독일군이 노르웨이를 침공하자 그는 노르웨이 군복을 입고 독일군과 싸웠다.

만일 저항 전선에 있던 내 동료 중에서 '국제주의자'라는 아름다운 명칭을 부여받을 만한 누군가가 있다고 한다면, 그는 바로 빌리 브란트일 것이다.

그는 우리에게 자주 말하곤 했다. "평화가 모든 것은 아닙니다. (…) 하지만 평화 없이는 모든 것이 아무것도 아닙니다."

유엔헌장의 핵심부를 차지하는 제7장의 제목은 다음과 같다. "평화에 대한 위협, 평화의 파괴 및 침략 행위에 관한 조치". 이 장은 유엔이, 조금 더 정확히 말하면 안전보장이사회가 침략자를 굴복시키고 평화를 다시 정립하기 위해 사용할 수 있는 (군사적 행위부터 봉쇄라는 여러 방법에 이르기까지) 모든 수단을 다룬다. 나는 여기서 가장 핵심적인 조항의 일부를 그대로 인용하겠다.

제39조
안전보장이사회는 평화에 대한 위협, 평화의 파괴 또는 침략 행위의 존재를 결정하고, 국제 평화와 안전을 유지하거나 이를 회복하기 위해 권고하거나, 또는 어떤 조치를 취할지 결정한다.

다음의 내용이 가리키는 것처럼, 제재는 점진적으로 시행된다.

제41조

안전보장이사회는 결정을 집행하기 위하여 병력 사용을 수반하지 않는 어떠한 조치를 취하여야 할 것인지 결정할 수 있으며, 국제연합 회원국에 그러한 조치를 적용하도록 요청할 수 있다. 이 조치는 경제 관계 및 철도, 항해, 항공, 우편, 전신, 무선통신 및 다른 교통 통신수단의 전부 또는 일부의 중단과 외교관계의 단절을 포함할 수 있다.

안전보장이사회는 다음과 같은 군사적 능력을 보유한다.

제42조

안전보장이사회는 제41조에 규정된 조치가 불충분할 것으로 인정하거나 혹은 불충분한 것으로 판명되었다고 인정하는 경우에는, 공군·해군 또는 육군을 수단으로 삼아, 국제 평화와 안전의 유지 또는 회복에 필요하다고 판단하는 조취를 취할 수 있다. (…)

모든 회원국은 군사적 조치를 시행하는 데 기여해야 한다.

제43조

1. 국제 평화와 안전의 유지에 공헌하기 위하여 모든 국제연합 회원국은 안전보장이사회의 요청에 의하여 그리고 특별 협정(들)에 따라, 국제 평화와 안전의 유지 목적상 필요한 병력·원조 및 통과권을 포함한 편의를 안전보장이사회에 이용하게 할 것을 약속한다. 끝으

로, 유엔군은 단일화된 지휘부 아래에서 행동한다.

제47조

1. 국제 평화와 안전의 유지를 위한 안전보장이사회의 군사적 필요, 안전보장이사회의 재량에 맡겨진 병력의 사용 및 지휘, 군비 규제 그리고 가능한 군비 축소에 관한 모든 문제에 관하여 안전보장이사회에 조언하고 도움을 주기 위하여 군사참모위원회를 설치한다.

2. 군사참모위원회는 안전보장이사회 상임이사국의 참모총장 또는 그의 대표로 구성된다. (…)

DPKO는 국제연합군을 지휘한다. 그리고 국제연합군은 '평화 유지peace keeping'와 '평화 창설peace making'이라는 확실하게 다른 두 가지 임무를 맡는다.

평화를 유지하는 것이 목적인 '평화 유지' 작전은 외교관들이 분쟁을 종결시키기로 협상한 이후에 시행된다. 이 작전에는 휴전선을 감시하고 휴전 상황을 관리하는 일이 포함된다. 반대로 평화를 만들어내는 것이 목적인 '평화 창설' 작전에는 선전포고를 하는 일이 포함된다. 안전보장이사회는 (유엔의 명령을 따르는) 국제군에게 손에 총을 들고 침입국과 싸우고, 그 국가를 패배시키고, 평화를 회복시킬 임무를 부여한다.

국제연합군은 회원국이 할당한 병력으로 구성되어 있는데, 거의 대다수가 과테말라, 파키스탄, 네팔, 방글라데시 같은 아주 가난한 국가 출신이다. 유엔은 DPKO를 통해 장교와 사병에게 보수를 주고, 장비와 군대 그리고 통신·운송수단을 이용한 것에 대한 비용을 지불한다.

연합군을 파병하는 몇몇 국가 내에서는 많은 돈이 오가는 부정거래가 뿌리 깊게 정착되어 있다. DPKO는 병력을 할당한 정부에 일시불로 돈을 지불하는데, (국방장관이나 국무총리 등의) 장관에게 직접 납입한다. 그러면 대개 이 장관들은 대부분을 자신이 '먹고', 먼 이국에서 일하는 자국의 군인에게는 보잘 것 없는 액수를 임금으로 지불한다.

2016년에 임무를 수행하고 있는 국제연합군의 수는 장교, 사병, 경찰을 모두 합해 10만 명이 넘고, 여기에 민간인으로서 군사 활동을 하는 약 2만 명의 사람들이 덧붙는다. 이들은 114개국에서 왔다. 이들에게 '평화 유지' 임무란 나날의 빵을 의미한다. 국제연합군은 레바논 남부, 키프로스, 코소보, 에티오피아와 에리트레아의 국경 분쟁 지역, 수단, 코트디부아르, 라이베리아, 콩고민주공화국, 사하라 사막 서부, 중앙아프리카공화국, 말리, 아이티 등 총 32개국에서 휴전선을 감시하는 중이다.

그렇다면 이제 유엔이 수행했던 전쟁들 중에서 몇 가지를 살펴보자. 유엔이 참전한 최초의 전쟁이자 지금까지 가장 많은 피를 흘린 전쟁은 한국전쟁이다(1950~1953년).

한국은 백호가 어슬렁거리는 시베리아 국경 지역에 위치한 반도 국가로, 풍경이 빼어나게 아름답고, 초록빛 논이 넘실거리며, (특히 북쪽으로) 숲이 울창하다. 1910년, 이곳에 오랜 세월 자리하고 있던 왕조가 일본인에게 침략 당하고는 이내 일본의 식민지가 되었다. 1945년 8월에 도쿄가 항복을 선언한 이후, 미국과 소련이 한반도를 나누어 통치했다. 북쪽에서는 스탈린이 만주의 항일 유격대 수장이던 김일성을 권좌에 앉혔고, 남쪽에서는 워싱턴 정부가 그들에게 헌신할 독재 체제를 수립시켰다. 38도 위선이 소련과 미국의 위성국가를 등분했다. 1946년에 통일을 위한 선거들이 있을 예정이었지만 한 번도 치러지지 못했다.

1950년 6월 25일 새벽, 수십만 명의 북한군이 장갑차, 비행기, 함선을 이끌고 38도 위선을 넘어 남한을 침략했다. 서울은 고작 3일 만에 함락되었다. 북한군은 남쪽으로 더 멀리 진격했다.

유엔 안전보장이사회는 '평화 창설'을 위한 결의안을 채택했다. 파견부대가 구성되었고, 20개국이 연대나 대대를 급파했다.

34만 명의 군인으로 이뤄진 이 군부대 위로 유엔의 푸른색 기가 펄럭였다. 그들 중 90퍼센트에 이르는 군인이 일본을 점령하고 있던 미군 부대에서 차출된 병력이었다. 안전보장이사회는 태평양전쟁의 승자인 맥아더 장군을 총사령관으로 임명했다.

맥아더는 북한군을 38도 위선 너머로 몰아냈다.

그런데 한 가지 수수께끼가 있다. 유엔의 이름으로 전쟁을 시작할 때는 반드시 안전보장이사회 5개 상임회원국 전체가 동의해야 한다. 그런데 1950년 6월의 그날 아침, 이사회가 참전을 투표에 부치려 할 때, 소련 대사는 회의실에 없었다.

당시에 공산주의 국가이던 중국은 유엔의 회원국이 아니었고 중국에 할당된 의석은 대만이 차지하고 있었다.

이에 대해 당시 사무총장의 가까운 협력자이던 브라이언 어쿼트와 과거에 노르웨이에서 조합운동을 한 트리그브 리는 한 가지 가설을 제시한다.[1] 스탈린과 마오쩌둥 사이의 관계는 극도로 나빴다. 그래서 스탈린은 시니컬하게 유엔의 참전에 호의적인 태도를 취했을 것이다. 왜냐하면 중국은 공산주의 동맹국인 북한을 위해 전쟁에 개입할 수밖에 없고, 스탈린은 이 개입으로 말미암아 중국의 세력이 약화되기를 바랐기 때문이다.

이러한 바람은 현실이 되었다.

1950년 10월, 중화인민공화국 군대가 압록강을 건너, 북한의 도움을 받아 서울을 다시 함락했다. 중국군은 170만 명의 '지원병'으로 구성되어 있었다. 이런 대반격이 진행되던 과정에서, 수십만 명의 중국군이 목숨을 잃거나 치명적인 부상을 입었다.

1953년 7월 27일, 유엔군 총사령관은 휴전 협정에 서명했다. 두 나라로 분리된 한국의 휴전선은 다시 38도 위선으로 정해졌다.

나는 이제 이야기할 상황 때문에 한국전쟁의 전문가가 되었다. 1976년부터 조선인민민주주의공화국은 국가의 매우 서툰 농지 운영과 반복적으로 발생한 홍수 때문에 재앙적인 기근이 닥쳐 고통을 겪었다. 북한 주민들은 세계식량프로그램에서 조달하는 물자로 목숨을 연명했다. 원산 항구에는 유엔의 푸른색 문자가 찍힌

쌀 포대가 피라미드처럼 쌓이곤 했다.

이때 북한의 후견인격이던 중국인들은 평양 정부에 문호를 조금 개방하고, '반제국주의적 진영'에 속해 있다고 추정되는 외국의 지식인 몇 명을 엄격히 선발해 북한으로 초대하라고 조언했다.

스위스에서는 내가 선택되었다.

나는 제네바 유엔 본부에 파견된 북한인들과 특별한 관계를 조금도 맺고 있지 않았다. 우리나라의 다른 사람과 마찬가지로, 나는 아무리 좋게 보려고 해도 이상했던 그들의 의사소통 방식에 놀랐다. 북한 대사관은 호수의 남쪽 기슭 위, 플롱종가 1번지에 위치해 있었다. 호수면을 따라 수 킬로미터 뻗어 있는 도로와 제방이 그곳의 정원과 호수 사이를 가르고 있었다. 북한인들은 이 정원에 아주 커다란 플래카드를 내걸었는데, 밤이면 조명이 빛을 밝히는 그 플래카드에는 분명 김일성이 말한 것이 틀림없을 문구가 붉은 글씨의 한국어—제네바에 사는 사람은 결코 이해할 수 없는 언어—로 적혀 있었다!

어느 가을날 아침, 양복 옷깃에 김일성의 초상화가 그려진 배지를 달고 억지웃음을 짓는 세 명의 외교관이 대학교에 있는 내 연구실에 나타났다. 그들은 제임스 본드의 영화에서 곧장 걸어 나온 듯했다.

당시에 나는 스위스연방의 국가의원, 다른 식으로 표현하면 베른에 있는 연방의회의 제네바 대표였다. 미소를 짓고 있고 검은 양복을 입은 세 밀사는 그들의 "위대하신 지도자"가 나를 평양으로 초대한다는 내용의 초청장을 건넸다.

나는 나중에 대답을 알려주겠다 하고는 답하지 않았다. 그러자 이 사절단은 내게 끈덕지게 달라붙기 시작했다. 그들은 강의가 끝날 때마다 나타났고, 내가 살고 있는 마을까지 나를 따라오기도 했다. 하루는 그들이 탄 검은색 벤츠가 우리집 정원의 출입문을 막고 있는 걸 본 적도 있다. 그래도 나는 그들의 말을 듣기를 거부했다.

1978년에 내가 베이징을 방문했을 때였다. 어느 날 아침, 중국인 가이드가 내게 알려왔다. "어떤 신사들이 홀에서 선생님을 기다리고 있던데요." 북한인들이었다. 그들은 이때에도 검은 양복을 입고 억지웃음을 짓고 있었다. 나는 도대체 그들이 어떻게 베이징에서 나를 찾았는지 알 수 없었지만, 이번에는 그들을 쫓아버리는 것이 불가능했다.

결국 나는 평양행 열차를 탔다.

나는 거기서 국빈 대접을 받아 국빈이 머무는 호화 별장에 머물렀다. 이 별장은 소련식으로 지은 건물이었는데, 전면이 하얗고, 유리창이 매우 널찍했으며, 귀중한 목재를 조각해 만든 커다란 가구가 있었다. 침실에 있는 매우 큰 침대에는 초록색 비단 이불이 펼쳐져 있었다.

예전에 세계식량프로그램의 국제공무원과 베이징에 주재하며 평양에도 파견되던 스위스 외교관들은 내게 이 나라의 아름다운 풍경을 열정적으로 칭찬하곤 했다. 하지만 나는 치밀한 감시 아래 청진, 원산, 남포로 짧은 여행을 몇 번 갔을 때와, "위대하신 지도자"가 태어난 마을인 만경대에 일종의 순례를 갔을 때를 제외하곤, 북한에서 그리 대단한 것을 보지 못했다.

첫 나흘 동안에는 호화 별장에 갇혀 있어야 했다. 보병대, 포병대, 기갑부대, 공군부대의 장성들에 이어 함대 사령관들이 나를 만나기 위해 차례로 찾아왔다. 대다수가 놀랄 만큼 키가 작았고, (함대 사령관들은 제외하고는) 모두 갈색 제복을 입고 필요 이상으로 큰 제모를 쓰고 있었는데, 이는 소련군 복장에서 영향을 받은 것이었다. 그들은 의무적으로 달아야 하는 김일성 초상화 배지는 말할 것도 없고, 메달과 아주 작은 금속제 깃발, 장신구 같은 금속 제품들을 가슴 위에 보란 듯이 달고 다녔다.

그들은 매일 몇 시간 동안 내게 전쟁 영상을 보여주었는데, 많은 장면이 계속해서 보기가 힘들 정도로 잔혹했다. 그들은 감정을 드러내지 않는 단조로운 목소리로 이 전쟁의 참상을 자세히 설명하며 이것이 "미국의 전쟁"이라고 말했다. 이목구비가 섬세하고 붉은색의 비단 드레스를 입은 젊고 예쁜 북한 여성이 그들의 설명을 영어로 번역해주었다.

그들은 내게 김일성의 지휘 아래서(그들은 김일성을 가리킬 때 결코 이름을 부르지 않고 오로지 "위대하신 지도자", "영원하신 수령님", "완벽하신 영도자", 아니면 "전 인류의 스승"이라는 명칭만을 사용했다), 북한의 인민군은 유엔의 "침공"에 용감히 "저항"했다고 설명했다. 장성과 해군사령관들은 각자 번갈아가며 자신 있는 태도와 단조로운 어조로 끔찍한 전투들에 관해 이야기했다. 그들이 내게 거짓

말을 하는지 어떻게 알 수 있을까? 어쨌든 나는 다음의 말을 반복해서 하고 싶다. 나는 몇몇 장면을 볼 때 피가 얼어붙는 듯했다. 이 민족의 성인들과 어린이들이 무시무시한 고통을 경험했다는 건 반박할 수 없는 사실이다. 네이팜탄으로 폭격당한 마을 위로 솟아오르는 검은 연기, 폐허에 숨은 해골처럼 깡마른 아이들과 어머니들의 얼이 빠진 시선, 신체가 절단된 사람들, 화상을 입은 사람들이 전쟁의 참상을 증명했다.

이른바 "실제 정보를 전달하는" 오후마다 항상 아주 특정한 순간이 설명에 포함되었다. 육·공군의 장성이나 해군사령관이 1951년 4월 11일이라는 특별한 날에 관한 설명을 할 때였다.

압록강을 건너는 중국 "지원병들"이 계속해서 밀려들어와 한반도를 뒤덮을까 두려워한 맥아더 장군은 적군에게 원자폭탄을 투하하자고 대통령에게 제안했다. 하지만 해리 트루먼 대통령은 거부했다. 맥아더의 호전성 때문에 미국과 중국 간에 직접적인 마찰이 일어날까봐 매우 두려워했기 때문이다(그런 마찰이 일어난다면 소련만 득을 볼 뿐이었다). 그날 트루먼은 이 잔혹한 장군을 해임했다.

나는 매번 상대방에게 질문했다. "그런 기적적인 일을 어떻게 설명하시겠습니까?" 그러면 아주 단조로운 목소리로 전형적인 대답이 반복되곤 했다. "맥아더의 범죄 행위를 멈추게 하고 그의 실각을 초래한 것은 우리 '위대하신 지도자'의 정신력이었습니다."

북한을 떠나기 전날, 나는 그 "위대하신 지도자"의 영접을 받는

"영예"를 안게 되었다. 날이 저물 무렵, 그들은 폭은 넓지만 자전거를 타고 가는 몇몇 사람을 제외하고는 통행인도 자동차도 없는 인적 드문 길을 지나, 대리석으로 만든 궁전의 아주 큰 정문으로 나를 데리고 갔다. 나는 "영원하신 수령님"의 초상화로 장식된 접견실에서 오랫동안 기다려야 했다. 이어서 커다란 이중문의 문짝이 열렸다. 두꺼운 테의 안경을 쓰고 미소를 짓는 거구의 인물이 매우 너그러운 태도를 보이며 내게 푸른색 비단이 씌워진 소파에 앉으라는 몸짓을 했다. 그는 내가 정면으로 바라볼 때 나보다 높은 위치에 있는 안락의자에 앉았다.

진한 푸른색의 서구식 옷을 입은 그는 64세의 나이에도 불구하고 정정해 보였다.

통역관은 서투르게 말을 옮겼다. 아마도 거의 신처럼 받드는 수장의 존재로 말미암아 지나치게 긴장하고 있었기 때문일 것이다.

만남의 시간은 짧았다. 나는 "위대하신 지도자"의 말을 이따금씩 이해할 뿐이었다.

그때 나는 집단학살자와 얼굴을 마주하고 있다는 사실을 제대로 알지 못하고 있었다.

사실 나는 이 지배 왕조의 하수인들이 그들의 노예 중에서 반체제적인 생각을 갖고 있는 것으로 의심되거나, 그들 수장의 신성한 인격에 관해 의혹을 품고 있다고 의심되는 사람들을 대개 무기한으로 투옥시킨 (그리고 계속 투옥시키고 있는) 강제노동수용소가 있다는 사실을 나중에야 알게 되었다.

다시 말해, 나는 유엔에서 일을 하게 된 이후에야 이 체제가 저지르는 끔찍한 범죄의 실상을 알게 된 것이다. 북한 특별조사관으로 활동하던 태국의 한 끈질긴 변호사의 작업 덕분이었다. 이 변호사는 김 씨 왕국에 한 번도 들어갈 수 없었지만, 외국으로 도망친 소수의 북한 주민으로부터 정확하고 풍부한 증언을 수집할 수 있었다. 그리고 오늘날에도 북한이라는 지옥이 외부의 영향을 받지 않는 채로 남아 있다는 건 명백한 사실이다.

정말로 무미건조했던 1978년의 방문은 내게 아무런 의미도 남기지 않았다.

한국전쟁 이후 국제연합군이 개입한 두 번째로 큰 전쟁은 콩고민주공화국의 남부에 위치한 카탕카주에서 백인 용병을 상대로 벌인 전쟁이다(1960~1964년). 나는 이 전쟁을 가까이에서 볼 수 있었다. 유엔 사무총장 다그 함마르셸드의 지시로 콩고민주공화국에 특별 대표자로 파견된 뒤, 유엔군의 총사령관이던 브라이언 어쿼트의 조수가 되었기 때문이다.[2]

파트리스 루뭄바가 이끌던 단체 '콩고민족운동'의 봉기와 세계적인 여론이라는 이중의 압력으로 인해, 벨기에는 1960년 6월 30일에 콩고 식민지의 독립을 승인해야 했다. 5월에는 자유선거를 통해 새로운 주권국가의 권력자인 조제프 카사부부 대통령과 파트리스 루뭄바 총리가 선출되었다. 그런데 7월 11일, 이 드넓은 나라의 12번째 주에 속하는 카탕가가 이탈하며 독립을 선포했다. 카

탕가는 코발트, 우라늄, 망간, 콜탄, 다이아몬드, 금, 은 등 귀중한
광물이 매장된 지역이었다.

이때 유럽의 몇몇 다국적 기업, 무엇보다 벨기에인들이 설립한
오카탕가Haut-Katanga 광산연합이 분리주의를 주장하는 국가를 조직
했다. 카탕가에 수립된 새로운 국가의 대통령 모이스 촘베는 이 광
산연합 출신의 회계사였다.

유엔 내부에서는 소련과 제3세계 국가들이 독립을 완수한 콩
고민주공화국 정부를 지지한 반면, 벨기에는 콩고민주공화국으로
모든 부대를 진격시켰다. 프랑스 정부도 여기에 뒤지지 않았다. 드
골 정부의 국방장관 피에르 메스메는 마쉬 장군 아래에서 알제리
전투에 참여한 것으로 유명한 로제 트랭퀴에 대령을 카탕가로 보
냈다. 루뭄바를 "무력화시키는 것"이 목적이었다.

광산연합은 카탕가의 "독립"을 보장하기 위해, 우선 그들이
"카탕가 헌병대"라고 부르는 군대를 창설했다. 이어서 충분한 수
효의 병력이 없던 광산연합은 용병을 모집했는데, 그중에는 식민
지에 사는 벨기에인 뿐 아니라, 예전에 참전 경험이 있던 프랑스
인, 특히 알제리 비밀부대(OAS)에서 장교로 활약했던 사람들이 포
함되어 있었다. 유엔은 콩고민주공화국의 다른 곳들과 마찬가지
로 이들을 "레 자프뢰(끔찍한 사람들)"라고 불렀다.

이 용병 중 한 명인 르네 폴크 대위는 쉬시니 별장이라고 알려
진 알제리 수용소의 책임자로 있을 때 저지른 고문 때문에 처음
으로 국제사회 여론의 주목을 받았다.[3] 이어서 낙하산 부대 장교

가 된 그는 장군들의 쿠데타에 가담했다. 프랑스 경찰의 추적을 받아 1961년에 종적을 감췄으나 이후 카탕가 부대의 지휘관으로 임명되었고, 1961년 10월부터 12월 말까지 카탕가의 진정한 주인이 되었다.

그런데 폴크는 카탕가에 혼자 오지 않았다. 이전에 장교를 지낸 35명의 프랑스인 집단이 그를 따라왔고, 모두가 OAS에 소속된 경력이 있었다. 이들은 모두 "서구 문명"을 위해, "기독교"와 "공산주의에 반대하기" 위해 싸우겠다고 선언했다.[4] 폴크 휘하에서 활약한 주요 인물들은 이베르, 르파주, 지예, 라지몬 중위였고, 특히 라지몬은 폴크 대위의 직속 부관이었다. 카탕가에서 가장 활발하게 활동한 군인 중에서, 프랑스인 보브 드나르나 벨기에인 장 슈람 같은 다른 용병도 유명해졌다.

폴크 대위는 도착하자마자 분리주의를 선언한 카탕가의 군사를 재정비했다. 그는 카탕가 헌병대를 재조직하고, 용병을 장교나 하사관으로 삼은 유동 병력을 만들었다. 그는 OAS와 여기에 소속되었던 특공대 델타를 모델로 삼아 민간인 테러리스트 네트워크를 구성했다. 그리하여 3천 명의 무장한 백인 민간인이 지휘관의 명령이 떨어지면 국제연합군을 상대로 작전을 수행하기 위해 소집될 수 있었다. 끝으로 그는 충격적인 조직을 창설했는데, 선발된 용병 다섯 명이 박격포와 기관총을 장착한 지프에 올라타서는 적의 전선 너머 이곳저곳을 돌아다니며 수많은 사상자를 냈다. 그 결과 이들은 아프리카 주민 사이에서 공포의 대상이 되었다.

민주적으로 선출된 총리 파트리스 루뭄바가 1961년 1월 17일에 한 벨기에 장교에 의해 암살당하자 이 드넓은 아대륙은 혼돈에 빠졌다. 결국 제3세계 국가가 큰 비중을 차지하는 유엔 총회에서는 사무총장에게 콩고민주공화국에서 민간인 정부를 구성하고, 카탕가의 분리 시도를 군사적으로 막고, 그 영토에서 유엔의 지휘를 받지 않는 모든 군인, 민병대원, 외국의 용병을 몰아낼 임무를 부여했다.

하지만 프랑스와 벨기에의 용병은 전략이 뛰어난 데다 군사적으로 능력이 있어 끔찍이도 위험한 존재였다. 그 결과 오랫동안 유엔군은 카탕가의 경계 지대에서 발만 동동 굴렀다.

1961년 9월 13일, 마침내 유엔은 카탕가의 주도인 엘리자베스빌[5] 공격을 감행했다. 1961년 9월 17일 아침, 다그 함마르셸드는 유엔을 상징하는 하얀색과 파란색으로 칠해진 DC-6 항공기를 타고 콩고민주공화국의 수도 레오폴드빌의 은질리 공항을 떠나 동쪽으로, 해가 뜨는 쪽으로 향했다. 그가 열 명 정도의 부관, 경호원, 비서를 데리고 길을 떠난 건 촘베와 최종적으로 협상하기 위해서였다. 9월 18일 새벽 3시, 뉴욕에서 경보음이 울렸다. 10시, 영국 헬리콥터가 카탕가의 국경에서 몇 킬로미터밖에 떨어지지 않은 정글에서 연기가 피어오르는 DC-6의 잔해를 발견했다. 항공기가 활주로에 접근하다가 산과 충돌한 것이다. 생존자는 단 한 명도 없었다.

유엔은 이 사건에 관해 수많은 조사를 했지만 결국 아무런 결론도 내리지 못했다. 하지만 어쿼트는 오늘날까지 이 사건의 배후에 프랑스 용병이 있다고 생각한다.

스웨덴 중앙은행의 대표를 지낸 후 유엔 스웨덴 대사로 활동했던 다그 함마르셸드는 1953년에 유엔 사무총장으로 선출되었다. 어떤 행동을 할지 예측할 수 없었던 트리그브 리, 그러니까 불같은 성격에 독특한 취향의 소유자인 데다, 수시로 폭음을 일삼던 노르웨이 출신의 조합운동가가 사무총장직을 떠나자, 미국인과 소련인은 모나지 않은 성격에 다루기 쉬운 사무총장을 원했다. 그들에게는 고독하고, 독신이고, 생기없는 지식인인 이 스웨덴인이 아주 적합한 인물로 보였다. 그들은 고분고분한 하수인을 두게 될 거라고 생각했다! 그러나 굉장히 독립적이고 완고하며 지칠 줄 몰랐던 함마르셸드는 임기 8년 동안 많은 재능을 발휘했다.

함마르셸드는 국가의 이기주의적인 이성을, 강대국의 냉소적인 태도를 증오했다. 그는 굽힐 줄 모르는 도덕적 감각을 지니고 있었다. 수년이 지난 뒤에, 나는 이와 동일한 정신적이고 감정적인 자질을 사회주의 인터내셔널 집행위원회의 스웨덴 동료인 올로프 팔메, 피에르 쇼리, 베른트 칼손에게서 다시 발견할 수 있었다. 그와 가까이 지낼 수 있었던 몇 안 되는 콩고인에게, 함마르셸드는 "문델레 미아 은잠비"('하늘에서 온 백인'이라는 뜻)였다. 나에게는 그가 빌리 브란트, 브루노 크라이스키, 토마스 상카라, 피델 카스트로와 더불어, 내가 아는 사람들 가운데 드물지만 진정한 '정치인' 중 한 명이었다. 그는 가깝게 지내든 그렇지 않든 모든 부관들에게서 헌신에 가까운 애정을 받았다. 어쿼트는 그의 가장 가까운 고문이었다.

그런데 당시 레오폴드빌[6]에 있는 유엔 하급 직원이었던 내게는 함마르셸드가 먼 곳에 있는 지도자처럼 보일 뿐이었다. 내가 그와 관련하여 알고 있는 것이란, 그가 뉴욕의 가입 전신으로 보내곤 하던 일일 전달 사항밖에 없었다. 그가 연설을 할 때면 열정도 재능도 없는 것처럼 보였다. 목소리는 단조롭고, 어조는 느리고 메마르고 지루했다. 그가 드물게도 레오폴드빌을 방문했던 때에는, 그의 차가운 태도와 지나치게 조심스러워하는 태도 때문에 불쾌감을 느끼기도 했다.

어쿼트는 이탈리아 선교사가 엘리자베스빌의 서쪽 외곽에 세운 병원 지하실에 사령부를 설치했다. 병원의 환자는 모두 다른 곳으로 대피시켰다. '레 자프뢰'는 엘리자베스빌의 중심부, 특히 아주 위풍당당하게 서 있는 중앙우체국 건물을 점령하고 있었다. 민간인 직원인 우리도 병원의 지하실에 자리를 잡았다.

우리는 스웨덴, 아일랜드, 에티오피아, 가나, 인도의 부대로부터, 그리고 콜웨지, 키푸시, 자도빌[7]을 포함한 여러 광업 중심지로 나아가던 구르카[8] 부대로부터 며칠 동안 아무런 소식도 받지 못한 채 그곳에 머물러 있기만 했다. 카탕가의 용병과 헌병은 가공할 만한 적이었다. 영국의 '제1공수사단' 장교를 지낸 어쿼트는 유엔군이 겪고 있는 극한의 위험을 누구보다 잘 알고 있었다.

나는 현장에서 본 대규모 전투들의 정치적이고 전략적인 의미를 바로 이해하지는 못했다. 전투와 관련된 영상과 이야기는 카탕가에 머문 현지 보도원들 덕분에 전 세계로 퍼져 나갔다. 전투가 시작되고 나서 첫 며칠 동안, 나는 용병이 시내 중심지에 일렬로 배치한 155밀리미터 대포에서 나는 낮은 포격 소리와 2월이면 흔히 발생하는 천둥의 굉음을 구별하지도 못했다.

카탕가 전쟁 내내, 실패를 겪은 '스코틀랜드인' 어쿼트는 불행했다. 나도 마찬가지였다. 국제연합군이 자주 저지른 비인간적이고 잔혹한 행동, 포탄으로 몸이 갈가리 찢기고 지뢰로 신체 일부를 잃고 집중사격으로 부상을 당하는 (바예케, 룬다, 발루바족의) 민간인 수가 점점 증가하고 있다는 사실이 우리를 고통스럽게 했고, 한편으로는 분노하게 만들었다.

어느 저녁, 나는 붉게 물드는 지평선을 보았다. 저 멀리 '레 자프뢰'의 보루였던 중앙우체국에서 거대한 연기가 피어오르고 있었다. 구르카 부대가 백병전으로 그 우체국을 점령한 것이다. 내가 있는 곳의 창문 아래에는 병원 주위로 파놓은 구르카 부대의 참호를 보호하기 위해 철조망과 철망이 쳐져 있었는데, 박쥐 한 마리가 날아오다가 거기에 걸려 죽기도 했다.

어떤 밤에는 구름에 거의 가려지지 않은 보름달이 고원 지대에서 아주 흔히 볼 수 있는 바오밥나무, 부겐빌리아, 흰개미집을 밝게 비췄다. 땅은 붉고, 기름지고, 물기를 잔뜩 머금고 있었다. 나무 사이로 그림자가 뛰어다니는 것이 보였다. 여기저기서 총검의 뾰족한 끝이나 쿠크리*에서 빛이 반짝이며 반사되었다. 구름처럼 몰려다니는 모기떼 때문에 대기는 혼탁해 보였다. 한 무리의 자칼이 병원 앞 사거리를 무심한 태도로 천천히 건너갔다. 룬다족 사냥꾼은 몸이 반으로 잘린 산양을 어깨에 걸고 활과 화살과 마셰트를 등에 멘 채, 피가 흥건한 웅덩이와 주요 도로에 고인 물을 이리저리 피하며 가벼운 발걸음으로 걸어갔다. 대부분의 날 동안 따뜻한 빗물이 초소를 덮고 있는 철판을 반복해서 세차게 때렸다. 땅에서는 옅은 증기가 피어올랐는데, 그 모습이 엘리자베스빌에 있는 이슬람교 시아파의 한 분파인 이스마엘파 구역의 여인이 걸쳐 쓰는 베일과 비슷했다. 이런 순간이면 평화롭고 안락한 느낌이 밀려왔다.

이상한 일은 내가 엘리자베스빌에서 아무런 공포도 느끼지 않았다는 점이다. 포탄이 떨어져도 눈 하나 깜짝 않는 영웅과는 정반대로, 나는 원래 겁이 많다. 폭력이 벌어지는 장면을 보면 식은땀이 절로 나곤 한다. 심지어 텔레비전을 볼 때도 그렇다. 그 당시에 나는 경련을 일으키며 심하게 아팠고 열 때문에 쇠약해져 있었다. 말라리아 때문에 30분 간격으로 구토까지 했다. 내 불행의 원인은 아주 단순했다. 용병의 포탄으로 공항 통제탑의 4분의 3이 파괴되어 병참기지로부터 일시적으로 단절되어 있던 상태에서 말라리아 치료제인 황산키니네의 재고량도 바닥났던 것이다.

병원 지하실에서 우리는 서로에게 깊은 우정을 느꼈다. 피신처에서 우리는 야전 침대와 침낭을 나란히 붙여 잠을 잤다.

---

* 구르카인이 사용하던 날이 굽은 칼

밤이면 나와 어쿼트는 열정적으로 토론을 벌이곤 했다. 그는 (사람들의 생명을 위해) 유엔 같은 국제적인 기구가 절대적으로 필요하고, 이러한 기구가 가져다줄 수 있는 잠재적인 유익성을 두고 나를 설득하곤 했다. 결국 1963년 1월 21일에 콜웨지가 함락되고, 유엔군이 카탕가에서 승리를 거두었다.[9] 살아남은 '레 자프뢰'는 앙골라나 남아프리카공화국으로 도주하거나 포로가 되었다. 이때 어쿼트는 내게 함께 뉴욕으로 돌아가 유엔 정무국에서 같이 일하자고 제안했지만, 나는 거절했다.

나는 카탕가의 '레 자프뢰' 때문에 필명으로 직업으로서의 글을 쓰기 시작했다. 1962년 크리스마스에 나는 유럽으로 휴가를 떠났다. 파리에 도착한 뒤 곧장 보나파르트가로 갔는데, 내가 콩고민주공화국에서 겪은 일을 장 폴 사르트르에게 설명하기 위해서였다. 나는 사르트르로부터, 그리고 그의 따뜻한 환대로부터 얻은 이루 헤아릴 수 없는 혜택을 『스위스인의 행복』에서 이미 언급했다.

나는 그의 요청에 따라 중앙아프리카의 상황에 관해 내가 본 것들을 그에게 자세히 이야기해주었다. 당시 그는 『파트리스 루뭄바의 정치 사상La Pensée politique de Patrice Lumumba』의 서문을 작성하고 있었는데, 이후에 나온 그 서문은 훌륭했다.

이전 해에 그는 로마에서 프란츠 파농을 만나기도 했다.

사르트르는 내게 질문하고, 내 해석의 어떤 부분에 대해서는 이의를 제기하면서 내 이야기를 주의 깊게 들었다. 오후가 저물 무렵, 그는 내게 말했다. "당신은 이 모든 일을 글로 써야 합니다."

내가 쓴 기사는 몇 달 후 「아프리카의 백인 부대」라는 제목으로 사르트르가 창간한 잡지《현대》에 실렸다.[10]

갈리마르 총서 '사상들Idées'의 편집장인 프랑수아 에르발은 내 글을 읽고서 그 글을 책으로 출간하자고 제안했다. 그리하여 1964년에 갈리마르에서『새로운 아프리카의 사회학Sociologie de la nouvelle Afrique』이라는 제목으로 나의 첫 책이 출간되었다.

당시 나는 독일어권 스위스에 사는 보잘 것 없는 인물이었다. 프랑스어는 대개 어림잡아 사용했고, 철자와 시제를 무수하게 틀리곤 했다. 그러자 시몬 드 보부아르가 원고를 교정해주겠다며 카페 드 플로르 2층에서 만나자고 했다.

그녀는 주의 깊게 원고를 읽으며 잘못된 부분을 사정없이 수정했다. 그녀는 원고의 끝 부분에 이르렀을 때 '한스 지글러'라는 서명을 보고는 "그런데 한스는 당신 이름이 아니잖아요!"라고 큰 소리로 말했다. 나는 수줍어하며 대답했다. "'장'을 프랑스어로 적은 이름이에요."

시몬 드 보부아르는 다시 펜을 집었다. 그녀는 '한스'라는 글자 위로 힘껏 줄을 그은 다음 거기에다 '장'이라고 써 넣었다.

콩고민주공화국에서 돌아온 뒤 나는 나의 첫 번째 여인 웨다드를 만났다. 그녀는 매우 아름다웠고, 지금도 여전히 그렇다. 그녀의 검은색 머리에는 몇 가닥의 은빛 머리카락이 길게 나 있었다.

이집트 출신인 그녀의 성격은 불같았고 지금도 그렇다. 그리고 특히 당시에 그녀는 질투가 정말 많았다.

고백하자면, 어느 날 밤 웨다드는 내가 젊은 여자들과 함께 찍은 사진을 모두 찢어 버렸는데 이 참사를 면한 사진이 한 장 있었다. 바로 시몬 드 보부아르와 내가 카페 드 플로르의 테이블에 앉아 있는 사진이다. 우리는 「아프리카의 백인 부대」 원고 위로 몸을 기울이고 있었다.

내가 국제연합군의 보호 아래 특별한 임무를 수행했던 때를 떠올리면 아직도 피가 얼어붙는 듯하다. 2006년 10월 레바논 남부에 있을 때였다. 그때 나는 식량특별조사관으로 활동하고 있었고, 레바논 남부를 흐르는 리타니강 남쪽의 농경 지대에서 이스라엘과 헤즈볼라 사이의 전쟁으로 초래된 끔찍한 피해 상황을 확인하는 임무를 맡았다.[11]

그때 이야기를 하기 전에 역사적인 사건을 상기할 필요가 있다.

2006년 7월 12일 오전, 헤즈볼라 전투원들은 이스라엘 영토에서 매복하기 위해 레바논과 이스라엘이 접하는 국경을 건넜다. 그들은 몇 명의 이스라엘 군인을 사로잡고 부상을 입혔다. 그러자 텔아비브 정부는 이에 아주 잔인하게 응수했다.

34일의 전쟁 기간 동안, 이스라엘군은 7천 번 이상의 공중 공격과 2,500번의 해상 공격을 감행했다. 심지어는 레바논의 중요 시설에 폭격을 가하기도 했다. 이 전쟁은 레바논 주민에게 참혹하기 짝이 없는 결과를 안겨주었다. 레바논 정부에 따르면, 이 전쟁의 결과 1,189명이 사망했는데 대다수가 민간인이었다. 또한 4,399명이 부상을 입었으며 97만 4,189명이 이주를 해야 했다. 파괴된 가옥의 수는 1만 5천에서 3만 채 사이로 추정되었다.

2006년 8월 11일, 유엔안전보장이사회는 결의안 1701을 채택했다. 이 결의안에서 이사회는 적대 행위를 전면적으로 중단할 것을 호소했다. 헤즈볼라는 모든 공격 행위를 즉각 중단하고, 이스라엘 또한 모든 군사적 공격을 즉각 중단할 것을 요구했다.

2006년 8월 14일, 두 진영은 휴전에 들어갔다.

임시회의를 위해 소집된 인권이사회는 이 전쟁을 조사하기 위한 위원회를 구성하여, 이스라엘과 레바논을 방문하게 했다.

나도 이 위원회에 포함되었다.

나는 동료인 샐리 안 웨이와 크리스토프 골레, 그리고 인권고등판무관사무소의 안내인, 통역관, 안전요원과 함께 출발했다. 우리는 반 정도는 파괴된 베이루트 공항의 홀에 도착했는데, 레바논 유엔국제군 부대가 우리를 기다리고 있었다. 원래 프랑스 헌병대 소속이었던 이 부대의 지휘관은 프랑스 사부아 출신의 호감 가는 대위로, 우리에게 상황을 정확히 분석해서 알려주었다.

이어서 우리는 남쪽으로 출발했다. 뉴욕에 있는 DPKO 소속의 관료들이 리타니강 남쪽을 '안전지대 n.5'(가장 높은 단계의 위험지대)로 분류한 탓에, 우리는 방탄조끼를 입고 철모를 쓴 뒤 철갑이 씌워진 지프에 아주 비좁게 올라타 여정을 이어가야 했다. 차창으로는 바다에서 불어오는 미풍이 전혀 들어오지 않았다. 더구나 내가 타고 있던 지프는 에어컨도 제대로 작동하지 않아 숨이 막히는 듯했다.

다리는 대부분 파괴되어 있었다. 지중해 연안을 따라가며 베이루트와 사이다를 잇는 고속도로는 포탄과 폭탄으로 인해 수많은 곳에 커다란 구멍이 나 있었다. 그래서 조약돌이 깔려 있는 길로 크게 우회해, 반 정도 물에 잠긴 웅덩이들을 통과해야 했다.

불편한 지프 안에는 공포가 자리 잡고 있었다. 나는 이스라엘의 드론이 '우연히' 격발을 하게 될까봐 매우 두려웠다. 도로 위로 솟아난 언덕에 정차한 이스라엘의 장갑차에서 '표적을 잃은' 포탄이 날아오지 않을까 하는 생각에 공황 상태에 빠질 것만 같았다.

내가 출발하기 일주일 전, 당시 제네바의 세계식량프로그램 국장이던 달리 벨가스미가 나를 불렀다. "제발 이 임무를 맡지 마세요. (…) 바보 같은 짓을 하지 마세요. (…) 핑계를 찾아보세요. (…) 그곳은 당신에게 너무 위험해요. (…) 순식간에 '사고'가 일어나는 곳이라고요."

당시는 내 뒤를 밟던 이스라엘 기관의 행태가 정점에 이를 때였다.[12] 뉴욕에서든 제네바에서든 마찬가지였다. 나와 관련해 사무총장과 인권고등판무관에게 간섭하는 일이 늘어났다. 미국의 상원의원들은 식량특별조사관인 나의 보고서가 "사상적으로 편향되어 있다"는 내용을 담은 서한에 서명했다. 그 서한은 코피 아난에게 보내는 것이었다. 게다가 《워싱턴 포스트》를 비롯해 국제적으로 영향을 미치는 여러 신문은 '미국유대인위원회'가 밝힌 "자유로운 의견"을 아무런 비판 없이 실었다.

이스라엘의 팔레스타인 점령지에서 주민들이 영양부족을 겪고 있다는 내용을 담은 나의 보고서는 4년 전에 제출한 것이었다.

휴전 이후 오랜 시간 동안 이스라엘은 리타니강 남쪽의 상공을 완전히 제어하고 있었다. 리타니강과 이스라엘 북쪽 사이에서 차량이나 사람의 움직임 같은 것이 아주 작게나마 있어도, 이스라엘의 드론은 그것을 포착해 통제했다.

폭격을 당해 불에 탄 마르자윤과 티레의 마을에서는, 여러 세대들이 여전히 잔해에 깔려 있었다. 여건이 되는 가족들은 휴대폰으로 티레의 유엔 사령부를 호출했다. 유엔인도적지원조정실(OCHA)의 국제공무원은 이들을 도울 수 있는 건설 장비, 크레인, 불도저를 보유하고 있었지만 이스라엘의 확실한 승인 없이는 이 장비들을 이동시킬 수 없었다. 이스라엘의 항공기는 사령부의 허가 없이 이동하는 모든 사람과 차량을 철저히 폭격했기 때문이다.

티레에 있는 OCHA와 이스라엘에서 가장 북쪽에 위치한 도시이고 항공사령부가 있는 키리야트 시모나 사이에는 직통 연락망이 있었다. OCHA의 국제공무원은 여러 마을에서 잔해에 깔려 있는 사람을 구조하기 위해 장비를 이동시켜 줄 것을 이스라엘인들에게 반복해서 요청했다. 그들은 이 요청에 항상 대답을 했다. 이스라엘 사령부가 판단하기에 고립된 사람이 무구한 민간인이라면 승인이 떨어져 유엔의 국제공무원은 장비를 이동시킬 수 있었다.

반대로 헤즈볼라 전투원이라고 판단되면 그 요청은 거부당했다.

　그런데 지프 안에서 나의 고뇌는 최근에 일어난 사건들 때문에 더욱 커졌다. 첫 번째 사건은 이스라엘과 가자 지구를 잇는 지역인 에레츠에서 발생했다. 오슬로협정* 이후 다른 서구 국가와 마찬가지로, 스위스는 라말라에 있는 팔레스타인 정부에 독립심이 강한 외교관 장 자크 조리 대사를 파견했다. 2003년에 대사는 보좌관을 동반해 직무를 위해 가자 지구로 떠났다. 에레츠의 통행로에 가까이 왔을 때, 그는 이스라엘인이 설치한 바리케이드 앞에서 차를 세워야 했다. 이 방탄 차량에는 스위스 국기가 달려 있었다. 이때 경계선을 넘어 일을 보러 가기를 바라고 있던 팔레스타인 여인들이 자신들을 위해 이스라엘 군인에게 말을 해달라고 대사에게 부탁했다. 그런데 갑자기 몇 발자국 떨어진 곳에서 경고사격이 울렸다. 15분 후, 정차하고 있던 대사의 차 앞면 유리창에 처음으로 총알이 박혔다. 이어서 그가 차를 후진시키자 두 번째 총알이 차에 박혔다. 세 번째 총알이 날아왔다면 차는 박살났을 것이다. 대사는 '이 사건으로' 정신적인 충격을 받았다. 그는 외교상의 업무를 수행한 다음 즉시 대사관으로 돌아갔다.

　당시 《파리 마치》 소속의 유명한 특파원 자크 마리 부르제도

* 1993년에 이스라엘과 팔레스타인 사이에서 체결된 평화협정. 이때 두 정부는 서로의 존재를 인정했다. 그러나 1990년대 중반 이후 이스라엘 측에서는 극우파가 득세하고 팔레스타인 측에서는 다시 테러를 감행하면서 상황이 다른 국면으로 접어들게 되었다.

2000년에 라말라에 있을 때 '우발적인' 총격의 희생자가 되었다. 증언에 따르면, 이스라엘의 참모본부가 들어선 건물 시티 인에 자리 잡고 있던 저격수로부터 총알이 날아왔다고 한다. 부르제는 폐에 매우 심각한 중상을 입었다. 격발의 순간, 그는 건물 맞은편에 있는 광장 끄트머리의 벽에 기대 앉아 팔레스타인 젊은이들과 토론을 하고 있었다. 이스라엘 군인은 팔레스타인 소년들의 돌팔매질에 대응하는 데 몰두하고 있었다. 부르제는 앰뷸런스에 실려 라말라의 병원에 실려 갔지만, 이곳은 그를 치료할 만한 시설이 충분하지 못했다. 그런데 이스라엘 군대가 그를 예루살렘의 병원으로 이송하는 것에 반대했다. 결국 팔레스타인의 앰뷸런스가 부상자를 텔아비브의 벤구리온 공항까지 이송할 수 있도록 프랑스의 자크 시라크 대통령이 이스라엘의 에후드 바라크 정부에 요청해야 했다. 계속 혼수상태였던 부르제는 공항에 이르러서야 그를 프랑스로 데려가기 위해 착륙 중이던 의료용 비행기 안에서 마침내 소생 장치의 도움을 받을 수 있었다.

나는 이 문제에 관해 계속 생각했다.

레바논 남부에서, 국제연합군의 사령부는 페니키아의 오래된 훌륭한 도시 티레의 경계에 있었다. 그들이 임시로 지은 가건물은 위쪽으로 무선안테나가 설치되어 있었고, 그 주위를 모래부대로 쌓은 담과 기관총이 설치된 초소가 둘러싸고 있었다.

우리는 다음 날 새벽녘에야 기력을 소진한 채 이곳에 도착했다.

나는 도착한 이후에 놀라울 정도의 행복을 느꼈다. 주거용 컨테이너와 사령부가 있는 가건물은 사람들로 붐볐다. 대위는 나를 티레의 그리스정교 주교가 머물고 있는 항구로 안내했다. 레바논 사람들이 손님을 맞는 방식은 유명하다. 그런데 이 주교는 한 가지 자질을 더 지니고 있었는데, 바로 관대함이었다. 이 주교의 교구에는 고아원이 있었는데, 그곳은 버림받은 아이, 고아, 가벼운 부상을 입은 군인으로 가득했다. 그의 장난기 어리고 선의를 담고 있는 시선, 소박함, 따뜻한 환대 덕분에 나는 즉시 '비앙브뉘 주교님'*, 즉『레미제라블』에서 빅토르 위고에 의해 불멸의 인물이 된 디뉴의 미리엘 주교님**을 떠올렸다.

나는 거기에서 또 다른 특별한 임무를 수행해야 했다. 레바논의 도시와 마을, 그리고 두 군데의 커다란 팔레스타인 난민 수용소, 곧 아인 알 힐와흐와 라쉬디에를 방문하는 일 이외에도 '비공식적인' 수용소를 방문해야 했던 것이다.

아인 알 힐와흐와 라쉬디에의 수십만 난민 가구는 대개는 1948년부터 그곳들에 '정착해 있는' 상황이었고, 유엔 팔레스타인 난민기구(UNRWA)가 전체적인 운영을 맡고 있다. 그런데 지난 수십년에 걸쳐 많은 사람들이 몰려든 이 수용소들은 인파로 숨이 막힐 것 같은 진정한 도시가 되고 말았다. 결국 수많은 난민 가구가 이른바 '비공식적이고' 급히 마련된 수용소들로 이주해야 했다. 그

---

* '비앙브뉘'는 '환대, 환영'이라는 뜻이 있다.
** 장발장이 성당에서 촛대를 훔쳤을 때, 그에게 촛대를 하나 더 가져가라고 말하며 자비를 베풀던 주교.

런데 이곳들은 유엔의 지원을 전혀 받지 못한다. 이 수용소들은 정말로 쓰레기장이었다.

우리가 방문할 수 있었던 두 군데 수용소 중 한 곳은 티레에서 북쪽으로 몇 킬로미터 떨어진 지중해 연안의 모래언덕에 있는 난민촌이었다. 우리는 사부아 출신의 레바논 유엔국제군 부대 대위와 몇 명의 헌병을 동반해, 모래에 패인 좁은 오솔길을 따라 나아갔다. 대위가 우리에게 조언했다. "앞서 가는 군인들의 발자국을 따라 밟으세요."

바닷가에 도착한 우리는 수용소의 몇몇 허름한 거처들과 (이스라엘의 폭격을 피하기 위한 것이지만 너무나도 허술하기 짝이 없는) "대피소들" 사이를 지나갔다. 우리는 팔레스타인 어부들과 그들의 부인에게 질문을 했다. 난민촌의 비좁은 길은 신이 나고 호기심에 찬 아이들로 가득했다.

우리는 해 질 무렵에 되돌아왔다.

대기가 무겁게 느껴졌다. 어두운 하늘의 구름을 보니 곧 폭풍우가 몰려올 것 같았다. 참모들을 위한 지도가 벽을 뒤덮은 국제연합군의 가건물 안은 뜨거운 열기로 숨이 막히는 것 같았다.

우리는 피곤에 젖은 채 차를 마셨다.

이때 대위가 나의 해진 구두를 자세히 쳐다보았다. 그는 감탄하면서도 냉소적인 태도로 내게 말했다. "당신을 칭찬하고 싶습니다. 교수님, 당신은 용감합니다. 당신은 눈 하나 깜짝이지 않고 막 지뢰밭을 지나오셨어요. (…) 물론 우리가 지뢰를 제거하며 길을 열어 놓기는 했지만 이스라엘 항공기들이 모래언덕에 다시 그렇게 나 많은 지뢰를 뿌려 놓았습니다. (…) 아시겠지만, 항상 위험이 따릅니다!"

나는 대위의 칭찬에 고맙다고 말하고 나서 잠을 자러 주교관으로 갔다. 그날 밤 나는 발 밑에서 지뢰가 터지는 악몽을 꾸었다.[13]

덧붙이는 글 : 무아마르 카다피와 사담 후세인

나의 적들은 내가 독재자의 친구라고 비난하곤 한다.

언뜻 보면 그런 비난이 정당해 보일 수도 있다. 그러나 정상참작을 해주었으면 한다. 앞에서 나는 내가 어떻게 평양 주석궁으로 가 푸른색 비단 소파에 앉아 김일성을 만나게 되었는지 설명했다.

감히 말하건대, 다른 독재자들은 나의 방문으로 인해서 이득을 봤다. 특히 무아마르 카다피와 사담 후세인이 그렇다.

무아마르 카다피 대령은 스스로를 위대한 이론가이자 박식한 사람으로 생각했다. 독학을 한 그는 『초록의 책』(1975)을 썼는데, 다가올 세계적인 혁명, 즉 국민들로 하여금 헤게모니를 쥔 두 제국에서 벗어나게 만들 혁명을 위한 일종의 지침서였다. 그는 시르테 사막의 천막이나 트리폴리의 콘크리트로 만든 요새 밥 알 아지지야의 지하실로 5개 대륙의 지식인, 혹은 그가 의견을 받아들이고 싶거나 『초록의 책』에 관해 토론을 하고 싶은 사람을 초대하곤 했다. 그러니 그의 초대를 받은 사람은 나뿐만이 아니었다.

나의 책은 거의 대부분 아랍어로 번역되었다. 카다피는 그중
『빼앗긴 대지의 꿈』을 읽었다.

나는 어떤 때는 트리폴리로, 어떤 때는 시르테로 몇 번에 걸쳐
여행을 했다.

대개 약속 날짜를 제안한 사람은 1969년 혁명이사회에서 마지
막까지 살아남은 민간인 오마르 함디였다. 그는 전화로 연락했다.
그러면 제네바에서 카다피 정부인 리비아아랍자마히리야혁명위
원회의 한 공무원(사실은 제네바에 머무르고 있는 유엔 대사다)이 내
게 비행기표를 건네고 정확한 약속 시간을 알려줬다. 이 약속 시간
이 제대로 지켜진 적은 한 번도 없었다. 나는 트리폴리의 비치호텔
에 도착해서 며칠이건 기다려야 했다. 지프가 나를 약속 장소로 데
려가기 위해 찾아올 때까지 말이다. 이 일도 대개는 자정이 지나서
야 일어났다.

오마르 함디는 항상 약속을 지켰다. 내가 카다피를 만나고 나올
때 나를 기다리는 텔레비전 카메라는 절대 없었다. 또한 나는 리비
아와 정책적으로 연대한다는 어떤 선언서나 공동성명서에도 서명
한 일이 없었다. 이 만남으로 남은 건 오마르 함디가 건네준 사진
몇 장뿐이다. 카다피는 나의 입장을 존중해주었다.

카다피와 토론을 하면 거의 언제나 여러 정세가 명확히 밝혀지
곤 했다. 토론은 아랍어로 시작되었다. 그러면 5분 정도 후에 '가이

드'*가 신경질을 내거나, 대개는 겁을 먹어 얼굴빛이 창백해진 통역관을 나무라는 일이 일어나고 (…) 이후 '가이드'가 직접 샌드허스트의 영국군사아카데미에서 익힌 뛰어난 영어로 자신의 주장을 이어갔다.

사실 '토론'이라는 말은 적당한 표현이 아니었다. 거의 언제나 갈색, 하얀색 혹은 검정색의 아라비아풍 외투를 걸친 그가 말을 하고, 몸짓을 하고, 자리에서 일어나고, 선반 위에서 한 권의 책을 꺼내 쥔 채 이리저리 오가곤 했다. 나는 드문 경우에만 질문을 할 수 있을 뿐 그의 말을 계속 듣고 있어야 했다. 하지만 사회학자에게 있어서 이런 국가원수와의 만남은 언제나 열정을 불러일으킨다. 그가 수많은 비밀스런 정보를 알고 있기 때문이다.

리비아 수도의 한가운데 위치한 밥 알 아지지야 요새는 비탈면에 자리 잡아 빠르게 진격할 준비가 되어 있는 장갑차들로 이뤄진 이중의 울타리와 대공포對空砲들, 그리고 특히 수많은 전자장치로 보호받고 있었다. 안테나들이 금속으로 된 삼림인양 푸른 하늘을 향해 솟아 있었는데, 가까운 바다에서 불어오는 미풍 때문에 그것들은 끊임없이 흔들렸다.

놀랍게도 웃음을 자아내는 순간도 있었다.

콘크리트로 만든 그의 '텐트' 지하에는 감시가 철저한 사무실이 있었다. 그곳에는 금속제 가구와 여러 개의 언어로 쓰인 책으로 가득한 몇 개의 선반밖에 없었다. 그런데 안쪽 벽에 온갖 색상으

---

* 카다피를 가리킨다. 혁명을 위한 지침서의 저자라는 의미에서 이 표현이 쓰이고 있다.

로 깜빡거리는 버튼들이 고정된 아주 커다란 판이 있었다. 함디는 '가이드'가 이 버튼들을 통해 즉각적으로 여러 사령부와 직접 교신을 할 수 있다고 내게 설명했다. 그런데 내가 제네바대학교에서 나의 조수로 있던 후안 가스파리니—예전에 아르헨티나의 몬토네로스* 지휘관을 지낸 사람으로, 부에노스아이레스 해군장비학교의 고문 전문가들의 손에서 기적적으로 살아남았다—와 함께 이 사무실로 안내받은 날, 사소한 사건이 일어났다. 카다피가 갑자기 자리에서 일어나 안쪽의 판을 향해 걸어가더니 버튼을 차례로 누르면서 작은 램프들을 조작하기 시작했다. 점점 신경질이 난 그는 주먹으로 판을 치기 시작했다. 그러고는 금속제 문으로 가서 문을 연 다음 복도를 향해 소리쳤다. "아흐메드, 차를 가져와!"

잠시 뒤, 비서가 왔다. 비서는 구수한 홍차 네 잔을 덜덜 떨며 가져왔다.

리비아의 주요한 세 지역인 키레나이카, 트리폴리타니아, 페잔에서는 훌륭한 명소와 기념비적인 건축물을 잘 관리하고 있다. 오마르 함디는 우리가 그곳들을 방문할 수 있도록 신경을 써서 일정을 계획했다.

이런 식으로 나는 에리카와 함께 렙티스 마그나를 방문할 수 있었다. 이곳은 카르타고공화국의 항구 도시로, 처음에는 로마의 정복지였다가 이어서 303년 디오클레티아누스 황제 치하 때 트리폴리타니아의 수도가 되었다. 20세기 초에 이탈리아의 고고학자

---

* 1960~1970년대에 아르헨티나 도시 주변에서 활동한 좌파 게릴라.

들이 모래로 변한 폐허를 파헤친 뒤 이곳은 오늘날 고대 로마의 가장 인상적인 도시 중 한 곳이 되었다. 이곳의 땅은 낮은 경사를 이루며 바다와 이어진다. 이 지역 전체가 물에 잠긴 적이 있는데, 비교적 최근에 리비아와 프랑스의 연구기관이 협력해 바다 속을 발굴한 결과, 기념비적이라고 할 만큼 인상적인 고대의 목욕탕이 세상에 알려지게 되었다. 나는 아들과 사브라타를 여행하기도 했다. 사브라타는 고대 로마의 다른 도시로, 사막에서 불어오는 건조한 바람으로 인해 그 화려한 모습이 보존되고 있다.

1986년 어느 날 밤, 미국의 폭격기들이 트리폴리를 공격했다. 당시 베를린에서 테러가 발생했는데 이때 미군 장교와 병사들이 희생되었다. 레이건 대통령은 이 테러의 배후에 리비아가 있다고 생각해 리비아에 복수하려 한 것이었다. 하지만 그 생각은 추측일 뿐이었다.

카다피는 죽음을 피할 수 있었다. 하지만 이때 그의 딸 한 명이 사망했다.

얼마 지나지 않아 '가이드'는 벵가지 공격의 희생자가 되었다. 그는 8개월 동안 휠체어에 의지해야 했다.

카다피는 집권 초기에는 진정한 혁명가였다. 그는 가말 압델 나세르로부터 군인 서임식을 받았고, 유럽의 반제국주의 운동가들의 존경을 받았다. 1969년에 부패한 늙은 군주인 모하메드 이드리스 1세 알 마흐디 알 세누시를 상대로 쿠데타를 벌인 직후에, 카다피와 그를 따르는 민족주의적인 젊은 장교 집단은 외국계 석유회사들의 재산을 접수하고 아프리카 대륙에서 가장 큰 미군기지를 폐쇄시켰다. 그러나 그는 1980년대에 자신을 제거하려는 음모와 폭격들을 겪으면서 차츰 이성을 잃었고, 그의 원칙을 망각한 채 광란 상태에 빠졌다. 그는 추측이건 실제이건 간에 자신의 체제에 반대한다고 간주되는 학생, 옛 전우, 조합운동가, 성인 남성과 여성을 집단적으로 살해하기까지 했다.

이때부터 나는 오마르 함디가 거는 전화를 더 이상 받지 않았고, 트리폴리에서 오는 초청장도 전부 거절했다. 확실히 나의 이런 태도는 너무 늦은 감이 있었다. 지금 와서는 이를 매우 후회한다.

1990년, 이라크의 대통령 사담 후세인 압둘 마지드 앗 티크리티는 쿠웨이트를 침공하라는 명령을 내렸다. 그의 군인들은 쿠웨이트를 황폐화시키고, 석유자원을 약탈하고, 수많은 가족을 죽였다. 미국이 유엔의 동의를 얻어 수립한 국제동맹에서 최후 통첩을 보냈다. 이라크는 군대를 쿠웨이트에서 철수시키든가, 아니면 국제동맹과 전쟁을 벌이든가 선택을 해야 했다. 사담은 쿠웨이트에서 철수하는 것을 거부했다. 프랑수아 미테랑도 국제동맹에 가입했다. 그리고 전쟁이 벌어졌다. 이 전쟁으로 수만 명의 이라크인 희생자가 발생했지만 정예부대, 곧 바그다드를 수호하던 공화국 수비대는 아무런 피해도 입지 않았다. 미국의 장군 슈바츠코프의 지휘 아래 있던 동맹군이 바그다드 남쪽 100킬로미터 떨어진 곳에서 진격을 멈췄기 때문이다. 사담 후세인은 계속 자신의 지위를 지킬 수 있었는데, 국제동맹은 테헤란의 종교 지도자들과 연맹한 이라크의 시아파교도가 권좌에 오르는 걸 두려워했기 때문이다.[14]

사담 후세인은 유엔도 서방국가도 신뢰하지 않았다. 그는 동맹군 공군이 이라크에서 전술적으로 중요한 지역, 곧 군비 공장, 공항, 기지, 병영, 유프라테스강과 티그리스강의 다리들에 다시 폭격을 가할 거라고 내다보고는, 이라크에 거주하는 모든 서구인을 체포하라고 명령했다. 그는 이 인질들을 전략적인 장소에 배치했고, 어떤 사람은 담장에 단단히 묶기도 했다.

이런 인간 방패 전략은 서구 국가에 큰 문제가 되었다.

이라크의 전략적인 장소에서 떠나지 못하게 된 인질 중에는 18명의 스위스 시민들, 곧 샤트 알 아랍 지역의 종이 공장 건설 현장에서 일하던 기술자와 노동자들, 쿠웨이트시의 쉐라톤 호텔 전 CEO, 지질학자들, 석유 엔지니어들이 있었다.

1991년 봄의 어느 날 밤, 나는 친구 엘리아스 쿠리의 호출을 받았다. 시리아 출신에 그리스정교도인 엘리아스는 바아스당(아랍과 사회주의의 부흥을 위한 당)의 영향력 있는 멤버였다. 당의 이라크 본부는 바그다드에 있었다. 한편으로, 엘리아스는 제네바의 유럽 본부에서 강력한 아랍법률가연합의 대표로 활동하고 있었다.

엘리아스는 내게 말했다. "바르잔 알 티크리티가 자네를 기다리고 있어. 콜롱니의 집에서 기다리고 있네. (…) 그를 만나러 가야 해. 다급한 일이야."

바르잔 알 티크리티는 사담 후세인의 의붓형제인 동시에 사담 후세인이 유엔에 파견한 대사였다. 그는 제네바에서 매우 가까운, 호수의 왼쪽 기슭 위로 솟아난 작은 언덕에 있는 아주 화려한 저택에 거주하고 있었다.

흑옥처럼 새까만 머리에 콧수염을 두텁게 기른 바르잔은 그의 사악한 의붓형제를 닮아, 보는 이로 하여금 두려움을 느끼게 했다. 그는 우아한 태도를 갖추고 섬세하고 편안하게 말을 했지만, 그의 시선에서는 다른 사람들에게 공포감을 주는 야만성이 드러났다. 그는 나의 말에 전혀 귀 기울이지 않고 단언했다. "당신은 휴전 교섭 대표단으로서 손색이 없소. (…) 바그다드로 가시오. 대통령이 당신을 맞을 겁니다. 당신이 우리나라의 스위스 방문자[15]와 함께 돌아올 수 있다고 생각해도 무방할 거요."

결정을 내리기 어려운 문제였다. 나는 이라크의 계략을 분명히 꿰뚫어 보고 있었다. 이 정부는 국제사회에서 외면 받고 있었다. 그런 상황에서 민주적이고 (더구나) 중립국의 지위에 있는 나라에서 휴전 교섭 대표단이 오면 고립 상태에서 벗어나는 데 도움이 될 것이다. 나는 바보가 아니었다. 하지만 다른 한편으로, 폭격이 이루어진다면 죽을 것이 분명한 인질을 해방시키는 데 내가 도움을 줄 수 있는 기회가 적기는 하지만 존재했다.

다음날, 나는 바르잔 알 티크리티에게 다시 전화했다. 거래를 받아들이기로 한 것이다. 나는 베른에서 권력을 잡고 있는 5개 정당을 대표하는 4명의 동료와 대표단을 구성했다.

우리는 취리히를 떠나 암만을 경유해 바그다드까지 여행했다.

그곳에서 우리는 벤츠 리무진을 타고 라시디아 호텔까지 갔다. 사담 후세인과의 만남 일정은 다음날로 잡혀 있었다.

신선한 아침 공기를 마시자 불안이 씻겨 없어지는 듯했다. 우리는 차를 타고 사람들로 붐비는 거리를 지나 티그리스강 유역에 있는 궁전으로 갔다. 이 궁전은 영국의 위임통치 때부터 있던 것으로, 자주빛 장미가 피어 있는 훌륭한 정원으로 둘러 싸여 있었다. 정원 둘레에는 땅바닥 위로 솟아난 통풍관이 있었는데, 지하 시설의 존재를 암시해주었다.

우리는 동양풍의 가구를 갖추고 커다란 붉은색 비단 커튼으로 큰 창이 가려진 응접실에서 오랫동안 대기했다. 테가 가는 안경을 쓰고 머리에 포마드를 발랐으며, 말투가 빠르고 오만해 보여 월 스트리트의 여피족*을 떠올리게 만드는 의전 공무원이 마지막 지침을 전달했다. "여러분이 먼저 라이스**에게 말을 걸어선 안 됩니다. 여러분은 그분의 질문을 기다려야 합니다. 집무실에서 나올 때는 뒷걸음질을 해 얼굴이 항상 라이스를 향해 있어야 합니다."

마침내 응접실 안쪽에 있는 커다란 문짝 두 개가 동시에 열렸다. 우리는 아주 커다란 방으로 깊숙이 들어갔다. 그곳에는 콧수염을 기르고 어두운 초록색 제복을 입었으며, 머리에는 검은색 베레모를 꽉 눌러 쓴 열 명 정도의 남자가 미라처럼 말도 움직임도 없이 내벽을 따라 앉아 있었다.

---

* 도시에 사는 젊고 세련된 고소득 전문직 종사자를 가리키는 표현.
** 일부 아랍 국가에서 국가원수를 가리킬 때 쓰는 표현.

나는 하얀색의 덥수룩한 머리 타래와 두꺼운 근시 안경 때문에
외무부장관 타레크 아지즈를 알아볼 수 있었다. 다른 사람은 알지
못했다. 이후, 나는 사실상 우리가 바아스당의 지역 사령부[16]라고
할 수 있는 곳에 있었음을 알게 되었다.

갑자기, 라이스가 방에 나타났다. 검은색 머리를 정성들여 손질
한 그는 미소를 짓고 있었다. 그는 세 부분으로 구성된 영국산 의
복을 입고 있었는데 그의 긴 몸매에 잘 맞았다. 그는 보이지 않는
문을 통해 방으로 들어온 참이었다. 아마도 그 문은 아라베스크 무
늬로 장식된 벽지로 감추어져 있었을 것이다. 아까 보았던 여피족
은 통역 담당인 듯, 사담보다 몇 걸음 뒤에 서 있었다.

사담은 즐거움이 담긴 시선으로 방문객들을 자세히 쳐다보았
다. 그는 우리에게 방 한가운데에 반원형으로 배치된 소파에 앉으
라는 몸짓을 해보였다. 그러자 지역 사령부의 일원들은 우리 등 뒤
쪽에 앉아 있게 되었다. 라이스 자신은 팔걸이가 도금된 일종의 옥
좌에 자리를 잡았다.

이어서 그는 부드럽고 정확한 말투로 말하기 시작했는데, 이 독
백은 몇 시간 동안 계속되었다. 그는 1968년[17]부터 그가 이룩한 모
든 개혁과 성취를 우리에게 열거했고, 자신의 이야기를 뒷받침하
기 위해 수치를 근거로 제시하곤 했다.

이 인간에게서는 잔혹성과 폭력의 분위기가 느껴졌다. 그의 활
기찬 기운, 빠른 몸짓, 끊임없이 움직이는 시선은 먹이를 잡을 기
회를 엿보는 호랑이를 떠올리게 했다.

이 지역 사령부에 있는 그의 동료들은 한 마디도 하지 않았다. 그들은 내내 벽을 따라 앉은 석상이라도 된 양 조금도 움직이지 않았다.

이라크 주인의 끝없는 혼잣말은 계속 자신의 갈 길을 갔다. 그는 자신이 만든 모든 학교, 모든 대학교, 모든 병원, 모든 고속도로, 모든 농업조합을 쉬지 않고 하나씩 열거했다. 그는 말했다. "우리의 적은 이 모든 것을 파괴하려고 합니다."

그의 눈에서 뿜어져 나오는 빛을 보자, 우리는 우리와 대면하고 있는 이 인간이 자신의 의지를 따르지 않는 사람이라면 누구에게나 치명적일 만큼 위험하다는 것을 느낄 수 있었다.

그가 권좌에 오르기 전, 티그리스강과 유프라테스강 사이의 비옥한 평원은 건조한 스텝 지대에 불과했다. 12세기에 몽고인이 바빌로니아인이 건설한 고대의 관개시스템을 파괴했기 때문이다. 사담은 이집트에서 수백만 명의 농부를 불러들였다. 이때부터 두 강 사이에 있는 평원에는 다시 풍작이 이뤄졌다. 이 모든 일은 거짓 없는 사실이다.

이상하게도, 라이스의 주장은 내 기억에 계속해서 남았다. 그는 우리에게 물었다. "여러분은 바그다드의 길에서 산책을 해본 적이 있습니까? 우리가 권력을 잡기 전에는 많은 사람들이 맨발로 걸어 다녔습니다. 하지만 지금은 모두 신발을 신고 있습니다."

그는 잠자코 있다가 갑자기 재빠르게 자리에서 일어났다. 그는 우리의 의사와는 전혀 상관없이, 그리고 과시하는 태도로, 한 사람씩 열정적으로 포옹하며 작별 인사를 했다. 이어서 우리는 큰 문까지 뒷걸음질을 치며 가야 했다. 라이스는 조롱하는 듯한 시선으로 우리가 물러나는 모습을 지켜보았다.

밖으로 나온 우리는 장미꽃 향기를 맡은 덕분에 현실로 돌아올 수 있었다.

때는 저녁이었다. 바그다드에서는 봄에 경사진 티그리스강 연안이 풀과 꽃으로 덮인다.

이곳에는 메소포타미아 시대 이후로 계속 내려오는 관습이 있다. 어둠이 내릴 무렵이면, 강변에서 사는 사람은 나무에 불을 붙인 다음 잉어를 굽는다. 그들은 이웃이나 지나가는 방문객에게 몇 디나르를 받고서 그것을 판다. 그러고는 모든 사람이 불 주위에 앉는다.

불에 굽는 생선 냄새가 대기를 채우고 있었다. 강 위로, 하늘의 둥근 천장은 수백만 개의 별로 빛나고 있었다.

"먹으러 가세." 나의 동료 프란츠 제게르가 내게 말했다. 다른 사람들, 곧 경비병과 통역관은 이미 강 연안 쪽으로 가고 있었다.

나는 거절했다. 나는 모욕을 당한 것 같았고, 구역질이 나올 것만 같았다. 라시디아 호텔로 돌아온 나는 오랫동안 손을 씻었다.

우리는 이틀 후에 떠났다. 공항의 비행장에서 7명의 스위스인 인질이 우리를 기다리고 있었다(여성 3명을 포함한 나머지 11명은 그 주 안으로 우리를 뒤따랐다).

인터넷에는 궁전에서 나를 껴안던 사담 후세인의 사진이 계속해서 떠돈다. 그 사진은 분명 '친근한' 포옹이라는 중요한 순간에 대통령 휘하의 공인 사진사가 찍었음이 틀림없다. 나는 그 사진을 없애기 위해 할 수 있는 일은 다 했지만 소용이 없었다. 그 사진은 계속해서 나에게 많은 문제를 일으켰다.

두 번째 이라크 전쟁은 2003년 3월에 발발했다. 이번에 미군은 바그다드로 진입했다. 사담과 그의 공모자들은 도망쳤다. 라이스는 수개월 동안 티크리트 주변의 외딴 농가에 숨어 있었다. 하지만 결국 그는 붙잡혔고, 2006년 12월 30일에 바그다드 중앙감옥에서 교수형을 당했다.

7장

이스라엘 장관이 헤이그 법정에
서는 날이 올까?

1938년에 가나의 쿠마시에 있는 아샨티 숲에서 태어나, 1997년부터 2006년까지 유엔 사무총장을 지낸 코피 아난은 젊은 시절에 영국식민지학교를 다녔다.[1] 그는 영국의 동창생으로부터 냉소적인 유머 감각과 부조리를 날카롭게 인지하는 감각을 물려받았다. 그는 말하곤 했다. "한 명을 죽여보세요. 그러면 당신은 감옥에 갑니다. 열 명을 죽이면 정신병동에 갇힐 겁니다. 1만 명을 학살해보세요. 그러면 당신은 평화 회담에 초청받을 겁니다."

상황이 정말 순탄치 않았음에도 불구하고, 유엔은 보편적인 정의를 정립하는 데 있어서 인상적인 진보를 이룩했다.

국제형사재판소(ICC) 설립을 결정한 로마규정은 1998년 7월 17일에 조인되었다. 그리고 이 재판소는 로마규정이 적용되기 시작한 2002년 7월 1일에 공식적으로 문을 열었다. 로마규정은 코피 아난의 저 말을 반박할 수 있어야 할 것이다.

ICC는 그날 이후부터 실행된 범죄에 대해 판결을 내릴 수 있는 권한을 갖게 되었다. 이 재판소의 공식적인 본부는 네덜란드의 헤이그에 위치해 있지만, 소송은 어디서나 진행될 수 있다.

2015년까지 유엔의 193개 회원국 중 123개 국가가 로마규정을 비준하고 ICC의 권한을 인정했다. 러시아와 미국을 포함한 32개의 국가는 로마규정에 서명을 했지만 비준은 하지 않았다. 중국, 인도, 이스라엘은 서명조차 하지 않았다.

세 가지 범주의 사람들이 ICC의 심판 대상이 될 수 있다. 첫 번째는 로마규정에 서명한 국가의 시민, 두 번째는 로마규정에 서명한 국가의 영토에서 위법행위를 저질렀다고 추정되는 사람, 세 번째는 안전보장이사회가 ICC의 판결에 맡긴 사건에 연루된 사람들이다.

하지만 유엔의 특별재판소(나는 이번 장에서 이 주제로 다시 돌아올 것이다)와 마찬가지로, ICC는 부차적인 지위에서 권한을 행사하고 있을 뿐이다. 이 기구는 본국에서 심판을 할 수 없었거나 심판하기를 원치 않는 피고인에 대해 판결 절차를 진행한다. 예를 들어, 유엔개발프로그램(UNDP)의 인간개발지수를 따를 때 세계에서 가장 가난한 나라인 시에라리온은 나라를 황폐화시킨 전쟁에서 벗어날 당시 혁명연합전선 소속의 집단학살자를 심판할 자금도 정치적인 능력도 없었다(혁명연합전선은 다이아몬드 매장 지대를 탈취할 목적으로 내전을 일으키고, 1991년부터 2002년까지 아주 잔혹한 일을 저질렀다). 그래서 이 국가는 살인자를 국제 법정에 넘겼다.

현재까지 ICC에서는 두 명이 차례로 검사장을 맡았다. 첫 번째 검사장은 루이스 모레노 오캄포로, 소신 있는 자세로 아르헨티나에서 평판이 높은 법률가였다. 하지만 현재의 검사장은 다소 실망스럽다. 감비아인 파투 벤수다는 순전히 위선적인 행위에 동참하고 있기 때문이다. 코트디부아르에서 선출된 대통령 로랑 그바그보의 소송을 보라. 그바그보는 니콜라 사르코지가 보낸 프랑스 전투 헬리콥터에 의해 아비장의 대통령궁에서 쫓겨나 그의 정적인 알라산 와타라의 손에 넘겨져 헤이그로 이송되었다.

다른 한편으로, 탁월한 능력을 지니고 있고 혁신력이 있는 스위스 대사 발렌틴 젤위거는 재판소를 만드는 데 핵심적인 역할을 했다. 그는 ICC가 출범할 때 초대 재판소장의 비서실장을 지냈다.

재판소는 1억 3,950만 유로의 예산을 보유하고 있다. 2016년 현재 800명의 국제공무원이 재판소에서 일한다. 그들은 이 지상의 거의 모든 나라에서 왔다.

한 문장으로 요약해 말하면, ICC는 국가들 사이의 협약에 기초해 설립된 상임국제법원이다. 집단살해의 범죄, 반인도적 범죄, 전쟁범죄로 고발되거나 고소된, 대부분 국가원수, 장관, 장성 등으로 구성된 범죄자를 심판할 임무를 부여받은 기관이다.

이 재판소의 심판 대상이 되는 범죄는 로마규정의 제6조와 그 다음 부분에 열거되어 있는데, 이 목록은 길고 지루하다. 그럼에도 나는 일부분을 그대로 인용해보려고 한다. 왜냐하면 독자가 예전이나 지금이나 인간이 다른 인간에게 어떤 범죄를 저지를 수 있고, 어떤 공포와 어떤 고통을 가할 수 있는지 알아야 한다고 생각하기 때문이다.

제6조 : 집단살해의 범죄

이 규정의 목적 상 '집단살해'라 함은 국민적, 민족적, 인종적 또는 종교적 집단의 전부 또는 일부를 그 자체로 파괴할 의도를 가지고 범해진 다음의 행위를 말한다.

a) 집단 구성원들의 살해

b) 집단 구성원들에게 중대한 신체적 또는 정신적 위해를 야기하는 행위

c) 전부 또는 부분적으로 신체적 파괴를 초래할 목적으로 계산된 생활 조건을 집단에게 고의적으로 부과하는 행위

d) 집단 내 출생을 방지하기 위하여 의도적으로 조치하는 행위

e) 집단의 아동을 타집단으로 강제 이주시키는 행위

제7조 : 반인도적 범죄

이 규정의 목적상 '반인도적 범죄'라 함은 민간인에 대한 광범위하거나 체계적인 공격의 일환으로 범해진 다음의 행위를 말한다.

a) 살해

b) 절멸

c) 노예화

d) 노예로 만들어 강제노동수용소에 수감시키는 행위

e) 주민의 추방 또는 강제 이주

f) 국제법의 근본 원칙을 위반한 구금 또는 신체적 자유를 심각하게 박탈하는 행위

g) 고문

h) 강간, 성적 노예화, 강제 매춘, 강제 임신, 강제 불임 또는 이에 상당하는 여타의 중대한 성폭력

i) 정치, 인종, 국가, 민족, 문화, 종교, 성적 차원의 동기로 인해, 고유의 정체성이 있는 단체나 공동체 전체를 탄압하는 행위

j) 강제 실종

k) 인종차별 범죄

l) 신체 또는 정신적·육체적 건강에 대하여 중대한 고통이나 심각한 피해를 고의적으로 야기하는, 앞서 제시한 것들과 유사한 여타의 다른 비인도적 행위

제8조는 전쟁범죄와 관련되어 있다. 전쟁범죄는 1949년에 체결된 제네바 4개 협약과 1977년에 이 협약에 추가된 2개의 의정서 내용을 위반하는 모든 중대한 범죄를 말한다. 이 조항은 전쟁의 야만성에 강제로 제한을 두는 국제인도법의 핵심 규칙을 담고 있고, 포로와 부상자를 대우하는 문제는 물론 민간인을 보호하는 문제와 관련된 법을 제시한다.

위에서 열거된 범죄 중 몇 가지는 세 개의 항목에 모두 언급된다. 동일한 범죄가 어떤 민족이나 집단을 상대로 혹은 전쟁이라는 상황에서 저질러질 수 있기 때문이다.

집단살해genocide(그리스어 genos, 곧 '민족'과 라틴어 cide, 곧 '죽이다'가 결합된 말)라는 용어는 1943년에 폴란드 법률가 라파엘 렘킨

이 나치에 의한 유대인과 집시의 절멸, 그리고 1915년에 일어난 터키인에 의한 아르메니아인의 절멸을 가리키기 위해 만들어낸 것이다. 집단살해의 개념은 뉘른베르크 전후법정의 기소장에서 나타난다. 1948년에는 유엔의 제안에 따라, 집단살해는 이와 같은 범죄를 예방하고 차단하기 위한 협약에서 특별한 범죄로 확고히 인정되기에 이른다.

'역사'에서 가장 잔혹한 집단살해는 나치가 유대민족과 집시 공동체를 상대로 벌인 것이다. 단지 그 민족과 공동체에 속한다는 이유 하나만으로, 600만 명 이상이 살해당하거나 불에 타 죽었다. 1994년에 르완다의 집단살해자들은 100일 동안 마셰트로 몸을 베거나, 교회 안에서 불에 태우거나, 익사시켜 100만 명에 가까운 사람을 죽였다. 그들은 투치족에 속하는가 그렇지 않은가라는 유일한 기준에 따라 희생자를 선택했다. 이슬람국가단체(IS)의 살인자들도 집단살해를 저지른다. 알다시피 그들은 기독교 신자라면 누구든 죽이거나, 노예로 삼거나, 고문한다. 그들은 피가 흥건한 손으로 예지드파교도, 유대교도, 시아파교도를 살해했다.

반인도적 범죄는 한 민족 전체를 말살시키는 것이 목적은 아니지만, 어떤 집단이건 간에 사람들의 집단을 말살시키려고 한다. 희생자 집단을 대상으로 살인, 신체 절단, 고문 같은 '일반적인' 범죄를 대규모 차원에서 감행하는 것이다.

예를 들어보자. 강간은 '일반적인' 범죄이다. 그런데 여성 집단, 어린이 집단, 소녀 집단을 대상으로 일제히 강간을 한다면, 이는 반인도적 범죄가 된다. 이 범죄는 현재 콩고민주공화국 동부지역에서 일어나고 있다. 그곳은 무기를 소지하고 키부의 숲과 사바나 지대로 도피한 르완다의 옛 후투족 집단살해자들인 인테라하므웨에 의해서 황폐화되고 있다. 여기에 '신의 저항군'이라는 살인자들이 가세한다. 약탈자 무리인 이들은 잡히는 일 없이 남수단, 우간다, 콩고민주공화국에 걸친 삼각형의 숲 지대에서 활동한다. 이 야만적인 살인자들은 무차별적으로 키부의 바푸엘로족과 바시족의 수많은 여성을 강간하고 성적으로 잔혹한 피해를 입혔다. 몇 달 동안 여자들 없이 지내던 그들은 우선 식량을 구할 목적에서 마을과 부락을 약탈하기 위해 주기적으로 정글에서 나온다. 마을의 남자들이 저항하면 이 '전사들'은 남자들을 벌하기 위해 그들의 아내와 딸을 강간한다. 이어서 그들은 여성의 성기를 완전히 망가뜨리고, 유방을 절단하고, 항문과 질을 잘라 희생자의 육체를 불구로 만들면서 범죄를 마무리 짓는다. 필요한 경우 그들은 여성을 노예로 삼기도 한다.

전통적인 바시족, 바푸엘로족, 반야르완다족 사회에서 강간의 희생자는 마을에서 추방되고 강간으로 태어난 아이는 죽음이라는 '처벌'을 받는다. 이런 상황 때문에 나는 고마와 부카부의 거리에서, 마니에마의 늪지대와 폐허가 된 도시에서, 몸이 너무 말라 해골처럼 보이는 한두 명의 아이를 팔에 안고, 다른 사람들과 떨어진 채 가족 없이 생존을 위해 구걸을 하며 얼이 빠져 있던 여성을 마주치곤 했다.

이렇게 수많은 여성을 상대로 한 강간 때문에 사회적 관계가 파괴되고, 한 사회가 붕괴되며, 집단적 저항은 완전히 무력해진다.

강간은 무시무시한 효과를 발하는 전쟁 무기인 셈이다.

문명화된 국가의 모든 법에서 강간은 공소시효가 있는 범죄이지만 반인도적 범죄로 지칭되는 이러한 강간은 법적인 제약을 받지 않는다.

끝으로, 전쟁범죄는 국제인도법과 1949년의 제네바 4개 협약, 1977년에 이 협약에 추가된 두 가지 의정서에서 확립한 (전쟁에 관한) 법과 관례를 중대하게 위반한 행위로 다뤄진다.

전쟁범죄는 제2차 세계대전 이후에 뉘른베르크와 도쿄의 국제형사재판소에 의해 처음으로 기소되었다. 그것은 이따금 국내 법원에 기소되기도 했는데, 미국인 윌리엄 캘리 사건이 이러한 예에 속한다. 그는 베트남의 미 라이 학살사건* 책임자로 지목되었다. 1990년대에는 구 유고슬라비아와 르완다 국제형사재판소가 설립되고, 마침내 ICC가 출범하면서 전쟁범죄를 억제하려는 노력이 과거와는 달리 많이 진행되었다.

전쟁범죄 목록은 가장 길고 가장 자세하게 작성된 문건이다. 만일 로마규정에서 열거된 모든 범죄를 실제로 ICC에 제소한다면, 그곳의 직원은 어찌할 바를 모를 것이다. 그러나 지금 우리가 알고 있는 진실은 ICC가 심판하고 형벌을 내린 사람들이 모두 아프리카 출신뿐이라는 것이다.

---

* 베트남의 미 라이 마을에서 미군이 민간인들을 학살한 사건.

국제적십자위원회(ICRC)는 아이들을 위해 로마규정의 항목을 설명하는 그림을 만들었다.

내 책상 뒤에 있는 책장 선반에는 그림이 하나 놓여 있다. 그 그림에서는 한 흑인 어린이가 시체로 덮인 들판에서 길을 잃은 채, 찢어진 티셔츠 조각으로 코를 막고 있다. 그림 아래에는 이런 글귀가 적혀 있다. "생존자를 한 명도 남기지 말라고 명령하는 건 금지된 일이다."[2]

방금 언급했듯이, ICC가 유엔이 창설한 유일한 국제형사법원은 아니다. 국제적인 협약은 없었지만 안전보장이사회의 결의안에 따라 생겨난 여러 특별재판소가 있다. 일시적으로만 존재하는 이 재판소는 어떤 갈등이 일어나는 동안 고문, 살인, 학살을 저지른 범죄자를 제소한다.

구 유고슬로비아 국제형사재판소(ICTY)는 이런 식으로 안전보장이사회 결의안 808과 807에 따라 1993년에 헤이그에 설립되었다. 그러나 이곳의 실적은 좋지 않다. 2016년 현재 48명의 피고인이 수감되어 있고, 31명이 체포영장의 대상이며, 23명이 재판을 받았다.

르완다 국제형사재판소(ICTR)는 안전보장이사회 결의안 955에 근거해 1994년에 창설되었다. 이 재판소는 탄자니아의 아루샤에 자리를 잡았다. 이곳역시 재판 초기부터 고무적인 측면을 거의 찾아볼 수 없었다. 2016년 현재 50명이 고소를 당했고, 40명 이상이 수감되어 있으며, 9명이 형을 선고받았다.

시에라리온 특별재판소(SCSL)는 시에라리온 내전 동안 자행된 범죄를 재판하기 위해 2002년 1월 16일에 설치되었다.

2005년 2월 14일, 레바논 전 총리 라피크 하리리를 태운 검은색 벤츠 대열이 베이루트의 중심가를 지나고 있었다. 그 순간, 엄청난 폭발음과 함께 도시가 흔들렸다. 형용하기 어려울 만큼 뜨거운 열기를 내뿜는 강력한 폭발 때문에 차들이 공중으로 떠오르며 산산조각 났고, 주변의 집들로 불길이 옮겨 붙었다. 하리리와 21명의 경호원들은 이 화염 속에서 죽었다. 강가 도로에서는 200명 이상의 행인이 부상을 당했다.

이 사건의 배후로 시리아의 첩보 기관이 의심을 받았다. 레바논 정부는 특별재판소를 창설하기를 원했고, 프랑스가 이를 지지했다. 레바논은 유엔에 자금을 지원하겠다고 말하며 호소했다. 안전보장이사회는 결의안 1757을 통해 레바논의 요구를 받아들이기로 결정했다. 재판소는 2009년에 활동을 시작한다. 재판소는 정치적이고 사법적인 독립성을 위해, 네덜란드 헤이그 근방의 레이츠헨담에 자리를 잡았다. 이 재판소는 3천만 달러의 1년 예산을 보유하고, 3년마다 그 금액이 바뀔 수 있으며, 예산의 49퍼센트를 레바논 정부가 지불한다.

레바논 특별재판소는 특이한 유형의 사법기관이지만, 유달리 비효율적으로 기능한다. 재판관 중에는 이전에 제네바대학교 법과대학 학장을 지낸 로버트 로스[3] 같은 매우 뛰어난 능력을 지닌 법률가가 있음에도 불구하고, 이 재판소는 지금까지 사건 조사를 제대로 해내지도 못했고[4] 한 차례의 재판도 열지 못했다.*

뛰어난 능력을 지닌 두 명의 여성이 구 유고슬라비아와 르완다 국제형사재판소에서 검사로 있었다.

캐나다 출신에 아주 꼼꼼한 루이즈 아버는 처음에는 1996년부터 1999년까지 헤이그와 아루샤에서 검사 생활을 했고, 이어서 캐나다 대법원의 판사가 되었다. 이후에는 2004년부터 2008년까지 유엔인권고등판무관으로 활동했다.[5]

1999년 루이즈 아버의 뒤를 이어 칼라 델 폰테가 검사가 되었다. 그는 2003년까지 아루샤에서, 2007년까지 헤이그에서 일했다.

이 끔찍한 티치노주 여인은 유별난 인물이다. 루가노의 예심판사를 지낸 그녀는 티치노주의 검사로 임명되었고, 이후 1994년에 스위스연방의 검사장으로 임명되었다. 이 직위에 오른 그녀는 나의 면책특권을 없애려고 시도하고, 이어서 1998년에는 '대반역죄'라는 죄목으로 나를 재판에 회부하려 했다.[6]

하지만 다른 한편으로, 칼라 델 폰테는 조직적인 범죄 카르텔과의 싸움에서 핵심적인 역할을 하기도 했다. 이탈리아 팔레르모의 판사 조반니 팔콘과 연합한 그녀는 시칠리아 마피아의 몇몇 카르텔을 붕괴시키는 데 기여했다. 당시에 팔콘과 델 폰테는 사상 초유의 방법을 생각해냈다. 그들은 (시칠리아나, 피에몽이나, 티치노주 등

---

* 이 재판소는 2011년에 용의자 4명에 대한 체포 영장을 레바논 검찰에 전달했고, 2014년에 궐석 재판을 시작했다.

의) 현장에서 그 살인자들을 공격하는 대신, 취리히와 제네바의 은행에서 마피아의 계좌를 압류하는 작업에 큰 노력을 기울였다.

이 방법은 매우 효과적이었다. 일부 카르텔이 붕괴된 것이다.

1992년 5월 23일, 시칠리아. 햇빛이 가득한 날이었다. 판사 조반니 팔콘과 그의 아내, 그리고 경호원들을 태운 방탄 차량 3대가 바다를 따라 메시나와 팔레르모를 잇는 고속도로를 시속 160킬로미터의 속도로 쏜살같이 달리고 있었다. 한편 다리 위로 솟아나 있는 언덕에서, 마피아 계파의 두목 조반니 브루스카와 그의 공범들이 그들을 관찰하고 있었다.

순간, 브루스카가 어떤 레버를 손으로 밀었다. 그러자 아래의 도로에서 엄청난 폭발이 일어나 자동차들이 공중으로 떠올랐다. 이 과정에서 팔콘, 그의 아내, 세 명의 젊은 경찰의 몸이 갈가리 찢겨졌다.

두 달 후, 팔콘의 동료이자 친구인 동시에 후임자인 파올로 보르셀리노 검사가 방탄 차량을 타고 경호원들과 함께 팔레르모에 있는 그의 어머니를 방문하러 가고 있었다. 그러나 이 차들도 브루스카가 조작한 폭탄 장치 때문에 공중으로 튀어 올랐다. 이번에도 생존자는 한 명도 없었다.

브루스카는 분명히 다음 희생자는 칼라 델 폰테가 될 거라고 맹세했을 것이다. 이 사건들 이후로, 베른 정부는 이 용감한 여성 사법관의 생명을 보호하기 위해 경호원과 방탄 차량들을 구비하는 데 자금을 지원했다.

정신병리학자이자 스롭스카 공화국*의 전 대통령이고 사라예보의 킬러인 라도반 카라지치는 2016년 3월에 구 유고슬라비아 특별재판소에서 무기형을 선고받았다. 스레브레니차의 학살자 라트코 믈라디치 장군은 헤이그의 감옥에서 재판을 기다리는 중이다. 세르비아의 전 대통령 슬로보단 밀로셰비치는 네덜란드에 구금되어 있던 중 사망했다.

현재 칼라 델 폰테는 인권이사회의 시리아 전범 조사위원회에서 부의장을 맡아 정열적으로 일하는 중이다. 나는 윌슨 궁전의 엘리베이터나 카페테리아에서 이따금 그녀와 마주친다. 오늘날까지 그녀는 프랑수아 미테랑에게 화를 풀지 않고 있다. 그녀의 말에 따르면, 프랑수아 미테랑은 세르비아의 살인자들이 헤이그로 인도되는 절차를 수년 동안 방해한 것으로 보인다.[7]

이런 모든 특별재판소 중에서 특히 가장 실효성이 있었던 곳은 반론의 여지없이 르완다의 집단살해자를 추적하는 임무를 맡은 재판소였다. 이는 무엇보다 세네갈의 법률가로서 그곳의 수석서기를 맡고 있던 아다마 디엥 덕분이다. 그는 2001년부터 2009년까지 일했다(2012년부터는 집단살해 방지를 위한 유엔 사무총장 특별고문을 지내고 있다).

아다마 디엥은 우선 '추적팀'을 만들었다.

* 보스니아 헤르체고비나 연방과 함께 보스니아 헤르체고비나를 구성하는 자치 공화국. 주민 대부분이 세르비아계지만 국제사회로부터 독립국으로서의 지위는 인정받지 못하고 있다.

1994년에 르완다의 '애국전선' 부대가 후투족의 살인자들을 상대로 승리를 거두자 살아남은 학살자들은 사하라 사막 이남의 아프리카 전역으로 흩어졌다. 그들은 수많은 국가에서 주민과 공모하며, 즉 희생자에게서 뺏은 돈을 주민들에게 지불해 처벌을 면하고 정체를 숨기며 계속 살아갈 수 있었다.

아다마는 이 범죄자들을 쫓을 특수부대를 투입시켰고, 말리의 전 경찰서장이 지휘를 맡았다. 아프리카의 여러 나라에서 온 비밀요원, 경찰, 수사관으로 구성된 이 특수부대는 도망친 범죄자들을 붙잡기 위해 불법적인 활동이 전개되는 모든 곳을 뒤졌다. 이들은 콩고의 숲이나, 아비장의 난민촌이나, 다카르의 호화스런 호텔에서 범죄자를 잡게 되면, 그를 결박한 다음 어떤 가건물에 가뒀다. 그러면 범죄자는 자신이 소속된 국가의 경찰을 불렀다. 하지만 이와 동시에 특수부대가 (그곳이 얼마나 부패했건 간에) 해당 국가의 정부로 하여금 이 "짐짝"(추적팀은 이 범죄자들을 이렇게 불렀다)을 아루샤의 재판관에게 보내도록 압력을 넣기 위해, 체포 사실을 언론에 알렸다.

앞서 말한 시에라리온 특별재판소(SCSL)는 그 근방의 국가들로부터 매우 높은 지지를 받는 재판소다.

시에라리온의 혁명연합전선(RUF) 수장이던 포데이 산코는 노동자가 자신에게 다이아몬드를 넘기지 않으면 그의 팔과 손을 자르곤 했다. 1991년부터 2002년까지 10년 이상 동안, 라이베리아의 대통령 찰스 테일러, 부르키나파소의 대통령 블레즈 콩파오레,

토고의 대통령 냐싱베 에야데마, 그리고 피의 다이아몬드가 유통되는 서아프리카 국가에서 권력을 쥔 여타의 독재자들은 시에라리온에서 내전이 계속되도록 적극적으로 갈등을 조장했다. 다이아몬드 광산의 사용권을 얻는 것이 내전의 유일한 목적이었기 때문이다. 포데이 산코는 전쟁범죄라는 죄목으로 SCSL에서 재판을 받기 위해 3년 전부터 구금되어 있던 중 뇌졸중 발작이 일어나 2003년에 죽었다.

찰스 테일러는 포데이 산코의 멘토이자 보호자이자 동료였다.

1987년에 부르키나파소의 수도 와가두구에서 전임자이자 친구인 토마스 상카라 대통령을 암살한 블레즈 콩파오레는 2015년 부르키나파소에서 봉기한 국민에 의해 권좌에서 축출되었다. 냐싱베 에야데마는 2005년에 죽었다.

2003년에 라이베리아의 수도 몬로비아에서 도망친 테일러는 이웃 국가인 나이지리아의 한 농가에서 숨어 지냈다. 아부자의 나이지리아 정부는 그를 시에라리온 특별재판소에 인도했고, 재판소는 2012년에 그에게 판결을 내렸다. 뉘른베르크 소송 이후로, 그는 반인도적 범죄와 전쟁범죄로 유죄판결을 받은 첫 번째 전직 대통령이다. 지금은 종신형을 선고받고 영국 감옥에 수감되어 있다.

자신들의 제국주의적 전략에 충실한 미국은 ICC와 싸움을 벌이는 중이다. 미국은 로마규정을 비준하지 않았다. 미국은 때로는 협박을 하고 때로는 설득을 하면서, 가능한 많은 국가, 특히 남반구 국가로 하여금 로마규정에 찬동하지 말 것을 요구한다.

그리고 미국 정부는 세계 도처에서 법적인 판결을 거치지 않은 처형을 시행하고 있다.

이런 식으로 버락 오바마 대통령은 미국에 "적대적인" 행위를 할 거라고 의심되는 사람을 소송이나 재판 없이 원격으로 죽일 수 있는 주도면밀한 프로그램을 짰다. 콜로라도에 있는 로키산맥의 움푹 들어간 곳에 자리한 어떤 은신처에서, '목표물을 맞히는 사람들'(영어로는 '타겟터targeters'라고 하는데, 이것이 공식적인 용어다)이 의심이 가는 사람을 죽이기 위해 파키스탄, 예멘, 아프가니스탄을 비롯한 세계의 여러 다른 지역들로 드론을 보낸다.

그리고 현장의 첩보원이나 위성사진, 원거리통신 도청을 통해 목표물을 식별한다.

드론으로 매달 수십 명의 어린이와 성인이 죽는다. 드론을 이용해 사람을 죽이는 일을 가리키는 기술적인 용어는 '원거리 목표물 죽이기longway target killing'다. 법적 판결이 부재한 자의적인 약식 처형에 관해 인권이사회 특별조사관 크리스토프 헤인즈는 이 새로운 살인 절차에 관해서 음산한 보고서를 제출했다.[8]

드론은 그리 정확하게 작동하지 않아서 노선 이탈이 매우 잦다. 이 때문에 국제 앰네스티는 파키스탄의 서북부 산악지대 와지리스탄에서 드론으로 일어난 학살을 조사한 유명한 자체 보고서에 다음과 같은 제목을 붙였다. "다음은 내 차례일까?"[9]

워싱턴 정부는 살인자의 일방적인 정의를 실천하고 있다.

모든 문명화된 사회에 있어 테러가 끔찍한 재앙이라는 것은 분명 사실이다. 지하디스트는 인류의 적이다. 하지만 법적인 판결을 거치지 않은 (그리고 빈번히 무차별적이자 대대적인) 처형을 실행한다는 것은 법에 의한 통치를 존중하지 않는 행위다. 법적인 판결이 부재한 처형이야말로 테러리스트가 일삼는 만행이다.

내가 생각할 때, 레지 드브레는 우리 시대의 가장 중요한 작가이자 철학자 가운데 한 명이다. 나는 그와 오랫동안 우정을 나눴지만 우리의 의견은 자주 충돌하곤 한다. 특히 ICC를 주제로 이야기할 때 그렇다.

"사실, 자네는 칼뱅주의의 설교자에 불과하네. 자네는 유엔이 설립된 초기 시절의 생각에 사로잡혀 있어. 결국에는 상당히 순진한 인간일 뿐인 이상주의자, 이것이 자네의 모습일세. 자네의 그 ICC는 장난 같은 것에 불과하고, 더 나쁘게 말하면 위선적이네. 미국의 총사령관이나 이스라엘의 장관이 헤이그로 이송되는 날이 와야 나는 그 재판소를 믿을 걸세!" 레지는 나를 비난한다.

하지만 나는 알고 있다. 그날은 아마도 오랜 시간이 지나지 않고서는 오지 않을 것이다. 하지만 보편적인 정의와 관련해서, 우리는 지금 붙잡을 수 있는 것은 붙들어야 한다.

8장

국제연맹의 유령

늦은 저녁 시간, 인권이사회의 긴 회의가 끝나면 나는 고등판무관 사무소의 국제공무원 혹은 외교관 친구들과 함께 샹베지의 호텔 식당이나 도시에 있는 식당에서 저녁식사를 하곤 한다. 그때마다 동료들은 절망감을 느낄 때가 많다. 머릿속에 국제연맹이 실패작이 되었다는 생각이 강박적으로 떠오르는 것이다.

그들은 서로 질문을 한다. "우리도 같은 방식으로 끝날까?", "유엔이 해체의 길을 걷고 있는 걸까? 유엔의 붕괴는 불가피한 걸까?"

많은 사람들이 비관적으로 전망하지만, 나는 이런 비관에 저항한다.

유엔의 창립자들이 제2차 세계대전의 재앙으로 충격을 받았던 것처럼, 국제연맹의 창설자들은 제1차 세계대전의 가공할 살육 현장을 접하며 충격을 받았다. 1919년의 국제연맹 협약에는 전쟁의 불합리성에 대한 국민들의 의식이 담겨 있다. 1945년의 유엔헌장에 나치에 대한 트라우마가 배어 있듯이 말이다.

세계문학에서 루이 페르디낭 셀린만큼 제1차 세계대전의 불합리성을 잘 그려낸 작가는 없을 것이다. 『밤 끝으로의 여행Voyage au bout de la nuit』의 화자는 1914년에 입대해 다른 사람을 대신해 대령의 전령병이 된다. 그들은 프랑스의 한 도로에 있다. 대령은 화자가 손에 쥐고 있는 장부에 자신의 지시를 적고 있다.

도로 저 멀리, 눈으로 볼 수 있는 한계 지점에서, 도로 한 가운데에 우리처럼 있는 검은 점 두 개가 보였다. 그 점들은 15분 전부터 총을 쏘는 데 매우 열중하고 있는 두 명의 독일인이었다.

대령은 두 사람이 왜 총을 쏘는지 어쩌면 알고 있었을 것이고, 독일인들도 어쩌면 알고 있었을 테지만, 나는 정말이지 알 수가 없었다. 나는 떠올릴 수 있는 모든 기억을 떠올려 보았지만, 독일인들에게 정말 아무 짓도 하지 않았다. 나는 그들에게 항상 우정 어린 태도를 보였고 그들을 정중하게 대했다. 나는 그들에 대해 조금은 알고 있었고, 심지어 어릴 때에는 독일의 하노버 근방에서 학교를 다니기도 했었다. 나는 그들의 언어로 말했었다. 그때 그들은 창백한 눈으로 늑대처럼 은밀한 시선을 보내며 시끄럽게 떠들어대는 어리숙한 소년 무리였다. 그들은 방과 후면 주위의 숲에서 서로 어울리며 소녀들을 건드리려 하고, 쇠뇌와 4마르크로 구입한 피스톨을 쏘았다. 그들은 설탕이 든 맥주를 마시기도 했다. 하지만 그들은 지금 우리에게 먼저 말을 걸려 하지도 않고 도로 한 가운데 있는 작은 궤 안에서 우리를 향해 총을 쏘고 있었다. 그 시절과 지금 이 순간 사이에는 공백이 있었고 그 공백은 심연과도 같았다. 상황이 너무나 달랐다.

요컨대 전쟁이란 우리가 이해하지 못하는 것이었다. 그러니 그것
은 계속될 수 없었다.[1]

그럼에도 불구하고 1914년에 발발한 세계대전은 2천만 명의
사람들을 죽이며 계속되었다.

국제연맹 초기의 창설자들, 다른 식으로 표현하면 제1차 세계
대전의 승자들('동맹국들')을 이끈 이들은 미국 대통령 우드로 윌
슨, 영국의 보수적인 사절 로버트 세실 경, 남아프리카연방 국방장
관을 지낸 이후 총리를 지내게 될 보어인 얀 크리스티앙 스뮈츠 장
군이었다. 유엔의 창설자들, 곧 1939년에서 1945년까지의 전쟁의
승자들('연합국들')을 이끈 이들은 미국 대통령 프랭클린 루스벨트
와 영국 총리 윈스턴 처칠이었다. 전쟁의 참상을 끝내기 위해 이들
이 실행한 방법론은 거의 정반대된다. 국제연맹은 타협과 중재를
신뢰했다. 유엔은 반대로 (필요한 경우에는) 군대의 힘을 사용할 생
각을 했고, 그 결과 유엔은 역설적인 원칙에 기반하게 되었다. 그
원칙은 평화에 헌신하는 기구가 무력을 실행하는 건 합법적이라
는 것이다.

국제연맹의 창설자들은 합의와 대화만이 집단적 안정을 보장
할 수 있다고 생각했다. 이런 점에서 베르사유조약에 포함된 1919
년의 협약을 비준할 때 영국 하원에서 벌어진 토론이 시사하는 바

는 명확하다.

로버트 세실 경은 주장한다. "우리가 의지하는 무기는 여론입니다. 만일 우리가 이 점에서 실수를 저지른다면, 우리의 모든 작업이 실수가 됩니다."[2] 이 토론 외에도 출판물을 통해 알 수 있는 그들의 발언과 문서를 보면, 마찬가지로 강제적인 수단을 사용한다는 생각은 아예 배제되어 있음을 알 수 있다.

앵글로색슨계 신교도 사이에서 널리 찾아볼 수 있는 이런 신앙적인 성격을 띤 무력 반대 논리는 국제연맹이라는 프로젝트에 큰 영향을 미쳤다. 즉 무력으로 정의가 강요된다면, 무력을 통해 정의가 부패할 위험성도 크다는 것이었다. "만일 국가들이 본래적으로 이기적이고 탐욕적이고 호전적이라면, 어떤 수단이나 장치도 국가들을 제어하지 못할 것이다." 이 글은 공식적인 협약서에서 읽을 수 있다. 우리가 할 수 있는 것은 "평화적인, 따라서 정상적인 협력을 제공할 기구를 설립하고, 의견을 형성하는 데 있어 정상성의 영향력을 신뢰하는 것이다."[3]

협상의 파생물은 협력이다. 그리고 사실 창설 협약에서 나타나는 대로, 국제연맹이 선언한 두 번째 목적은 이 내용으로 구성되어 있다. 파리강화회의에서 이러한 의견을 가장 열정적으로 지지한 사람은 남아프리카연방의 총리 얀 스뮈츠였다. 그에게 있어 국제연맹은 단순히 미래의 전쟁을 방지하기 위한 수단이 아니었다. 지금까지 혼란스럽게 이루어졌던 (인도적이고 사회적이며 경제적인) 모든 국제 활동을 조정하여, 문명화된 세계의 도래를 앞당길 주역이었다. "협력이 중대한 순간에만, 전쟁의 유령이 나타났을 때에만 개입하는 데우스 엑스 마키나*가 되는 것만으로는 충분하지 않다. 협력을 계속 유지하려 한다면, 그 이상이 되어야 한다. 평화로울 때에도 국가들이 협력의 영향력을 매우 강하게 느껴서, 국제적인 갈등이 일어난 순간에도 협력에 저항할 수 없어야 한다. (…) 협력이 평화롭게 유지되는 것이야말로 협력이 가진 힘의 토대이자 그 힘을 보증하는 것이다."

스뮈츠에게 협약에 정의되어 국가에게 강요되는 의무들은 단순한 국제법 규칙을 넘어서는 어떤 것이었다. 그것은 "그 자체의 광채"[4]로 스스로를 방어할 수 있는 무수히 많은 "도덕적" 의무를 만들어내는 것이었다.

그런데 25년을 간격으로 국제연맹과 유엔이 태어나게 된 각각의 정치 상황 사이에는 근본적인 차이가 존재한다.

국제연맹의 창설자들은 전쟁 가능성을 모두 배제하려 한 반면, 유엔의 창설자들은 여기에서 더 나아가 새로운 세계 질서의 토대를 만들고자 했다.

국제연맹 창설자들은 승리한 강대국들의 힘의 균형에는 결코 영향을 미치려고 하지 않았다. 1918년 1월 8일에 윌슨 대통령이 미국 의회에서 연설하며 제시한 평화협정 프로그램인 유명한 '윌

---

* 연극 등에서 예기치 않게 나타나 절망적인 상황을 해결하고 사태를 깨끗이 마무리 짓는 인물이나 사건을 가리키는 표현.

슨의 14개조'에는 확실히 민족자치의 이념이 포함되어 있지만, 본질적으로 그 프로그램에서는 전쟁에서 패배한 오스트리아-헝가리제국과 오스만제국을 해체시키는 일이 문제되고 있었다. 이런 1919년 협약으로 국제연맹이 유럽을 지정학적으로 조정하면서 유고슬라비아, 폴란드, 리투아니아, 헝가리, 체코슬로바키아 등 새로운 현대 국가들이 탄생했다. 그리하여 국민주권의 원칙이 우세하게 되고, 초국가적 권위 기구를 지지하는 것은 배척되었다. 그러나 유럽과 달리 중동에서는 국제연맹이 오스만제국의 지배로부터 해방된 영토에 대한 위임통치권을 프랑스와 영국에 부여하는 것으로 전후 상황을 마무리 지었다. 국제연맹은 유럽에서도 민족자결에 대한 권리를 공평하게 적용하지 않았는데 하물며 유럽 바깥은 말할 것도 없었다. 국제연맹은 유럽의 식민제국들에게는 간섭하지 않았고, 식민지의 국민은 식민지화된 상태로 남아야 했다.

'유색인종' 국가 중 국제연맹에 참여한 국가는 단 두 곳뿐이었다. 곧 아이티의 대표자와 알베르트 코헨이 『벨 뒤 세뇌르Belle du Seigneur』5에서 표현했듯이 "터번을 쓴 인도 왕자"가 참여했다(영국 지배 하의 인도는 국제연맹에서 한 자리를 차지하고 있었다).

그런 와중에 볼셰비키 혁명의 충격파는 명백하게 토의의 중심부를 관통하고 있었다. 1917년 10월 혁명의 영향이 다른 국가로 퍼져나가면서 여러 정부가 전복될 위기에 처했다. 무엇보다 급한 것은 충격파를 막을 수 있는 높은 성벽을 세우는 일이었다. 파리강화회의6에 참석한 정부 수반들은 모두 같은 말을 했다. 즉 우리나라만큼은 혁명이 일어나서는 안 된다는 것이었다.

1919년 3월 25일

윌슨 : "(…) 제가 제안하는 정책은 러시아를 볼셰비키에게 맡겨버린다는 것입니다. 그들은 난처한 지경에 빠질 거고, 러시아인들은 그런 상황 때문에라도 더 현명해질 겁니다. 우리는 볼셰비즘이 유럽의 다른 지역으로 침투하지 않도록 막기만 하면 됩니다."

1919년 3월 26일

로이드 조지 : "저는 우리나라에서 러시아에서 일어난 일과 비슷한 일이 발생하고 있다는 걸 알고 있습니다. 저는 몇 주 전부터 그것과 싸우고 있습니다. (…) 그 결과 광부조합의 대표인 스마일리 같은 조합운동가가 대단히 위험한 존재가 될 수 있지만, 결국에는 우리가 갈등을 피할 수 있도록 도와준다는 것입니다. 영국의 자본가들은 다행히도 두려워 하고 있고, 이 두려움이 그들로 하여금 이성적으로 생각하도록 만들고 있습니다. 그런데 평화의 조건과 관련해, 영국에서 볼셰비즘과 비슷한 파국을 일으킬 수 있는 것은, 적에게 너무 적게 요구했다는 비판이 아니라 너무 많이 요구했다는 비판이 있다는 사실입니다. 영국의 노동자들은 독일 국민을 너무 과도한 요구로 짓누르기를 원치 않습니다. (…) 아무튼, 우리는 독일에게 매우 가혹한 평화를 강요하려 하고 있습니다. 독일은 더 이상 식민지도 함대도 소유하지 못할 것이고, 600만이나 700만 명의 주민을, 그리고 자연 자원의 많은

부분을, 즉 거의 모든 철과 많은 양의 석탄을 잃게 될 겁니다. 우리는 무력으로 그 나라를 그리스의 상태와 비슷하게, 그리고 해군 전력의 관점에서는 아르헨티나공화국의 상태와 비슷하게 축소시키고 있습니다. 이런 모든 사항에 대해, 우리는 전적으로 동의합니다. (…) 만일 여러분이 여기에 부당하다고 여길 수 있는 조건을 추가하려 한다면, 어쩌면 그것은 병에 든 물을 넘치게 할 한 방울의 물이 될 겁니다."

클레망소 : "우리가 적국[패배한 국가들]에서 볼셰비즘이 퍼질까 두려워하고 그것이 촉발되는 일을 피하려 하는 건 당연하지만, 우리 국가에서도, 즉 프랑스나 영국에서도 그것이 퍼지도록 해선 안 됩니다. 패배한 국가를 관리하려 하는 건 좋지만, 승리한 국가를 시야에서 잃어선 안 될 겁니다. 만일 우리의 해결책이 부당해 보여, 혁명적인 움직임이 어디선가 일어나게 되더라도, 우리들의 나라에서 일어나서는 안될 것입니다."

1919년 3월 27일

윌슨 : "저는 미래에 어떤 국가들끼리 비밀리에 모의해서 전쟁이 발발하는 건 두렵지 않지만, 국민의 불만으로 갈등이 생겨나는 건 두렵습니다. (…)

제 생각에, 전선의 군대로 하여금 혁명의 움직임을 막도록 하는 건 빗자루로 큰 파도를 막겠다는 것과 다름없습니다. 더구나 군대가 자신들이 싸워야 한다고 명령을 받은 볼셰비즘에 물들 수도 있습니다. 우리가 이렇게 대립시키려고 하는 세력들 사이에는 공감의 맹아가 존재합니다. 볼셰비즘과 싸우는 유일한 방법은 그 원인을 제거하는 것입니다. (…) 그 원인 중 한 가지는 국민이 미래에 닥칠 자신들 능력의 한계와 그들이 복종해야 할 정부에 대하여 불안을 느끼고, 동시에 자신들이 먹을거리, 교통수단, 노동수단을 결여하고 있다는 것을 인식함으로써 비탄하게 되는 것입니다."

1919년 3월 28일

윌슨 : "저는 열정이 다음과 같은 뜻을 내포하고 있는 볼셰비즘만큼이나 폭력적인 절망감으로 변하게 될까 몹시 두렵습니다. '세상에는 정의가 없어. 우리가 할 수 있는 건, 이전에 무력으로 저질러진 불의를 무력으로 복수하는 거야.'"

그래서 이들은 (베르사유조약과 동시에 국제연맹조약에 첨부된) 국제노동기구 창설 문서를 통해, 혁명이 일어날 가능성을 근본적으로 차단하고 고용주와 노동자 사이에서 타협적인 관계를 만들어내야 한다고 판단했다.

이후 소련은 1934년부터 1939년까지 5년 동안만 국제연맹의 회원국이 된다. 소련은 핀란드를 무력으로 공격해 국제연맹에서 퇴출당했다.

USS 어거스타호에서 결정된 대서양헌장은 1945년에 발표될 유엔헌장의 초석이 되었다. 이 헌장은 국민이 자유롭게 행동할 권리가 있다는 원칙을 다시 두드러지게 강조했다. 그러나 유엔은 오늘날까지 이 원칙을 보편적으로 전파하는 데 성공하지 못했다. 알다시피, 아직도 이 지상에는 (팔레스타인이나 서부 사하라 등지에서) 식민지의 지배자와 피지배자가 있기 때문이다. 하지만 다른 측면에서 본다면, 유엔은 식민지화를 불법적인 정책으로 만들고 단죄했다. 나아가 이 헌장은 세계인권선언에서 언급되는 인권, 곧 이 지상에 사는 모든 이들에게 적용되는 인권을 보장하고 보호하겠다고 선언했다. 그리고 유엔은 평화를 이룩하기 위해 엄청난 노력을 기울였을 뿐 아니라, 보편적인 안정을 보장하기 위해 입법기구, 총회, 집행기구, 안전보장이사회, 국제연합군 등을 통해서 전쟁을 방지하는 데 적합한 제재 메커니즘과 진정한 세계 운영 방식을 정착시켰다.

국제연맹의 토대가 되는 협정에는 군사적인 제재 수단을 마련한 유엔헌장 제7조에 상응하는 내용이 없다. 이런 이유에서 베니토 무솔리니는 1936년에 에티오피아를 침공한 것을 두고 국제연맹이 자신을 맹비난했을 때 실컷 비웃으며 큰소리 칠 수 있었다. "국제연맹은 참새가 울 때는 매우 효과적이지만 독수리가 공격할 때는 그렇지 않다."

국제연맹은 히틀러의 독일이 1933년과 1936년(독일이 국제연맹을 탈퇴한 해) 사이에 무수한 공격을 감행할 때에도 그것을 저지하지 못했다. 유엔이 창립된 후 뉴욕의 이스트강 근방에 위치한 마천루의 지하에 상임군사위원회가 설치된 것과 달리, 제네바의 팔

레 데 나시옹[7] 지하에는 그와 비슷한 것이 전혀 없었다. 그곳에서
는 그저 국제연맹의 공무원들이 1945년 봄까지 하릴없이 어슬렁
거렸을 뿐이다.

국제연맹 협정에 따르면 일정한 간격으로 총회를 열고 상임위
원회를 두어야 했지만, 진정한 세계 정부가 되기를 원하는 유엔의
안전보장이사회와 비교할 만한 것은 전혀 없었다. 유엔의 경우, 5
개의 상임이사국들과 이 국가들의 회의에 참석하는 10개의 비상
임이사국들 중 3개국이 세계의 평화가 위협받고 있다고 결정을 내
리면, 제7조에서 언급된 수단, 곧 경제적이고 금융적인 봉쇄 등의
군사행동 조치가 내려진다.

태평양과 독일에서 여전히 전쟁이 맹위를 떨치던 1945년 4월
25일, 구 샌프란시스코 오페라 하우스의 커다랗고 화려한 공연장
에서 유엔 창설을 위한 회의가 열렸다. 이 회의는 6월 26일까지 두
달 동안 진행되었다.

헌장은 50개국이 승인한 가운데 같은 해 10월에 효력이 발생하
기 시작했다.

샌프란시스코 회의를 위해, 대표자와 그 보좌관, 고문, 비서 등
을 포함하여 1만 명 이상이 모였다. 뿐만 아니라 기자 3천여 명, 무
장 경호원 2천 명, 4개의 예비 위원회에서 불러들인 전문가, 그리
고 이 회의를 가까이에서 자세히 관찰하려는 사람들이 모여 장사
진을 이루었다.

장 물랭의 뒤를 이어 전국저항평의회*의 의장을 지내고 프랑스 임시정부의 외무부장관이던 조르주 비도가 대표단을 이끌고 왔다. 집요하고 대단한 외교적 수완으로 드골 장군의 지시 사항을 말 그대로 따른 그는 두 가지 승리를 얻었다. 미국의 반대에도 불구하고 프랑스가 안전보장이사회의 상임회원국이 되고, 프랑스어가 영어, 아랍어, 스페인어, 러시아어, 중국어와 동등하게 유엔의 공식 언어 중 하나가 된 것이다.

유엔이 초국가적인 성격을 띨 거라는 원칙은 암묵적으로 받아들여졌다. 미국의 국무장관인 에드워드 스테티니어스가 초기 회의의 의장이 되었다. 그는 국제연맹을 상기하며 국제연맹의 실패를 분명하게 지적했다.

이 회의장으로부터 3천킬로미터 이상 떨어진 백악관의 집무실에서 해리 트루먼 대통령도 무선으로 대표자들과 통화했다. 그 역시 사람들에게 기구의 초국가적인 성격을 상기시켰다. 그 전에 이미 스테티니어스는 유엔을 하나의 "과정"이자 점진적으로 "구성해야" 할 조직이며, 초국가적 성격을 획득해야 할 기구라고 언급했었다. 6월 26일 저녁에 샌프란시스코 오페라 하우스에서 해리 트루먼이 발언한 폐회 연설에서 동일한 주제가 등장했다. 그리고 회의에서는 투표를 통해 10년마다 헌장을 개정한다는 원칙이 가결되었다. 결국 국제연맹이라는 제도적 모델과 그것의 바탕이 된 사상은 역사 속으로 사라졌다.

---

* 프랑스 레지스탕스를 국가적인 차원에서 조직하고 운영한 단체.

1919년 6월 28일 베르사유성의 '거울의 방'에서 열린 파리강화회의는 베르사유조약 체결이라는 성과를 내놓았다. 미국 대통령 우드로 윌슨은 베르사유조약과 더불어 독일과의 조약[8], 각 패전국과 함께 조인한 부가적인 조약[9], 국제연맹 창설을 목표로 한 '협약'(그리고 국제노동기구 창립 문서)도 투표에 붙여 가결시키기를, 말하자면 모두 같은 문건에 포함시키기를 절실히 바랐다.

윌슨은 '협약'과 조약을 결합시켜 국제연맹이 합법적으로 할 수 있는 일을 가능한 많이 늘리려 했다. 반면 프랑스 총리 조르주 클레망소와 영국 총리 로이드 조지는 윌슨의 의견에 반대했다.

그러나 당시 정세가 호의적으로 작용해 미국은 이길 수 있었다. 이미 1919년에 승전국 사이에는 갈등과 문제가 쌓이고 있었는데, 이런 갈등은 종종 직접적인 타협으로는 해결 불가능해 보였다. 그러자 신속하게 대처해야 했던 파리 주재 외교관들은 까다로운 서류를 미래에 국제연맹이 될 기구로 보내버렸다. 이에 대한 몇 가지 예가 있다.

비스마르크가 독일의 식민지 정복 정책을 시작한 해인 1880년부터 독일이 제1차 세계대전에서 패배하는 1918년까지, 독일제국은 수많은 식민지를 지배하고 있었다. 독일은 아프리카에서 토고, 카메룬, '독일의 남서부 아프리카'(오늘날의 나미비아), '독일의 동부 아프리카'(현재의 부룬디, 르완다, 탄자니아 대륙부의 영토)를 차지했다. 독일제국의 식민지와 영국의 몇몇 식민지 및 보호령은 국경을 접하고 있었는데, 영국은 독일 제국의 식민지를 자국의 영토로 병합하겠다고 요구했다.

우드로 윌슨은 이 요구에 반대했고, 이 문제와 관련된 서류는 창설 과정에 있던 국제연맹으로 전달되었다.

다른 예도 있다. 파리강화회의 덕분에 폴란드는 재건의 과정을 밟고 있었다. 러시아의 지배에서 해방되어 주권을 인정받았기 때문이다. 폴란드는 항로를 확보하기 위해 발트해의 한 항구를 요구했지만 로이드 조지는 이 계획에 강하게 반대했다. 타협점은 전혀 보이지 않았고, 서류상으로 문제를 해결하는 일은 국제연맹이 맡게 되었다.

마지막 예가 있다. 클레망소는 프랑스 국경을 맞대고 있는 독일의 지방 자를란트의 광산 지역을 갖겠다고 요구했다. 자를란트를 프랑스 영토로 통합시키겠다는 것이었다. 우드로 윌슨은 클레망소의 주장에 반대했다. 이후에 자를란트를 운영하는 일은 국제연맹의 소관이 되고, 프랑스는 탄광의 소유권을 갖기로 합의했다.[10]

국제연맹의 첫 번째 총회는 1920년 11월에 열렸다.

제네바 시민은 형용할 수 없는 기쁨을 느꼈는데, 1920년 11월 26일의 《제네바 신문Journal de Genéve》에 이와 관련한 기사가 실렸다.

11월 15일 오전, 국제연맹에 주요 대표자로 참석한 사람들 대부분이 머무르는 호텔에서 가까운 베르그 기슭과 몽블랑 다리 위로 수많은 인파가 모여들었다. 감동을 받은 동시에 기쁨에 찬 이 인파는 42개국의 대표자들이 라 살 드 라 레포르마시옹(개혁의 방)[11]으로 출발하는 것을 현장에서 보기 위해 왔다. 밀집한 군중은 마치 어떤 대열을 환영하듯 대표자가 이동하는 길에도 모여들었다. 국제연맹의 첫 번째 회의는 11시에 시작될 예정이다.

1920년 5월 16일에 스위스에서는 국제연맹 가입 찬반을 묻는 국민투표가 실시되었다. 선거 전에 진행된 캠페인은 극도로 신랄했다. 제네바 시민 대다수는 커다란 자긍심을 느끼며 국제연맹을 받아들였지만, 다른 주, 특히 독일어권 스위스에서는 적개심이 매우 심했기 때문이다. 외무부장관이자 국제연맹의 열정적인 지지자인 주세페 모타는 취리히의 '시민의 집'에서 열린 민중회의에서는 물론, 루가노, 바젤 혹은 베른의 보다 세련된 부르주아지 회의에서 야유를 받았다. 투표 결과는 우열을 가리기 힘들 정도였다.

다음은 당시의 한 문서에 투표와 관련하여 언급된 내용이다. "16일 저녁, 각 주의 투표 결과가 연방궁전에 순서대로 조금씩 전달됐는데, 그 순서 때문에 기다리는 시간이 드라마틱한 순간으로 변했다. 전혀 예기치 못한 '아니오'가 연이어 나와 현장에서 일하던 사람들이 망연자실해 있다가('당은 패배했다'), 얼마 후에는 정말 기대 이상으로 '예'가 여러 번 나와 분위기가 바뀐 것이다."

유권자의 76.5퍼센트가 투표소에 갔다. 그 결과 '예'가 41만 6,870표, '아니오'가 32만 3,719표로 스위스의 국제연맹에 대한 지지가 승인되었다. 11.5개 주가 찬성했고, 10.5개 주가 반대했다.[12] '예'를 선택한 표는 전체 표의 56.3퍼센트를 차지했다.

제네바에서는 투표 참가율이 77퍼센트에 달했고, 찬성하는 표의 비율은 훨씬 더 높았다. '예'를 선택한 표가 2만 5,807표였고, '아니오'를 선택한 표가 5,143표였다. 즉 대다수인 83.4퍼센트의 표가 스위스의 국제연맹 가입을 지지한 것이다.

스위스의 국제연맹 가입에 호의적이던 대다수의 주는 인구가 매우 적었다. 그러나 독일어권 스위스가 분열해 있던 것과 달리, 프랑스어권 스위스는 결집했다. 종교적이거나 정치적이거나 직업적인 대립은 그 자체로는 결정적인 영향을 끼치지 못했다.

이 투표에 관해 조금 더 설명할 필요가 있다. 스위스에서는 직접민주주의 원칙이 적용되어 시민이 항상 모든 정책 사항에 대해 투표를 한다. 국제연맹에 가입하는 문제를 두고 투표를 한 것도 바로 이런 맥락 때문이었다. 그런데 1920년 5월에 있었던 국제연맹 가입 찬반 투표처럼 헌법을 수정하는 것과 관련된 투표일 때에는 과반수의 투표권자가 찬성하는 것뿐만 아니라 과반수의 주가 찬성해야 한다. 1920년 투표의 경우 국민의 과반수가 찬성했지만, 주의 경우에는 아주 가까스로 과반을 넘겨 겨우 국제연맹에 가입할 수 있었다.

법률가이자 철학자이고 모순적인 내용이 섞인 예언을 하던 미국 정치가 우드로 윌슨이야말로 국제연맹의 진정한 '창설자'라 할 수 있다. 그의 정신적인 지도자는 아일랜드의 철학자 에드먼드 버크였다. 고전적인 자연법의 옹호자인 에드먼드 버크는 다음과 같은 사색적인 문구를 말했는데, 이 문구는 사람들에게 자주 인용된다. "악이 승리하기 위해 필요로 하는 건 선한 사람들의 침묵이다."

우드로 윌슨은 1856년에 버지니아주의 작은 도시인 스톤턴에서 태어났다. 그의 아버지는 장로교 교회의 목사였다. 윌슨 자신도 평생 독실한 칼뱅주의자였다. 이런 이유 때문에 그는 파리에서 국제연맹의 본부는 제네바에 두어야 한다고 주장했을 것이다.* 매우 총명했던 윌슨은 1902년에 프린스턴대학교의 총장이 되었다. 그는 고등교육을 민주화시켜야 한다는 주장을 지지하여 프린스턴대학교에서 근본적인 개혁을 단행했는데, 당시 많은 학교들이 프린스턴대학교를 따라 했다. 남부연합파**의 지적인 백인들 대다수와 마찬가지로, 그는 민주당 소속이었다. 1910년에 그는 (프린스턴이 위치한) 뉴저지 주지사가 되었고, 두 해 후에는 미국의 대통령으로 당선되었다.

당시는 야만적인 산업 · 금융 자본주의가 맹위를 떨치던 시대였다. 윌슨은 산업계 대기업의 전능에 제동을 거는 법안을 투표로 가결시키고, 최초의 은행 감독기구를 설치했다.

그는 또한 노동자 보호를 위한 법을 만들 것을 국회에 요구했다. 끝으로, 그는 미국 역사상 최초의 중앙은행인 '연방준비은행'을 설립했다.

그는 투기꾼들의 맹렬한 반대를 무릅쓰고 드넓은 면적의 산, 골

---

* 프랑스인 칼뱅은 교황권을 부정하고 장로주의를 주장한 종교개혁가였는데, 박해를 피해 스위스에 머무른 적이 있었다. 이곳에 머물면서 제네바의 종교개혁운동에 참여했다.
** 남북전쟁 때 노예제를 지지하고 남부를 따로 독립시켜야 한다고 주장하던 사람들.

짜기, 언덕, 평야를 수용해 최초의 국립공원을 만들기도 했다.

월슨은 문맹 이민자의 미국 거주를 금지시키려는 국회의 법안에 거부권을 행사하기도 했다.

동부 연안에 사는 신교도 엘리트층의 반유대주의에 충격을 받은 그는 1916년에 연방대법원의 대법관 자리에 최초로 유대인인 루이스 브랜다이스 판사를 임명했다.

제네바의 팔레 데 나시옹 건물 안 서쪽에는 유럽에서 가장 큰 사회과학 도서관이 있다. 이 도서관은 미국의 거부 존 록펠러가 국제연맹에 기부한 돈으로 만들어진 결실이다. 이곳에는 국제연맹의 문건도 보관되어 있는데, 특히 귀중한 사진집이 있다. 나는 이곳에서 월슨의 사진 몇 장을 자세히 살펴본 적이 있다. 바스티옹 공원 '종교개혁가들의 벽' 앞에서 환대를 받는 모습이 담긴 사진이었는데, 벽에는 제네바 종교개혁 운동가인 기욤 파렐, 종교개혁 운동의 중심인물인 장 칼뱅, 스코틀랜드에서 장로교를 설립한 존 녹스, 제네바 아카데미의 학장인 테오도르 드 베즈, 그리고 자신들의 보호자들과 함께 있는 새로운 종교의 선지자들(루터, 츠빙글리, 콜리니 제독, 기욤 1세 르 타시튀른, 올리버 크롬웰 등)의 커다란 석상이 우뚝 서 있다.

키가 크고 야윈 월슨은 짧은 회색빛 머리에 근엄한 표정을 짓고, 무테 안경 너머에서 생각에 잠긴 시선을 던지고 있었다.

이 사람은 대단히 복잡한 성격임에 틀림없다.

미국은 1917년에 유럽의 전쟁에 개입했다. 200만 명의 미군이 대서양을 건넜고 수많은 이들이 프랑스 북부의 전장에서 사망했다. 미군이 유럽에 상륙함으로써 동맹국이 승리를 거뒀다는 건 의심의 여지가 없는 사실이다.

이 때문에 월슨은 파리강화회의에서 결정적인 영향력을 미칠 수 있었다. 그는 매우 많은 사안에 자신의 의지를 관철시켰다.

오늘날까지 역사가들을 두 진영으로 갈라놓는 질문이 하나 있다. 월슨은 인종차별주의자였을까?

1919년에는 인류의 4분의 3이 식민 지배 아래서 살고 있었다. 그러나 월슨은 이런 사실을 고려하지 않았다. 그가 파리강화회의에서 제안한 사항 중 핵심적인 것으로 강요한 민족자결에 대한 '보편적인' 권리는 유럽 국가에만 적용되는 것이었다.

그가 아프리카계 미국인과 맺고 있던 관계는 혐오감을 불러일으킨다. 미국 남부 출신인 이 대통령은 인종분리주의자와 쿠 클럭스 클랜*이 도처에서 영향력을 행사하던 환경에서 태어났다. 그의 인종차별주의는 근본주의적인 것이었다. 이런 인종차별주의에 칼뱅주의의 유산이 결합되었다. 그리고 월슨은 그의 칼뱅파 동료가 남아프리카에서 모험을 하고 있다는 사실에 매혹되었다.

남아프리카의 식민지화는 1652년에 시작되었다. 당시 네덜란드 동인도회사의 배 다섯 척이 희망봉에 도착했다. 이 배에는 90명

---

* KKK로 불리는 이 단체는 백인우월주의를 강하게 천명하며 다른 인종에게 폭력까지 서슴지 않았다.

(이 중 8명은 여성이었다)의 네덜란드인이 타고 있었는데, 스페인의 지배 아래 반종교개혁의 탄압을 받던 고국을 떠난 독실한 칼뱅주의자들이었다. 원래 동인도회사의 목적은 단순히 물자를 보급할 해외 지점을 희망봉에 설립하는 것이었다. 네덜란드, 독일, (1685년의 낭트칙령 폐기 이후에) 프랑스에서 건너 온 다른 신교도 이주민들과 함께 이 개척자들은 작은 공동체를 만들고, 밀과 포도나무를 재배하는 일에 헌신하며, 노예제에 기반한 일종의 신정정치를 실천했다. 이곳의 종교적인 실천은 물론 위계질서와 법은 장 칼뱅이 그의 『기독교 제도Institution de la religion chrétienne』[13]에서 전한 가르침에서 유래했다.

뉴잉글랜드 13개 주와 이 사회는 정말 놀랄 정도로 유사하다. 미국 동부 연안에 정착했던 영국인과 마찬가지로, 이 네덜란드 개척자들은 빠르게 조국과 분리된 삶을 살게 되었다. '보어boer(네덜란드어로 '농부'라는 뜻)' 문화라고 불리는 이들이 발달시킨 이 문화는 칼뱅주의 교리의 영향을 받아 간소함, 자긍심 등이 특징이다. 그리고 얼마 지나지 않아 이 문화는 본국의 문화와는 더 이상 아무런 공통점도 갖지 않게 되었다.

남아프리카의 파견 군대는 1918년에 동맹국이 승전하는 데 중요한 역할을 했다. 보어인 장군 얀 스뮈츠의 지휘 아래, 그 군대는 아프리카 서쪽과 동쪽의 독일 식민지를 탈취했다. 이어서 스뮈츠는 영국 총리 로이드 조지의 전시 내각에 들어가 영국왕립공군을 창설하는 데 기여했다. 앞에서 언급했듯이 1919년에 남아프리카

연방공화국의 총리가 된 그는 파리강화회의에 참석해 막중한 역할을 수행했다. 그는 심지어 윌슨의 절친한 친구가 되어 동맹을 맺었다. 남아프리카 설교자들의 심리적 · 종교적 · 정치적 영감과 남부연합파인 윌슨의 영감 사이에서 발견되는 객관적인 유사성은 매우 놀랍다.

남아프리카의 네덜란드계 백인이 지닌 신앙은 진정한 신앙이었을 것이다. "네 이웃을 사랑하라"는 말은 그들에게는 분명 다음과 같은 의미였을 것이다. 네 아프리카인 형제를 사랑하라. 하지만 정확히 말해 백인 국가들은 이 형제를 착취하는 것을 토대로 삼아 번영을 누렸다. 흑인의 피는 백인에게 금이었다. 그러자 백인의 의식에 다음과 같은 문제가 제기되었다. 특권을 지속하려면 이 착취를 어떻게 정당화해야 할까? 이웃을 사랑하는 것과 아프리카인을 착취하는 것을 어떻게 조화시킬 수 있을까? 설교자들은 매주 일요일 아침마다 남아프리카공화국의 나무로 지은 작은 교회에서 해답을 찾으려고 했다.

그들은 마침내 그 해답을 성경의 레위기(25장 44절)에서 발견했다. "너는 네 남자 종과 여자 종을 사방에서 너를 둘러싸고 있는 국가에서 찾을지어다." 또한 그들은 기만적이게도 그 신성한 책에서 백인의 우월성에 대한 자신들의 이론에 훌륭한 토대가 될 수 있는 대목들을 찾아냈다. 백인이 우월하다는 점이 인정되자, 이웃에 대한 사랑과 흑인에게 가하는 고통 사이의 모순은 기적적으로 해결되었다.

이런 식으로 영주와 농노에 관한 이론, 인종 사이의 천부적인 불평등에 관한 이론은 부당하게도 신이 원한 것인 동시에 사실로 확인된 것이라 여겨지면서, 남아프리카공화국에 소속된 네덜란드계 개혁교회의 공식적인 도그마가 되었다.

1917년에 유럽에 상륙한 미국의 파견 군대에도 인종분리주의의 낙인이 찍혀 있었다. 그 군대에는 대략 4만 명의 흑인 군인이 있었는데, 그들은 거의 모두 공격 부대로 파견되어 매우 끔찍한 피해를 입었다. 미국 헌법에 따르면 윌슨 대통령이 그들의 총사령관이었다. 흑인 공동체의 지도자나 희생당한 흑인 군인의 부모들은 그에게 호소했지만 윌슨은 경멸하는 태도로 대응했다.

어느 날, 미국흑인지위향상협회(NAACP)의 회장 윌리엄 두 보이스가 윌슨에게 흑인을 법적으로 차별하지 않을 것을 요구했다. 그러자 윌슨은 이렇게 대답했다. "분리 정책은 굴욕이 아니라 이득이에요." 백인과 흑인 모두에게 암시적인 말이다.

국제 세계에 대한 윌슨의 시각은 미국에서조차도 제국주의적 전략의 지지자들에게 혹독한 비판을 받았다. 대통령은 국제연맹을 옹호하기 위해 몸소 국회를 찾았다. 하지만 상원은 협약을 비준하기를 거부했고, 미국은 결국 국제연맹의 회원국이 되지 못했다.

1920년 11월, 공화당의 대선후보 워런 하딩은 윌슨의 계획 전부를 폐기한다는 간단한 계획서를 들고 선거전에 등장했다. 그는 압도적인 표를 받고 당선되었다.

우드로 윌슨은 말년을 비참하게 보냈다. 국제연맹을 위해 지속적으로 투쟁한 그는 기력을 소진한 데다 뇌졸중을 반복적으로 겪으면서 말을 하지 못하게 되었다. 그의 가족이나 친지는 그의 입술 모양을 보고 의사소통을 해야 했다. 윌슨은 1924년 2월 3일에 세상을 떠났다.

미국 국회는 늦었지만 화해의 표시로 윌슨을 워싱턴 국립성당에 안장할 것을 명령했다. 미국의 모든 대통령 중에서 이런 영예를 안은 것은 윌슨이 유일하다.

국제연맹의 본부는 (오늘날에는 커다란 은행을 짓기 위해 철거된) 라 살 드 라 레포르마시옹에 자리를 잡았었다. 그러다가 1936년에 팔레 데 나시옹의 공사가 충분히 진척되어 이곳에서 모든 업무를 진행하고 회의를 열 수 있게 되었다. 14년 동안 사무총장을 맡은 아주 놀라운 스코틀랜드인 에릭 드러먼드 경은 처음에는 호수의 왼쪽 기슭 둑길에 있던 폐쇄된 건물인 나시오날 호텔(나중에는 윌슨 궁전이라고 불리게 되는데, 오늘날 이곳에는 내가 언급한 것처럼 인권 고등판무관사무소가 자리하고 있다)에 머물렀다.

그런데 의미 깊은 사건이 항상 라 살 드 라 레포르마시옹이나 나시오날 호텔에서만 일어난 건 아니다. 다른 호텔이나, (그 유명한 바이에른 음식점 같은) 식당, 혹은 (에비앙 근방의 앙피옹 레 뱅에 있던 안나 드 노아이유 공작부인의 집 같은) 레만 호수 주변의 이런저런 개개인의 집에서도 일어났다.

오늘날에는 1920년대와 1930년대에 프랑스 국민과 독일 국민을 갈라놓던 분노의 경계선이 얼마나 깊었는지 가늠하기 어렵다.

당시 용기 있고 명철했지만 사회적 출신과 성격이 정반대였던 두 명의 인물이 그 사이에 다리를 놓고자 시도했다. 프랑스의 외무부 장관 아리스티드 브리앙, 그리고 바이마르공화국 출신의 동료 구스타프 슈트레제만이었다. 슈트레제만은 베를린의 부르주아로, 보수주의자이고 성격이 내성적이었다. 검소한 집안 출신이고, 달변가이며, 행실이 바르고, 예전에 장 조레스와 친분이 있었던 브리앙은 열정적이고 누구에게나 형제애 같은 애정을 베풀었다.

둘은 독일을 고립 상태에서 벗어나게 하고, 클레망소가 이끄는 프랑스가 복수심 어린 태도에서 벗어나게 해야 한다는 것을 알고 있었다. 국제연맹의 회기 동안, 제네바는 세계 각지에서 온 기자들로 붐비곤 했다. 브리앙과 슈트레제만은 함께 있는 모습을 보일 수 없었기에 방법을 찾아야 했다.

그러다 브리앙은 레만 호수의 프랑스 쪽 기슭에 사는 한 낚시꾼을 알게 되었다. 이 사람은 윌슨 궁전에서 멀지 않고 호수의 스위스 쪽 기슭에 있는 라 페를 뒤 락에 배를 댄 다음 이 프랑스인과 독일인을 태워, 눈에 거의 띄지 않게 토의를 할 수 있는 호수의 먼 곳으로 데려다 주었다. 또 어떤 때에 이들은 제네바에서 15킬로미터 떨어진 곳, 쥐라 산맥 아래에 있는 페이 드 젝스 지방의 한 도시인 투아리의 식당에서 만난 다음, 아름다운 자연 속에서 오랫동안 산책을 하곤 했다.

이런 식으로 두 사람 사이에는 우정이 생겨났다. 국제연맹의 기록보관소는 이 두 사람이 함께 있는 모습이 담긴 사진을 몇 장 보관하고 있다.

슈트레제만은 격식을 차리는 부르주아로서 머리가 많이 벗겨지고, 육중한 몸집에 훌륭한 스타일의 양복을 꽉 껴입고, 배 위로 줄이 달린 시계를 달고 있었다. 그는 장관으로서 권위를 지키는 한편, 상대방을 공경하고 조심스러워하는 분위기를 풍기고 있었다. 브리앙은 생명력을 발산하고 있다. 그의 아름다운 검은색 눈은 상대방에 고정되어 있고, 탐스러운 검은색 머리 곳곳에는 은빛 머리카락이 흘러내렸다. 공들여 키운 콧수염을 단 그는 너무 큰 양복 상의를 걸치고 있었다.

이 기록보관소는 특히 브리앙의 연설이 실린 수사본을 보관하고 있다. 무엇보다도 그가 첫 번째 회기의 개회식 때 행한 연설이 주목할 만하다. "우리의 언덕과 계곡에, 우리의 숲과 강에, 다시는 애도를 표하는 검은색 천이 떠돌아다니지 않을 겁니다. (…)"

브리앙과 슈트레제만 사이에 오갔던 풍성한 대화로 인해, 1925년 10월에 로카르노 조약이 체결될 수 있었다. 슈트레제만은 정부를 대표해 알자스와 로렌에 대한 영토 주권을 모두 포기한다고 약속했다. 이때, 동맹국 편의 강국들은 독일이 국제연맹에 가입하는 걸 받아들였다.

국제연맹은 확실히 수많은 한계에 부딪쳤지만, 무시할 수 없을 만큼 성공도 거두었다. 국제연맹은 한동안 그단스크 및 자를란트와 관련된 갈등을 조정할 수 있었다. 그리하여 자체 기구의 책임 아래, 유럽에서 새로운 몇몇 국가들이 탄생할 수 있었다. 또한 앞서 언급했듯이, 국제연맹의 창설로 말미암아 세계노동기구가 탄생할 수 있었다. 난민고등판무관사무소가 설립된 것 역시 국제연맹 덕분이다. 또한 국제연맹은 유용한 국제 협약이 맺어지도록 많은 노력을 기울였다.

그렇다면 국제연맹은 무엇 때문에 실패한 것일까?

국제연맹은 결코 보편적인 기구가 아니었다. 미국 상원의 반대, 다음에는 파시스트 강국들인 독일, 일본, 이탈리아, 이어서는 소련의 정책으로 인해 연속적으로 관계가 단절되었고, 이 때문에 그 위상이 크게 흔들렸다. 협약을 어기는 국가를 상대로 고유한 군사적 조치나 경제적 제재를 취할 수 없었기 때문에 국제연맹의 힘은 점차 약화되었다.

즉 국제연맹은 제재수단이 없었기 때문에 공동의 안전을 보장하고 평화를 유지하는 데 실패했다. 그래서 스페인 내전과 메소포타미아에서, 레바논의 산악 지대에서, 극동에서 자행된 수많은 학살을 막지 못했다.

1932년에는 국제연맹이 군비 감축을 위해 야심찬 회의를 열었지만 실패로 돌아가고 말았다.

국제연맹이 산산이 무너진 자리에서, 제2차 세계대전은 마치 필연처럼 일어났다.

"우리도 같은 방식으로 끝이 날까?"

이러한 질문이 내 머릿속에서 맴돌곤 한다. 하지만 아니다, 결코 아니다. 나는 이러한 비관에 저항한다.

나는 나오는 말에서 그 이유를 설명할 것이다.

제2차 세계대전 동안 지상이 불과 피로 뒤덮이고 있을 때, 몇몇 국제공무원은 팔레 데 나시옹의 인적 없는 사무실과 복도에서 유령처럼 떠도는 삶을 살아갔다.

국제연맹의 회의는 점점 빈도수가 줄어들다가 1945년 여름에 마지막 순간을 맞았다. 이때 우드로 윌슨이 원했고 전 세계에 그토록 많은 희망을 불러일으켰던 국제연맹은 해체를 선언하고, 자체의 건물과 산하 기구를 새롭게 태어난 유엔에 양도했다.[14]

오늘날, 그렇게 떠들썩하던 국제연맹이 실패했다는 상념의 유령은 제네바의 팔레 데 나시옹과 뉴욕 이스트강 근방의 마천루 복도에 그 어느 때보다 집요하게 나타나고 있다.

9장

나는 왜 미국과 이스라엘의
표적이 되었나

나는 2003년 6월의 햇빛이 가득하던 아침을 잊을 수 없다. 윌슨 궁전에서 20미터 떨어진 곳에 콘크리트와 유리로 지어진 국제고등학문 및 개발 연구소가 우뚝 서 있고, 그곳 2층에 내 사무실이 있다. 고등판무관 세르지오 비에이라 지멜루가 편지 한 통을 크게 흔들면서 숨을 헐떡이며 내 사무실로 뛰어 들어왔다.

"저 좀 보세요! 도대체 이걸 어떻게 해낸 거죠? 메어리 로빈슨은 48시간의 체류 허가를 얻어내기 위해 온갖 노력을 기울였지만 결국 실패했어요. 심지어 저는 고등판무관인데도 불구하고, 텔아비브의 승인을 받지 못했다고요!"

2003년 5월 23일자 편지에는 일곱 구짜리 촛대 문양의 인장이 찍혀 있었고, 이스라엘 유엔대사의 서명도 있었다. 거기에는 이스라엘 정부가 "영토 내 임무"를 수행하려는 식량특별조사관을 맞이하게 된다면 "영광"이 될 거라고 쓰여 있었다.

이스라엘은 유엔을 적의 조직으로 간주한다. 이스라엘에게 유엔이란 이스라엘의 대의에 근본적으로 적대적이고, 그들의 파멸을 바라는 이슬람, 아랍, 아시아, 아프리카 국가가 지배하는 조직이다. 그래서 수십 년 전부터 이스라엘은 (고문, 법적 판결을 거치지 않은 처형, 요르단강 사용에 대한 타국의 권리, 인권 수호 활동가의 보호 등을 직무 대상으로 삼은) 특별조사관이 자국의 영토에 들어오는 걸 철저히 거부해왔다.

그러나 사실 이 허가는 커다란 오해에서 기인한 것이었다. 5년 전 이른바 '상속자가 없는 유대인 재산의 국가 귀속' 사건에서 세계유대인회의는 스위스은행가연합을 상대로 투쟁을 벌였는데, 그때 내가 맡았던 역할 때문에 이스라엘이 나를 초청하게 된 것이다.

다음은 그 일에 관한 이야기다.

아돌프 히틀러가 권력을 잡게 되자 독일의 수많은 유대인 공동체와 가족들은 자신들이 위협받고 있다는 사실을 명백히 알게 되었다. 그 이후에 일어날 집단살해는 아무도 예측하지 못했을 테지만, 히틀러가 인종주의에 광적으로 사로잡혀 있다는 증후는 이미 나타나고 있었다.

그래서 유대인 가족, 산업계와 상업계의 유대인 회사, 유대인 기관은 재산을 스위스 은행에 안전하게 맡겨두었다. 당시의 사회적 환경으로 보면 굉장히 논리적인 자기보호 조치라 할 수 있다.

시간이 지나자 모든 독일 시민은 돈을 외국으로 갖고 나가거나 허가 없이 외국의 은행 계좌를 두는 일이 금지되었다. 이를 어길 시에는 죽음을 각오해야 했지만, 그럼에도 많은 돈이 스위스로 빠져나갔다.

1945년 초 소련, 영국, 미국의 군인들은 죽음의 나치 수용소에서 말로 표현할 수 없는 공포와 마주했다. 유대인 집단살해가 자행된 것이다. 이때 스위스 은행가들은 이렇게 생각했다. "내 고객들이 죽었으니 돈을 찾으러 올 사람은 없을 것이다." 그래서 그들은 이 돈을 —"국가에 귀속된" 것으로 알려진— 은행의 사내 유보금에 포함시켜 버렸다. 이런 식으로 '밤과 안개'[1]는 스위스 금융권을 떠나지 않았다.

그 이후 상황은 어떻게 진행됐을까?

전쟁이 끝나고 나치 희생자의 (아들, 딸, 사촌, 백모 같은) 상속자가 취리히, 루가노, 바젤 혹은 제네바에 있는 은행 창구에 나타났다고 상상해보자. 그는 은행이 자신의 소관이 된 돈을 돌려주기를 바란다. 하지만 그는 계좌의 재정 상태에 대해 제대로 알고 있지 않고, 신분 확인을 위한 번호도 모른다.

스위스 은행 직원은 그가 (금고, 증권 등의) 계좌를 되찾도록 도와주는 대신, 다른 태도를 보이기로 결정한다. 이런 태도는 법적으로 문제되지는 않았지만, 인간적으로는 부조리한 것이었다. 그는 돈을 찾으려는 사람에게 상속자 자격을 증명할 수 있는 것을 보여 달라고 요구했다. 구체적으로 말하면, 사라진 채권자의 사망 증명서를 보여 달라고 요구한 것이다. 상속자가 이 증명서(혹은 실종 증명서)를 발급받는 데 성공하더라도, 아직 문제는 남아 있다. 직원은 말한다. "당신이 유일한 상속자인지 증명해야 합니다."

이 순간 우리는 은행에 돈을 요구하던 사람이 더 이상 할 수 있는 일이 없다고 생각하게 된다. 아우슈비츠에서, 헬름노에서, 벨체크에서 그리고 소비보르, 트레블링카, 마이다네크에서* 나치 친위대는 가족이나 공동체, 이따금씩은 도시의 주민 전체를 독가스로 죽였다. 아이, 청소년, 노인, 성인까지 성별 구분 없이 수백만 명이 불에 타 죽었다. 동유럽에서 쇼아Shoah(동유럽 유대인의 언어로 '파국'이라는 뜻)에서 벗어날 수 있던 유대인은 거의 없었다.

이런 상황에서, 어떻게 스위스 은행 창구에 나타난 생존자에게 부모의 죽음을 증명하라고, 증거가 될 수 있는 사망 증명서를 제출하라고 요구할 수 있을까?

이런 식으로 대부분의 스위스 은행가는 50년 넘는 시간 동안 재산을 되찾으려는 유대인 고객에게 완전히 비인간적인 태도를 취했다.

1996년, 이스라엘 정부는 마침내 이 문제를 해결하고자 세계유대인회의와 그곳의 회장 에드거 브론프먼에게 돈을 사취당한 희생자 집단을 대표하게 했다. 이전 해에 유대인기구 의장으로 임명된 아브라함 버그는 상속자가 없는 돈을 횡령한 일을 가리켜 "은행이 계획한 역사상 가장 큰 도둑질"이라고 했다.

에드거 브론프먼은 세계유대인회의 부장 엘란 스타인버그와 그에 뒤이어 부장직에 오를 랍비 이스라엘 싱어를 동반해, 벨뷔 호텔에서 은행가를 만나기 위해 여러 차례 베른을 방문했다.

1940년대 말에 세계유대인회의 회장을 지낸 나훔 골드만의

---

* 독일이 폴란드에 세운 강제수용소의 명칭이거나 강제수용소가 세워진 도시다.

위대한 전통을 이어받은 엘란 스타인버그는 교양 있고 인내심 있으며 협상가적 자질이 다분한 사람이다. 반대로 에드거 브론프먼은 성격이 불같다. 그는 키가 크고 육중하며, 붉은 기가 도는 회색 머리칼을 가진 시끄러운 사람이다. 또한 브론프먼은 더 이상 합창대 어린이가 아니었다. 미국의 금주령 시대에 술을 밀수출할 때 누구보다 뛰어난 능력을 보여준 그의 아버지는 브론프먼에게 자신이 운영하던 경제적 제국을 물려주었다. 현재 브론프먼은 캐나다의 위스키왕이자 알코올이 섞인 음료를 만드는 다국적 기업의 소유주다. 그는 난폭하고 공격적이며, 보통 거부들처럼 참을성이 적다는 특징도 지니고 있었다. 이렇게 말해도 된다면, 그는 일종의 유대계 도널드 트럼프라 할 수 있다.

브론프먼은 스위스 은행가들에게 그들이 횡령한 액수로 추정되는 돈을 전부 돌려달라고 요구했다. 그의 설명에 따르면 세계유대인회의는 그 돈을 채권자에게 재분배하는 일을 맡았다.

하지만 이 협의는 당시 스위스 은행가의 위선, 가식, 거짓말에 발목이 잡히면서 잘 진행되지 않았다.

스위스은행가협회는 미묘한 수를 썼다. 협회는 이번 사안과 관련된 여러 은행에 당연히 잠재적인 상속자들의 개인적인 요구사항을 전달할 계획이었다. 그런데 협회는 대다수 상속자들이 자신들의 권리를 증명하지 못했으며, 상속자가 불투명한 돈은 대부분 차명이나 가상의 이름으로, 혹은 비밀번호가 있는 계좌로 입금되었다는 사실을 덧붙여 설명했다. 따라서 이런 돈은 신원 확인이 거의 불가능했다. 스위스 은행은 특히 상속자가 없는 유대인 재산의 액수가 과잉 추정되었다고 주장했다.

협상은 오랜 시간 질질 끌며 진행되었다. 이러던 차에, 1997년 1월에 상황을 근본적으로 뒤바꾸게 될 작은 사건이 일어났다.

1997년 1월 8일 밤, 두 아이의 아버지인 30세의 크리스토프 메일리는 취리히 반호프 거리 45번지의 스위스은행연합 사무실에서 순찰을 돌고 있었다. 메일리는 경비용역회사의 직원이었다. 서류 분쇄기가 있던 방에 놓인 작은 바퀴가 달린 휴지통 두 개에는 서류, 회계장부, 판매 증서 등이 가득했다. 메일리는 버려진 종이더미가 궁금해, 나중에 분쇄기로 들어갈 것이 틀림없을 서류들에 한번 눈길을 던졌다. 그런데 그것들은 나치 시대의 서류들이었고, 은행과 나치 독일 사이의 음모와 관련된 내용이 적혀 있었다.

메일리는 독실한 기독교 신자지만 정치에는 완전히 무관심했다. 하지만 모든 스위스인처럼, 그도 지난 몇 달 동안 재산 반환을 주제로 한 공적인 토론을 관심을 가지고 계속 지켜보았다. 그는 40여 장의 서류와 두 개의 서류철을 챙겨 자리를 떠났다. 이 서류에는 나치가 베를린에서 독일 정부의 소유가 된 부동산을 프리미엄을 붙여서 팔고, 스위스인이 이 부동산을 매입한다는 내용이 쓰여 있었다.

다음날 오전, 메일리는 취리히의 이스라엘 공동체를 찾아가 이 서류들을 의장 베르너 롬에게 넘겨주었다. 이스라엘 공동체는 즉각 취리히의 주 법원에 스위스은행연합을 상대로 소송을 제기했다. 이유는 스위스은행연합이 "독일 국가사회주의 체제의 도래 이후 스위스로 들어오게 된 재산의 처분에 대한 역사적이고 사법적인 연구에 관해 연방법원이 내린 1996년 12월 13일 판결을 위반"했다는 것이었다. 그 판결의 제4조에서는 "연구에 도움이 될 수 있는 서류를 파기하는 것은 금지되어 있다"고 언급했다.

이스라엘 공동체가 기자회견을 마련했을 때, 메일리는 선언하듯이 말했다. "저는 개인적으로 유대민족을 도울 의무가 있다고 느꼈습니다."

1997년 1월 15일, 《노이에 취르허 차이퉁》은 미묘하고 유보적인 태도로 다음과 같은 제목을 신문에 달았다. "스위스은행연합의 이해할 수 없는 서류 파기", 이와 관련하여 스위스은행연합 회장은 "유감스러운 실수"라고 말했다.

크리스토프 메일리는 즉시 해고되었다. 예심판사 피에르 코잔데이는 '서류 절도와 은행 비밀의 누설'이라는 혐의로 메일리를 심문했다. 곧이어 그의 가족은 밤낮으로 사람들의 비판을 받았으며 살해 위협까지 받았다.

1997년 1월 18일, 《뉴욕타임스》는 예의에 어긋나는 빈정거리는 글을 실었다. "스위스 은행가들이 홀로코스트 희생자의 계좌를 훔쳤다는 것을 그 은행가들보다 더 잘 변호할 수 있는 자는 없다."

브론프먼의 도움을 받아 결국 메일리와 그의 가족은 미국으로 도피했다. 이후 클린턴 대통령의 특별 명령으로 이들은 미국에 영구 체류할 수 있는 권리를 얻었다.

브론프먼은 곧 인내심을 잃고 스위스 은행가와 협상을 중단했다. 엘란 스타인버그는 반대했지만, 그는 자신의 기질에 맞게 대결을 벌이기로 했다. 스위스 은행들이 훔친 돈을 돌려주기를 거부한다고? 좋아, 그것들은 이제부터 미국 땅에서 더 이상 사업을 하지 못할걸!

브론프먼은 미국 여론이 스위스 은행과의 갈등을 주목하도록 만들었다. 그러자 도덕적으로 부당한 행위가 벌어졌다는 사실을 알아차렸을 때 미국인들이 흔히 그러듯이, 즉각 여론이 단결하고 정치인이 나서기 시작했다.

1997년 10월, 뉴욕시의 재무부 책임자 앨런 헤베시는 10억 달러 규모의 뉴욕시 채권을 발행하겠다고 발표했다. 스위스은행연합을 포함한 몇몇 은행연합이 이 증권을 공적으로 판매하는 일을 맡겠다고 나섰다. 그러나 헤베시는 스위스은행연합에게 거부권을 행사했다.

스위스은행연합은 법적으로 금지되었는데도 불구하고, 나치에 의해 독일 소유가 된 재산의 구입을 증명하는 서류를 파기하도록 했다. 이런 엄청난 범죄를 발견한 경비요원을 해고하고 괴롭히도록 만들었으며, 심지어 명예회장인 로베르트 홀자크가 홀로코스트 희생자의 계좌와 관련해 조사가 서둘러 진행되고 있는 건 유대인의 음모 때문이라고 확신에 차서 말할 때 아무 말도 하지 않았다. (…)

스위스은행연합이 세계를 무대로 일하고 전 세계와 사업을 하기를 원한다면 국제 공동체의 규칙, 관례, 가치를 존중해야 한다는 걸 알아야 한다. 다가오는 세 번째 천년의 전야에, 세계적인 야심을 가진 기업이 반유대주의와 인종차별주의를 지니고 있다는 사실은 받아들일 수 없다.[2]

뉴욕에 이어서 캘리포니아, 뉴저지, 매사추세츠도 같은 이유로 스위스은행연합과 관계를 끊었다. 뉴욕 시의회의 의장 피터 발론은 뉴욕시의 기관과 스위스 은행 사이의 거래를 금지하는 법안을 내놓겠다고 발표했다. 시의회 의원의 과반수는 민주당원으로 구성되어 있었는데 심지어 공화당 소속의 시장 루돌프 줄리아니도 그 법안에 지지 의사를 나타냈다.

뉴욕, 뉴저지, 로드아일랜드 의회는 청문회를 연 다음 스위스 은행이 "상속자가 없던" 돈을 돌려줄 것을 요구하고, 그렇지 않을 경우 미국 땅에서 영업하는 걸 금지하겠다고 했다.

1998년 2월 6일 목요일, 뉴욕 주지사 조지 퍼타키는 "스위스 은행의 업무 활동"에 관한 정보를 공개하고 취리히에 조사위원회를 파견하겠다고 발표했다.

스위스의 대형 상업 은행은 이익의 상당 부분을 미국 동부 연안에서, 특히 뉴욕증권거래소에서 벌고, 채권 거래와 연금 운용으로 거둬들인다는 걸 알 필요가 있다. 그런데 이와 같은 시기에 마이클 하우스펠드와 에드 페이건이 포함된 다수의 변호사가 브룩클린 남부지방법원의 코먼 판사에게 일련의 '집단소송'[3]을 걸었다. 당시 마이클 하우스펠드가 말한 대로, "홀로코스트 생존자와 희생자의 자손은 적선이 아니라 당연히 받아야 할 것을 요구하는 겁니다. 그들의 집념은 돈이 아니라 정의를 향한 것입니다."

당시 나는 세계유대인회의와 스위스 은행가 사이에서 벌어진 다툼을 자세히 관찰할 수 있었다. (스위스 연방의 의회인) 국민회의의 제네바 대표직과 외무위원회의 위원직을 맡고 있었기 때문이다. 확실히, 캐나다의 위스키 왕 앞에서 스위스 은행가는 상대가 되지 않았다.

붉은 거인의 투쟁은 나를 매료시켰다. 최소한의 도덕적 신념을 지닌 모든 사람처럼, 나는 스위스 은행가가 집단살해의 희생자들을 희생시키며 저지른 약탈과 서툰 거짓말로 자신들의 범죄를 은폐할 수 있다고 생각한 것에 분개했다. 그러나 내 내면에는 더 깊은 동기가 있었다. 나는 한 권의 책에 이어 다시 책을 내고, (국내적으로나 국제적으로) 한 번의 정치적 투쟁에 이어 또 다른 정치적인 투쟁을 벌이면서 수십 년 간 피의 돈을 상대로 싸움을 해왔다.[4] 서구 국가의 지도층 출신 약탈자들, 검은 아프리카와 동남아시아와 남아메리카와 카리브제도의 독재자들을 상대로 문제를 제기해왔던 것이다. 그런데 이들은 모두 스위스 은행가와 열정적으로 공모하며, 알리바바의 동굴, 곧 제네바, 취리히, 티치노의 지하실로 수백억 달러를 옮겨 보관하곤 했다.

스위스 은행가의 주도 아래 조직적으로 자본이 빼돌려지고 부패가 제도처럼 정착된 결과, 콩고, 방글라데시, 인도, 과테말라, 멕시코 및 다른 지역에서 매년 수만 명의 아이들이 기아 때문에, 의학적인 치료의 부재 때문에, 비참한 환경 때문에, 혹은 절망감 때문에 죽어갔다.

내가 피의 돈과 이 돈에서 이익을 얻는 범죄자를 상대로 벌인 투쟁이 어느 정도 영향력이 있었지만, 당시까지는 확실한 결실을 맺은 게 없었다. 그런데 갑자기 이 악인들이 자신들에게 걸맞는 강력한 적수를 만난 것이다.

그래서 나는 세계유대인회의에 도움이 되기로 결심했다.

의회 외무위원회 위원이었던 나는 국립기록보관소에 보관된 기밀서류를 참조할 수 있었다. 그리고 그곳의 몇몇 헌신적인 직원들의 도움을 받아 많은 시간을 들이지 않고서 『스위스, 부와 죽은 자들』[5]을 출간할 수 있었다.

나의 모국어인 독일어로 쓴 책은 이 책이 유일하다. 역사적 자료가 대부분 독일어로 쓰여 있어서 내가 손수 그것들을 번역하기에는 시간이 촉박했기 때문이었다. 프랑스어판은 잔 에토레와 베르나르 로르토라리가 훌륭하게 번역해주었다.

이 책은 순식간에 국제적으로 성공을 거두었고, 다른 나라에서도 출간되었다. 뉴욕에서는 하코트 브레이스 출판사가 영어판을 출간했고, 곧바로 펭귄 에디터가 문고판을 내겠다고 나섰다.

《뉴욕타임스》는 장문의 기사를 통해 찬사를 쏟아냈다. 나는 대학교와 관련 단체, 그리고 (내가 명예롭게 만드는 데 작은 부분만을 기여했을 뿐인) 유대인 기관으로부터 수많은 초청을 받았다. 이스라엘 언론 또한 이 책을 극찬했다.

그렇다. 『스위스, 부와 죽은 자들』은 전 세계적인 호평을 받았지만, 스위스에서는 사람들이 그 책을 찢어 버렸다. 나를 비방하는 말이 거세게 쏟아져 나왔다.

언제나 그랬듯이, 연방평의회(스위스 정부)는 은행가 편을 들었다. 연방평의회는 은행가들의 결정을 전적으로 지지하고, 현재 스위스 은행이 처한 상황은 유대인의 협박에 의한 것이라고 단언했다. 외부무장관 플라비오 코티는 직접 나서서 이상한 활동을 벌였는데, 유럽과 북아메리카에 있는 모든 스위스 대사관과 영사관에 현지의 언론인 "친구들"을 이용하여 내 책을 부정적으로 비판하게 하라는 명령을 내린 것이다. 물론 이 활동은 거의 모든 지역에서 실패했다. 하지만 몇 군데 예외가 있었는데, 그중 하나가 프랑스의 《피가로》였다.

한 가지 여담이 있는데, 나를 돋보이게 하려고 쓰는 것은 아니다. 나는 친구 사드루딘 아가 칸의 충고를 잘 따르곤 했다. 그는 유엔에서 명망 있는 직위인 난민고등판무관직과 아프가니스탄을 위한 인도적 지원 조정자직을 맡았었다. 사드루딘은 유명한 인물인 아가 칸의 삼촌이다. 아가 칸은 사드루딘의 조언자이자 이슬람 시아파의 중요한 분파인 이스마일파 공동체의 지도자다.

이스마일파는 오랜 역사를 가지고 있다. 그 역사는 헤지라 2세기, 곧 기원 후 8세기, 이슬람 세계에서 이스마일 벤 자파르의 운동으로 최초의 이성주의적인 신학교가 설립된 때로 거슬러 올라

간다. 시아파의 이스마일파 칼리프 왕조인 파티마 왕조(909~1171년)는 이 운동으로 생겨났고, 이어서 이란의 북쪽에 자리 잡은 알라무트 왕국도 마찬가지였다. 하지만 전설의 성채는 1256년에 침입한 몽고인에 의해 무너져 내렸다.

사드루딘 아가 칸에게 이스마일파는 팔레스타인 사람들과 비슷한 존재였다. 국가 없이 흩어져 살고 있으며 이주한 나라에서 박해를 받는 민족이었다. 이들은 몽고인에게 쫓겨 페르시아 바깥으로 추방된 이후, 대다수가 인도 북부, 아프가니스탄, 파키스탄, 인도양과 접하고 있는 아프리카 동부의 국가로 이주했다.

사드루딘처럼, 나는 이스라엘의 군사적인 지배에 적개심을 느끼고 이러한 지배에 뒤이어 발생하는 일(땅과 물의 갈취, 마을 파괴, 암살, 고문)에 충격을 받았다. 그래서 나는 팔레스타인 민족의 민족자결권을 지지했고, 지금도 여전히 그러하다.

어느 날 저녁, 오래된 도시 제네바의 부르 드 푸르에서 우리가 만나길 좋아하는 장소인 영사관 카페에 있을 때, 그가 내게 말했다. "자네에게 찾아온 행운에 대해 생각해봤나? 단 한 번밖에 오지 않을 행운이지! 자네는 이스라엘 곳곳에서, 대학에서, 문학 서클에서 초청받고 있네. 더 나아가 뉴욕, 오타와, 시카고, 샌프란시스코의 유대인 공동체가 자네를 찾고 있어. 가장 큰 '연설가 중개소'들이 계약을 맺어 자네를 붙들어 두려고 하고 있지. 자네는 이들 모두의 요구를 받아들여야 한다네! 자네는 믿을 수 없을 만큼 유명해졌고, 사람들은 자네의 말에 귀 기울일 걸세! 만일 자네가 우리의 생각을 주장하고자 한다면, 지금이 그 순간이야. 그렇게 하지 않는 다면 이런 순간은 결코 다시는 돌아오지 않을 거야. 자네는 이스 라엘의 공직자에게, 미국의 유대인공동체 지도자에게 그들이 잘 못하고 있다고, 그들이 팔레스타인 사람들에게 존엄, 독립, 자유를 되돌려주어야 한다고 설명해야만 한다네."

나는 오랫동안 아무 말도 하지 않았고, 이내 자리를 떠났다.

사드루딘은 오랫동안 나를 원망했다.

밤늦게 대서양을 건너서 전화가 걸려왔다. 마이클 하우스펠드 였다. "지글러 교수님, 저희는 교수님이 필요합니다. 교수님께서 제 증인이 되어 주셨으면 합니다. 워싱턴에서 말입니다."

무슨 일이 일어난 걸까? 바로 브론프먼, 스타인버그, 싱어가 미 국의 여론과 권위적인 기관을 유대인 편으로 끌어들이는 데 성공 했고, 미국 상원의 강력한 기구인 은행위원회도 사건을 검토하기 시작한 것이다.

이 위원회의 의장은 뉴욕주에서 선출된 상원의원 알폰스 다마 토였다. 뉴욕은 세계에서 유대인이 가장 많이 모여 사는 도시였고, 브론프먼은 자신의 소송에 유리한 청문회가 열릴 것이라고 기대 할 수 있었다.

하우스펠드가 작성하고 다마토가 승인한 증인 목록에는 내 이 름이 올라 있었다.

세계유대인회의의 변호인에게 나는 거의 이상적인 증인이었다. 나는 스위스 국민이 의원으로 선출했고, 연방의회와 외무위원회에서 의석을 차지하고 있었다. 그리고 학문적 명성을 지닌 대학교수이자 《뉴욕타임스》가 인정한 책의 저자이기도 했다. 물론 나는 하우스펠드의 제안을 받아들였다.

그런데 다른 전화가 걸려와 그렇게 기뻐할 수만은 없었다. 떠나기 전날, 나는 이른 아침에 잠자리에서 일어나 전화를 받아야 했다. 스위스연방 고문이고 외무부장관이자, 로카르노에서 국제사업 전문 변호사였던 플라비오 코티는 미국의 법을 아주 잘 알고 있었다. 나는 지금껏 언급한 상황과 더불어 그가 민주기독교당원, 즉 우파임에도 불구하고 그때까지 그와 좋은 관계를 유지하고 있었다. 우리는 심지어 반말을 하는 사이였다.

하지만 그날 그의 목소리는 분노로 떨리고 있었다. "방금 워싱턴의 우리 대사로부터, 상속자가 없는 재산과 연관된 문제를 다루는 상원 청문회에 출석할 사람의 목록을 받았다네. 그런데 자네 이름이 거기에 있더군!"

나는 몸이 얼어붙는 것 같았지만 그의 말이 맞다고 대답했다.

코티가 말했다. "자네는 지금 자네가 무슨 일을 하고 있는지 알고 있나? 자네는 스위스인이고, 국가 고문으로도 활동하고 있어. 미쳤나? 자네는 조국을 배반하고 있어! 우리는 끔찍한 협박을 당하는 중이고, 우리 경제도 상당히 어려워지고 있는데, 자네는 우리의 적과 이익을 나눠가지려 하고 있네. 스위스의 이익에 반하는 일을 하는 건 형법이 제재하는 위법행위일세, 잊지 말게나."

평상시 플라비오 코티는 다정하고 교양 있고 침착한 사람이다. 하지만 그날 아침에 그는 분노에 휩싸여 있어 평소와는 매우 달랐다. 그런 그에게 내 상황을 설명해보았자 아무런 도움도 되지 않았을 것이다.

나는 수화기를 내려놓았다.

어쨌든 나도 한동안은 동요되었다. 특히 형법에 관한 이야기가 나를 불안하게 만들었다.

나는 수화기를 들어 제자 두 명에게 전화를 걸었다. 그들은 사회주의자로, 스위스연방정부에서 중요한 직책을 맡고 있었다.

당시 에른스트 로이엔베르거는 국민의회의 의장이었다. 그의 대답은 다정했지만 조심스러웠다. "저도 선생님의 책을 읽었습니다. 저는 선생님의 관점을 이해하지만 신중하셔야 해요. 선생님의 면책특권은 이미 한 번 박탈된 적이 있습니다.[6] 우리의 적은 강력해요. 만일 그 은행가들이 미국에서 유죄판결을 받는 날에는, 그들은 반드시 선생님께 해를 끼칠 겁니다. 적어도 국가정보기구에 공식 성명서를 보내 선생님의 동기를 설명하세요."

로돌프 A. 스트람은 존경 받는 유능한 의원으로, 당시에 경제적이거나 금융적 문제를 다루는 사회주의 단체의 대변인이었다. "만일 선생님이 진실의 편에 있다고 확고하게 생각하신다면, 선생님의 입장이 정당하다고 확신하신다면, 미국으로 가세요!"

재세례파 교도다운 진실된 대답이었다.

두 제자 덕분에 근심을 조금 덜었지만 그래도 완전히 안심할 수는 없었다. 그래서 프레그니에 있는 미국 요새에 전화를 걸어 유엔대사 조지 무스와 만날 수 있는지 물어보았다. 그는 얼마 전에 제네바로 파견되었고, 우리는 서로에게 호감을 느끼며 금세 가까워졌다. 그는 클린턴 대통령 아래에서 일하는 드문 아프리카계 미국인 대사 중 한 명으로, 워싱턴에 있을 때에는 국무장관의 보좌관으로서 아프리카 사안을 담당했다. 그는 1997년에 자이르*의 독재자 조제프 데지레 모부투를 실각시킬 때 총지휘를 맡기도 했다. 이 작전을 이끌 인물로서 (콩고의 모든 반체제 인사들 가운데) 로랑 데지레 카빌라를 선택한 사람이 무스였다. 카빌라는 '콩고자이르해방 민주세력연합'이라고 불린 해방운동 단체를 조직하고, 르완다의 대통령 폴 카가메와 함께 저항군이 킨샤사까지 2천 킬로미터를 행군하는 일을 통괄했다.

무스는 생기 있고 독립적인 정신을 지닌 사람이었다. 그는 2개 국어에 능통했고, 나의 책『아프리카를 덮치는 야비한 손Main basse sur l'Afrique』[7], 『저항자들Les Rebelles』[8], 『아프리카의 힘Le Pouvoir africain』[9]을 읽었다. 이후 그는 인권이사회의 미국 대사로서 식량특별조사관인 나의 제안에 거의 모두 반대했지만, 우리는 제네바의 들판을 산책하면서 열정적이고 자유롭게 토론을 벌였다. 그의 아내 주디스는 무스와 함께 우드스탁 세대**였다. 뉴욕의 좌파 전사였던 주디스는

---

* 1971년부터 1997년까지 쓰이던 콩고민주공화국의 옛 이름.
** 1969년에 미국의 도시 우드스탁에서 열린 페스티벌에 참여한 세대로, 이전 세대와의 고리를 끊으려는 1960년대 말의 젊은이들을 가리킨다.

대학생일 때 베트남전쟁을 반대하는 큰 시위들에 참여했다. 당시 그녀는 저항 정신, 비판적인 감각, 어떤 근본성에 대한 취향을 간직하고 있었다. 그녀는 열정적이고 호감이 가는 사람이었는데 내 아내 에리카와 자연스럽게 잘 어울렸다.

그러나 신보수주의자와 조지 부시가 집권하자 무스는 2001년에 사임하고 외교관직을 떠나야 했다.

무스를 만나자 그는 나를 안심시키려고 했다. "워싱턴의 상원 '청문회'는 심각한 사안이고 (…) 동시에 방대한 서커스에요! 상원의원들은 스스로를 부각시키려고 하는데, 이는 흔히 있는 일이죠. 수천만 명의 시청자가 청문회 과정을 생방송으로 지켜봅니다. 주의하세요! 상원의원들이 집요하게 굴 수 있으니까요! 커다란 신문사, 텔레비전 방송사, 라디오 방송사에서 온 수백 명의 기자들도 청문회 과정을 지켜봅니다. 동시에, 이 청문회는 미국의 민주주의를 작동시키는 독창적이고도 가장 중요한 장치에요."

"당신은 선서를 할 겁니다. 선서 이후에 당신이 말한 모든 내용에 대해서 면책특권을 가질 거예요. 당신의 증언은 법적인 증거로서 가치를 지닐 것이고, 세계유대인회의의 변호사는 법정에서 변론할 때 그것을 이용할 겁니다. 그렇지만 신중하셔야 해요! 기자가 당신을 귀찮게 따라다니며 수많은 질문을 퍼부을 거예요. 그것이 그들이 할 일이니까요. 대중에게 매우 강렬한 감정을 일으키는 사건인 경우에는 특히 그렇습니다. 하지만 그들에게 어떤 말도 해서는 안 됩니다! 청문회장 밖에서 발언한 말은 면책특권의 대상이 아니니까요."

나는 반쯤 안심한 채 미국 대사와 헤어졌다.

햇빛이 가득한 어느 아름다운 아침에 워싱턴에 도착했다. 마이클 하우스펠드와 그의 동료 두 명이 워싱턴 덜레스 공항에서 나를 맞아 주었다. 그들은 내가 시차로 인한 여독을 풀고 청문회를 차분히 준비할 수 있도록, 내게 48시간 동안 휴식 시간을 주었다. 나는 그 시간 동안 워싱턴을 둘러보았다.

나는 이 도시의 미묘한 아름다움과 여러 가지 대조적인 모습에 매료되었다. 포토맥강의 편편하고 초록색으로 물든 연안을 따라 줄지어 서 있는 하얀 건물이 미국의 젊은 역사를 보여주었는데, 그 모습이 마치 산책을 나온 어린 학생들을 위한 지표 같았다. 공원은 경관이 아주 훌륭했고, 거대한 삼나무들이 하늘을 향해 솟아 있었다. 오리들이 헤엄치는 호수에는 대리석으로 만든 옥좌에 앉은 노예 해방자의 커다란 동상이 있는 링컨 기념관이 비치고 있었다. 직선으로 뻗은 도시의 거리는 그늘이 지고 조용했다. 의회의사당에서는 어떤 소란도 느껴지지 않았다. 나무로 만든 커다란 문 앞에 서니, 줄서서 기다리는 방문객들의 속삭임만 가까스로 들릴 뿐이었다. 그들 중 많은 이가 오색빛깔의 양산을 들고 있었다.

작은 지하철이 유리로 덮인 건물들 사이를 지나갔다. 건물에는 상하원 의원의 사무실과 두 개의 커다란 회의실이 일렬로 들어서 있다. 이보다 남쪽으로 가면 다양한 매력을 느낄 수 있다. 여기서 경찰은 거의 보이지 않았다. 가장 많은 권력을 쥐고 있는 남성과 여성에서 의회의사당의 흑인 수위까지, 모든 이들이 믿음직스럽고 친절했다. 누구라도 백악관 공원의 격자형 철책에 얼굴을 댈 수 있고, 이렇게 하더라도 경관이 대통령에 대한 불경죄를 저지른다고 소리치거나 총을 들고 나오는 일이 없었다(2001년 9월 11일의 테러 이전에 대체적으로 느낄 수 있던 분위기에 관해 말한 것이다).

그런데 의회의사당 뒤쪽으로 두 구역 떨어진 곳에서는 다른 세계가 열린다. 보이지 않는 경계선이 보리수나무들 사이를 지나고 아주 뜨거운 아스팔트를 가로지른다. "죄송합니다만, 거기에는 가지 마세요." 마이클 하우스펠드가 내게 주의를 주었다. '거기'란 흑인의 구역이자 거주지였으며, 코카인의 한 종류인 크랙, 알코올, 폭력으로 황폐화된 불결한 지대였다. 그런데 이렇게나 추천할만한 장소가 못되는 이곳에 워싱턴시의 거의 대다수 주민이 거주하고 있었다.

나는 펜실베이니아 거리에서 '거기'에 데려다 줄 택시를 절망적으로 찾았다. 30분이 넘는 시간 동안 택시들은 모두 승차를 거부했다. 날은 숨 막힐 정도로 덥고, 아스팔트는 녹아내리고 있었다. 마침내 한 에티오피아인이 운전하는 택시가 내 앞에 멈추어 섰다. 우리는 에티오피아의 수도 아디스아바바에서 최근에 일어난 일에 관해 얘기를 나눴다. 이어서 나는 조심스럽게 거래를 제안했다. 처음에 그는 고개를 저었으나 다시 생각한 다음 내게 말했다. "좋아요. 하지만 거기에서 멈추어 있으면 안 됩니다. 우리가 지나갈 길은 제가 선택합니다."

이렇게 해서 나는 흉물스럽게 차체만 남은 차, 유리창 없이 속이 들여다보이는 집, (모두 흑인이지만 크랙으로 눈빛이 죽은) 누더기 같은 옷을 걸친 아이들의 세계를 엿보게 되었다. 이곳의 비참한 광경은 백악관 바로 앞까지 이어졌다. 어떤 이상한 저주 때문인지, 제국은 매일 자체적으로 만들어내는 수많은 희생자를 완전히 감추지는 못했다. 그 희생자는 저주받은 대양의 파도라도 되는 것처럼, 의회의사당에서 몇 발자국 떨어진 곳까지 밀려와 있었다.

이틀 뒤, 의회의사당 내에 있는 나무로 벽을 댄 방에서 청문회가 시작되었다.

나는 의장인 상원의원 알폰스 다마토에게 이내 반감을 느꼈다. 가는 테의 안경을 쓰고, 몸이 야위고, 목소리가 우렁찬 그는 스위스 은행가의 가식적이고 파렴치한 말을 듣고서는 과장된 몸짓을 하고, 소리 지르고, 과하게 분노한 척 하고, 격분의 감정을 요란한 몸짓과 표정으로 나타내 보였다. 그는 스위스 은행가들이 600만 명의 유대인을 죽이는 데 자금을 댔다고 비난할 태세였다.

나는 증인석의 첫 번째 줄에 앉아 있었다. 내 차례는 스튜어트 아이젠스타트의 증언이 끝나자마자 곧바로 찾아왔다. 스튜어트 아이젠스타트는 국무장관의 보좌관으로, 클린턴 대통령의 지시에 따라 상속자가 없는 유대인 재산 서류와 관련된 일을 맡고 있었다.

나는 선서를 했다.

다마토 의장이 초두에 내게 건넨 말은 심기를 불편하게 했다.

"지글러 박사님, 저는 당신을 칭찬합니다. 당신은 용감해요. 저는 당신의 행동이 매우 존경스럽습니다. 조국에 해가 되는 증언을 한다는 건 어려운 일이니까요."

찬사의 물결이 지간 뒤, 나는 대답을 하려 했지만 그 대답은 서투르게 나왔다. "저를 열렬히 맞아주시는 것에 대해 감사드립니다, 상원의원님. 그러나 저는 조국 스위스에 반하는 증언을 하는 것이 아닙니다. 제가 여기에 있는 건 스위스은행가협회의 중대한 범죄에 관한 상원의원님의 질문에 답하기 위해서입니다."

미국 국기 앞에 있는 나무로 만든 특별석에는 위원회의 위원들이 일렬로 앉아 있었다. 증인은 차례로 호출되어 이 특별석을 마주보고 서서 의사를 표현했다. 카메라에서 나오는 불빛들이 수많은 방청객이 몰려 있는 청문회실을 휩쓸었다.

특별석에 자리를 잡은 다섯 명의 의원 중, 몸이 야위고 나이가 조금 들어 보이며 맑은 눈빛을 지닌 여성이 섬세하면서도 아주 지적인 방식으로 질문을 이끌어 나갔다. 민주당 소속의 캘리포니아 상원의원인 다이앤 파인스타인은 몇 번에 걸쳐 내게 정확히 말해줄 것을 요구하고, 내가 그녀의 질문을 잘 이해하고 있는지 확인하면서 나로 하여금 신중하게 의견을 표현하도록 했다. 이어서 그녀는 매우 객관적인 태도로 하우스펠드에게 질문을 했는데, 어조는 분개하거나 가식적인 분노를 표현하는 일 없이 한결같이 동일했다. 그녀는 이 사건과 연관된 자료를 완벽하게 이해하고 있었다.

열의가 있고 호감 가던 그레그 릭켄만도 인상적이었다. 나이에

비해 머리가 일찍 벗겨지고 작은 갈색 수염을 길렀으며 솔직한 눈빛을 지닌 이 젊은 남자는 다마토 상원의원의 비서였다. 그는 나에게 인상적인 상원실, 응접실, 작은 지하철을 구경시켜 주었다. 그리고 특히 내게 자신의 가족사를 들려줬다. 그는 뉴욕 유대인공동체의 역사에 대해서도 말해줬는데, 그의 말에 의하면 뉴욕 유대인공동체의 많은 구성원이 쇼아에 희생된 사람들의 직계 자손이고, 그들은 자신들의 부모가 경험한 공포스런 일에 대한 기억을 물려받았다고 한다.

나는 그레그의 이야기를 들으며 내가 워싱턴에 오게 된 이유를 더욱 분명히 의식하게 되었다.

무스의 조언(그레그도 반복해서 해준 조언이다)에 따라, 나는 기자와 이야기를 나누는 걸 피하고 모든 인터뷰를 거절했다. 심지어 NBC나 CNN 같은 막강한 영향력을 지닌 방송사 기자의 인터뷰 요청도 거절했다.

나는 다음날 뤼생의 집으로 돌아가기 위해 비행기를 탔다.

1998년 8월, 스위스의 거대 은행들은 세계유대인회의의 변호사들과 함께 1조 2,500억 달러의 돈을 유대인에게 반환한다는 내용의 재판 외 협정에 서명해야 했다. 브루클린 남부지방법원의 코먼 판사는 이 협약이 법적으로 유효하다고 인정했다. 변호사들은 집단소송을 철회했다.

당연히, (유대인의) 모든 계좌를 결산하기 위해 지불한 돈은 스위스 은행가가 쇼아 희생자의 자손에게서 실제적으로 사취한 돈의 총액에 전혀 미치지 못하고 턱없이 모자랐다.

마이클 하우스펠드는 설득력 있는 주장으로 이 협약을 정당화했다. 당시, 희소한 수의 생존자와 많은 수의 자손이 세계 여러 지역에서 경제적 어려움에 처해 있었다. 특히 삶의 환경이 종종 끔찍했던 북미에서 그러했다. 더구나 그들은 늙어가고 있었고, 시간 역시 빠르게 흘러가고 있었다. 그래서 가능한 빠른 시간 내에 그들을 도와야 했다. 법적인 절차가 끝날 때까지 기다린다는 건 그저 그들의 고통을 가중시키는 일이었을 것이다.

이 승리 때문에 나는 비싼 대가를 치를 뻔 했다.

스위스의 은행가를 굴복시키기 위해, 하우스펠드와 그의 동료들은 다른 무엇보다도 선서를 거친 진술서, 구체적으로 표현하면 워싱턴에서 청문회가 끝났을 때 상원의원이 작성하고, 서명하고, 법적으로 유효하다고 인정한 증언을 모아 두었다. 증거가 된 서류 중에서 내 증언이 매우 유효하다고 인정받았다.

하지만 스위스에서는 워싱턴 협약이 시민의 커다란 분노를 샀다. 의회의 다수를 차지하는 극우정당 UDC와 정부의 고위직 인사 대부분—대형 언론사는 말할 것도 없다—은 이 협약을 스위스의 성실함을 상대로 "유대 협박꾼들이 거둔 승리"로 변질시켰다.

그들에게 나는 "협박꾼들"의 공모자였다. 나는 그 대가를 치러야 했다.

이 협약 이후로, 스위스에 있는 큰 은행, 특히 UBS와 크레딧스위스의 위엄과 신뢰성은 땅에 떨어졌다. 대형 은행은 증권시장에서 막대한 손해를 입었다. 이 때문에 UBS의 주주인 12명의 바젤 거부가 나를 상대로 소송을 제기하려 했다. 내가 국가반역죄를 범했다는 것이다. UBS 주식의 가치가 폭락하면서 주주가 큰 돈을 잃은 건 사실이었다. 그들의 논리는 다음과 같았다. "지글러의 진술서가 없었다면 협약이 없었을 것이다. 따라서 UBS의 주가도 폭락하지 않았을 것이다."

그들은 끔찍한 칼라 델 폰테 연방검사에게 소송을 제기했다(형사소송이었고, 이어서 천문학적 액수의 손해배상 청구가 제기되었다).

이야기를 이어가기 전에, 잠시만 시간을 되돌려보자.

『왜 검은 돈은 스위스로 몰리는가』가 출간된 이후, 나는 1991년에 면책특권을 박탈당했다.[10] 하지만 그 이후로도 제네바 시민들은 나를 계속 의원으로 뽑았고, 나는 다시 면책특권의 혜택을 받을 수 있었다. 바젤 자본가의 소송은 형법 제13절, 곧 "국가를 상대로 한 중범죄와 경범죄. 국가반역죄"에서, 특히 다음과 같이 언급하는 267조 2항에 근거한 것이다. "연방국가의 이익을 위해 누설하지 말아야 할 비밀을 의도적으로 일반인에게 알린 자는 5년 이상의 자유형*이나 벌금형을 받는다."

심각한 위협이었다. 실제로 나는 워싱턴 청문회에서 내가 의회의 외무위원회 위원으로서 알고 있던 사실을 공개했기 때문이다. 법적으로 이 위원회의 토의 내용과 서류는 기밀 사항이다.

검사가 국가반역죄로 누군가를 기소하려면 먼저 정부의 동의

---

* 범죄자를 일정한 곳에 가두어 신체의 자유를 빼앗는 형벌.

를 얻어야 한다. 그런데 1991년에 나의 면책특권이 박탈되자 시민들 사이에 큰 반향이 일었다. 당시 쇠이유 출판사에서 내 책을 편집한 올리비에 베투르네는 (은행가, 금융사업과 관련된 변호사, 금융투기자 등의) 고소인들 각자의 의견에 반대하며 나를 계속 열정적으로 지지했다. 쇠이유 출판사의 보도담당책임자인 카롤리네 구트만은 각각의 소송에 대응했다. 올리비에 베투르네는 자신과 자신이 담당한 책의 저자가 연대하고 있다는 걸 보여주고자, 파리 재판소에 몇 번이나 직접 오기도 했다. 그는 이 공동의 투쟁에서 쇠이유 출판사와 그가 나와 연대하고 있다는 걸 분명히 보여주기 위해, 내가 앉은 피고인석 바로 뒤에 자리를 잡았다.

나의 면책특권이 박탈됐을 때, 베른에서는 특히 파리에서 나를 상대로 지방법원의 제17법정 앞으로 제기된 소송을 포함한 9개의 소송과 이 소송이 국제적인 여론에 미친 파장에 주목했다. 이러한 사실을 아는 정부는 새로운 스캔들이 일어날 수도 있다고 판단해 한 발 물러섰다.

결국 정부는 칼라 델 폰테에게 나를 상대로 국가반역죄라는 죄목의 소송이 벌어지는 걸 허용하지 않았다.

이제 다시 돌아와 식량특별조사관인 내가 이스라엘에 지배받던 팔레스타인 영토로 들어가게 된 이야기를 해보자.

2003년 7월 3일 오전, 나는 동료, 통역관, 안전요원, 인권고등판무관사무소 소속의 안내인과 함께 텔아비브로 가기 위해 제네바를 떠났다.

이스라엘에서 우리는 왕처럼 접대를 받았다. 일반 승객의 경우, 벤구리온 공항의 수속 절차는 끝나지 않을 것처럼 오래 걸린다. 하지만 우리는 한 이스라엘 대령의 "환영합니다"라는 말로 모든 절차가 해결되었다. 이어서 우리는 친절한 세관원의 안내를 받으며 유엔의 작은 푸른색 기로 장식된 리무진들이 대열을 이루고 있는 곳까지 갔다.

특별조사관의 모든 임무 일정은 (이따금씩 몇 주에 걸쳐) 유엔의 고등판무관과 방문 국가의 외무부장관이 서로 협의해 결정한다. 나의 일정에는 모레 팔레스타인 자치정부의 수반 야세르 아라파트와의 면담도 포함되어 있었다. 이스라엘은 이 만남도 허용했다.

텔아비브에서 예루살렘까지 가는 길은 구불구불했지만 비교적 짧았고, 예루살렘에서 라말라까지 가는 길도 마찬가지였다. 우리는 점심시간 무렵에 팔레스타인 자치정부 청사인 무카타에 도착했다.

심하게 훼손된 4층 석조 건물을 모래주머니로 쌓은 방벽이 에워싸고 있었다. 팔레스타인 자치정부 청사 앞 무카타 광장 주위로 유리창이 깨지고 지붕에 구멍이 난 건물 세 채가 서 있었다. 10여 대의 이스라엘 장갑차가 이 구역을 둘러싸고 있었다. 이가 들끓는 개들이 다리를 질질 끌며 광장을 걸어갔다.

우리를 태운 자동차 대열은 지그재그로 놓은 콘크리트 장애물

사이를 지나가야 했다. 이어서 차량들은 녹슨 철문 앞에서 멈춰 섰다. 그곳에는 팔레스타인 군인 두 명이 경비를 서고 있었다.

몸집이 크고 대머리에 미소를 짓고 있는 팔레스타인 자치정부의 수석 협상자가 나왔다. 그의 이름은 사엡 에레카트였다. 그는 좁은 계단을 올라가 우리를 4층까지 안내했다. 층마다 팔레스타인 군인 두세 명이 칼라슈니코프 자동소총을 발치에 놓고서 경비를 서고 있었다.

상당히 허름한 방에서 사엡 에레카트는 자제하고는 있지만 분노가 느껴지는 목소리로 우리에게 무카타의 일상에 대해 이야기했다. 이곳에서는 낮밤을 가리지 않고 물과 전기가 계속해서 끊겼다. 음식도 불충분했다. 채소, 고기, 약, 사무용품을 운반하기 위해서는 수반이 거처하고 있는 이곳 전역에서 경계를 서는 이스라엘 정예부대 군인들의 선의에 의지해야 했다.

2001년 이후로 이스라엘 총리를 지내고 있던 아리엘 샤론은 팔레스타인의 수반에게 모욕을 주기 위해 그를 완전히 고립시키기로 (몇 달 전에) 결정했다. 샤론은 아라파트에게 개인적으로 반감을 지니고 있다는 사실을 전혀 숨기지 않았다. 이 당시 이스라엘의 명망 있는 지성인이자 아라파트의 오랜 친구인 암논 카페리우크는 팔레스타인 수반에 관한 분량이 많은 최초의 전기를 준비하고 있었는데, 이 사실은 철저히 비밀에 부쳐졌다.[11]

그는 당시 페이야르 출판사의 부사장이자 최고경영자이던 올리비에 베투르네의 지시를 받고 전기를 쓰고 있었다.

내가 이곳 중동으로 떠나기 몇 주 전에, 올리비에가 내게 말했다. "자네는 카페리우크를 만나야 할 걸세. 그는 많은 사실을 알고 있거든!"

나는 그를 처음에는 파리에서, 다음에는 제네바에서 만났다.

섬세한 분석가이고 매우 놀라울 만큼 많은 정보를 알고 있던 카페리우크는 팔레스타인해방기구(PLO) 내 여러 분파의 수장과, 팔레스타인 자치정부 사이의 정치적이고 개인적인 관계를 결정짓는 복잡한 힘의 관계를 설명해주었다.

파타Fatah*의 공동 창설자인 파루크 카두미와 야세르 아라파트는 1994년에 이스라엘과 맺은 오슬로협정 이후에 관계가 완전히 단절되었다. 1993년 9월 13일, 이스라엘 총리 이츠하크 라빈, PLO 집행위원회 의장 야세르 아라파트, 미국 대통령 빌 클린턴이 참석한 가운데 자치정부 구성에 관한 원칙의 선언이 이루어졌다. 이 선언은 평화를 향한 첫 단계로 5년 동안 팔레스타인 임시 자치정부를 수립하기로 했다. 아라파트는 오슬로협정을 믿었지만 카두미는 그렇지 않았다. 아라파트는 망명지에서 돌아왔고 카두미는 튀니스에 머물렀다.

카페리우크는 내게 아라파트가 겪고 있는 굴욕과 고립에 대해 이야기했다. 아라파트는 황폐화된 무카타에서 감옥에 있는 죄수처럼 살고 있으며, 노예와 다를 바 없는 상태로 전락한 민족의 허

---

* 팔레스타인해방기구 중 최대의 조직으로 '팔레스타인 민족해방운동'이라고도 불린다. 1956년에 창설되었다.

울뿐인 수반이었다. 그는 샤론이 아라파트에게 반감을 지니고 있다고 하며 이렇게 말했다. "당신은 그가 언젠가 아라파트를 죽이는 걸 보게 될 겁니다."

입구 쪽에서 명령을 내리는 소리가 들렸다. 방문이 열렸다. 카키색 제복을 입고, 베두인 모자를 쓰고, 회색 수염을 며칠 간 깎지 않은 아라파트가 그의 민족의 풍습대로 팔을 내밀어 우리의 두 뺨을 조심스레 껴안았다. 나는 충격을 받았다. 이 다정하고, 허약하고, 미소를 짓고 있고, 걸음걸이가 불안정한 74세의 남자는 내가 15년 전에 알고 있던 혁명적이고 생생한 빛을 발하던 지도자와 어디도 닮은 곳이 없었다. 인간적인 온기와 다른 사람에게 주의를 기울이는 태도는 그대로였지만, 그가 발하던 빛과 힘이 실린 목소리는 완전히 사라지고 없었다.

나는 1998년 11월의 어느 날을 기억한다. 바다에서 불어온 강한 바람으로 먼지가 씻겨 나간 회색빛 하늘에서는 비가 내리고 있었다. 그곳 알제리에서 팔레스타인 민족회의의 19번째 회기가 열리고 있었다. 역사가이자 시인인 부알렘 베사이흐가 당시 알제리의 외무부장관이었다.[12] 베사이흐가 스위스로 망명한 이후, 우리는 친구가 되었다. 그는 내가 팔레스타인 민족회의를 현장에서 볼 수 있도록 초대했다. "자네도 보게 되겠지만 아주 놀라운 일이 일어날 걸세. 자네는 이 여행을 후회하지 않을 거야." 그는 내게 단언하듯이 말했다. 실제로 팔레스타인의 위대한 시인 마무드 다르위시(「인류에게 현현된 신의 메시지들의 땅」)의 훌륭한 연설이 끝난 다음에, 야세르 아라파트가 연설을 하기 시작했다. 1930년대부터 팔레스타인 사람들이 시작한 해방 투쟁, 1948년 이스라엘 국가 수립으로 빚어진 영토 추방, 이스라엘인의 점령, 인티파다*에 대해 기나긴 분석을 한 다음에, 그는 PLO의 헌장을 개정할 것과 이스라엘의 국가 지위를 인정할 것을 제안했다.

오전 1시 30분, 팔레스타인 민족회의는 투표를 했다. "신과 팔레스타인 아랍민족의 이름으로 말하건대, 팔레스타인을 두 개의 국가로 나눠 하나는 아랍민족이, 다른 하나는 유대민족이 갖기를 권고하는 유엔의 결의안은 팔레스타인 아랍민족의 주권과 독립에 대한 권리를 동등하게 보장하고 국제적인 합법성을 지닌 조건 사항을 확실히 갖추고 있습니다."

이 결의안에서 핵심적인 말은 "동등하게"였다.

나는 아라파트의 연설을 들으며 그에게 매료되었다. 이후에 열린 리셉션에서 나는 그와 짧은 대화를 나누었다.

그가 당시 땅을 빼앗긴 민족의 혁명적인 지도자로서 적의 권리를 인정하기 위해 필요로 했던 육체적이고 정신적인 용기는 오늘날 잘못 평가받고 있다. 나는 그를 크게 존경하게 되었다.

하지만 2003년 7월의 그날 아침 내게 팔을 내밀던 남자는 원래의 그의 껍데기에 지나지 않았다.

내가 일하는 책상 위에는 에레카트가 무카타의 4층에서 찍은

---

* 팔레스타인 사람들의 반이스라엘 저항운동을 가리키는 표현. 특히 팔레스타인 젊은이들이 이스라엘인을 상대로 대규모로 돌을 던지는 행위를 가리킬 때가 많다.

사진들이 놓여 있다. 아라파트는 우리 한가운데에 서 있다. (통역관, 안전요원, 동료 등) 그때 현장에 있던 대부분의 다른 사람은 그보다 머리 하나는 더 크다. 그의 눈빛은 부드럽지만, 몸은 허약해 보인다. 그는 우정의 표시로 나와 샐리 안의 손을 붙잡고 있지만 그의 시선은 먼 곳에 가 있었다.

우리 일행은 20명 정도 되었는데, 아라파트는 우리를 모두 옆에 있는 방으로 초대했다. 방에는 가장자리에 수를 놓은 식탁보가 씌워진 테이블이 있었다. 그 위에는 물잔, 접시, 양고기, 토마토, 긴 호박, 샐러드, 강낭콩이 든 그릇이 놓여 있었다. 군인들이 음식을 나르고 물을 따라 주었다.

아라파트는 가장 나중에 음식을 들겠다고 했다.

식사 시간은 길었고, 분위기는 좋았다. 천장에서는 선풍기가 끼익 거리는 소리를 냈다.

아라파트는 현재의 상황에 대해 심오한 설명을 해주었다. 이어서 우리의 질문에 일일이 길게 대답해주었다. 팔레스타인에서 일하는 여러 기구의 책임자와 함께, 우리는 미리 일련의 질문을 준비해온 상태였다.

이날 아라파트는 민족의 문제를 근심하며 이와 관련해 막대한 지식을 가지고 있음을 보여주었다. 특히 그와 나눈 특정한 대화가 여전히 내 기억에 남아 있다. 우리가 라말라에서 만나던 그 순간에, 예루살렘 이슬람사원의 광장에서는 팔레스타인 젊은이들의 격렬한 시위가 벌어지고 있었다. 이슬람교의 신성한 장소인 그 광장 아래쪽에는 경건한 유대인들이 기도를 올리는 '통곡의 벽'이 서 있다. 이스라엘의 국경 경비병, 경찰, 군인들은 40세 미만의 팔레스타인 사람이면 모두 이 이슬람교 성지에 가까이 다가오지 못하도록 막고 있었다. 오래된 도시를 가로질러 고무탄과 최루가스를 쏘며 젊은이들을 사냥하는 일이 벌어지고 있었다.

아라파트는 분노했다. 그는 내게 몸을 돌려 말했다. "당신도 상상이 되시겠지만 이런 일은 참을 수 없습니다. 이츠하크 라빈은 우리의 젊은이들이 금요일마다 바위의 돔 사원에서 기도를 올리고 광장을 거닐 수 있다고 관리의 말을 했었습니다. 그런데 보십시오. 결과는 이렇습니다."

"관리의 말"이라는 표현이 내게는 이상하게 느껴졌다. 아니, 고어적古語的이라고 느껴졌다. 마치 한 관리의 말이 일반인보다 더 믿을만하고, 더 소중하기라도 하다는 듯이.

우리가 작별인사를 할 때 해는 유다산 너머로 지고 있었다. 아라파트는 우리를 계단 아래까지 배웅했지만, 주위 건물들에서 경계를 서는 이스라엘 저격수들의 눈에 띄지 않도록, 마지막 계단에서 멈춰 섰다.

예루살렘 동부의 오리엔트 호텔. 바로 그날 저녁, 귀뚜라미의 찌르륵거리는 노랫소리가 울리고 향기 가득한 호텔의 정원에서 나는 미셸 바르샤브스키와 만나는 기쁨을 누렸다. 지식인과 랍비를 배출한 스트라스부르의 명망 있는 가문에서 태어난 미셸은 알랭 크리빈 그리고 다니엘 벤사이드와 함께, 이제는 사라진 혁명적 공산주의 연맹에서 오랫동안 활동했었다. 당시에 이 연맹은 상당히 비밀스러운 조직이었고, 그곳의 운동가는 익명을 유지하기 위해 암호명을 사용했다. 미셸의 암호명은 미카도였다.

영향력 있고 인정받는 작가인 미카도는 오늘날 이스라엘 좌파 중에서 가장 존경받는 지도자 중 한 명이다. 중동 상황에 대한 그의 분석과 설명은 전 세계의 수많은 신문이나 잡지에 정기적으로 실리고, 국제사회의 여론에 확실한 영향력을 행사한다.[13]

미카도는 예루살렘과 텔아비브에서 대안정보센터를 창설했다. 이곳에서는 노암 촘스키나 피에르 갈랑 같은 (이스라엘과 팔레스타인과 여타 나라의) 지식인들이 함께 일을 한다. 나도 이곳의 학문위원회에 소속되어 있다. 이 센터는 영어로 쓰인 국제적인 잡지 《내부로부터의 뉴스News from Within》를 발행하고 있는데, 이 잡지는 세계의 여러 사건에 대해 정부 편의 언론과 방송사가 사시사철 조금씩 내놓는 것과는 전혀 다른 내용을 전한다.

이스라엘은 밤에도 꽤나 더웠다. 정원의 작은 수풀과 화단 사이에서, 우리는 아라파트가 답한 내용을 새벽까지 함께 분석했다.

레아 체멜, 일란 파페, 샤를 엥데린, 아리크 그로스먼, 제프 핼퍼, 우리 아브네리 같은 뛰어난 작가, 변호사, 랍비, 역사가, 언론인과 함께, 미셸 바르샤브스키는 이스라엘의 영광이자 희망이었다.

특별조사관으로서 긴 임기를 보내는 동안, 나는 많은 임무를 수행했다. 방글라데시, 몽골, 과테말라, 인도, 레바논, 브라질, 니제르,

에티오피아 등 수많은 국가를 방문했지만, 이스라엘과 그 점령지에서만큼 완벽하게 조직적이고, 즐겁고, 모든 제약에서 벗어난 일을 해본 적은 한 번도 없었다. 사실 아리엘 샤론 총리는 아무리 짧게 만났다 해도 야세르 아라파트를 만난 사람은 이스라엘 정부에 '페르소나 논 그라타(외교상 기피 인물)'로 간주되는 동시에, 이스라엘의 어떤 정부 부처와도 접촉할 수 없을 거라고 선포했다. 실제로 유럽연합의 외교 관계를 담당한 위원 하비에르 솔라나는 무카타에 갇혀 있는 야세르 아라파트를 방문한 후 텔아비브나 (이스라엘 외무부장관이 소재한) 예루살렘에 가려고 했지만 허탕을 쳤다.

그러나 우리 대표단에게는 이런 일이 일어나지 않았다. 우리가 아라파트와 저녁식사까지 같이 했는데도 말이다! 이틀 후, 텔아비브 주재 스위스 대사가 우리를 위해 점심식사 자리를 마련했다. 여기에 이스라엘의 몇몇 장관도 참석했다. 이어서 나는 이스라엘에서 만나고 싶던 사람들을 만났다. 심지어 미카도도 너무나 놀라워했다. 그는 내게 세르지우 비에이라 지멜루가 했던 것과 같은 질문을 했다. "도대체 그들에게 무슨 일을 한 거예요?"

이스라엘의 집권당인 리쿠드당은 자국 내 비정부기구를 증오했다(지금도 여전히 증오한다). 그런데 우리는 외무부장관의 주선으로 예루살렘의 암바사도르 호텔에서 인권을 위한 랍비 회의 위원들과 만날 수 있었다. 더 나아가 이스라엘의 인권 단체인 베첼렘, 이스라엘에서의 고문에 반대하는 공공위원회, 팔레스타인 가옥 파괴에 반대하는 이스라엘위원회, 인권을 위한 의사회를 비롯해 팔레스타인 식민 지배의 종결을 위해 투쟁하는 이스라엘의 여러 다른 기구와 단체도 만날 수 있었다.

지나가는 말로 언급하자면, 나는 이 기구와 단체의 대표자들이 지닌 능력과 용기에 깊은 인상을 받았다.

생각이 전혀 유연하지 못한 리쿠드당의 사람들이 유엔과 이스라엘의 민간단체보다 훨씬 더 증오하는 집단이 있다면, 그것은 바로 팔레스타인의 비정부기구다. 그런데 나는 이때에도 가자와 라말라에서 팔레스타인의 사회운동 단체 출신 활동가들과 자유롭게 열정적인 토론을 할 수 있었다. 하지만 이 토론은 나를 대체로 괴롭게 했다.

이들이 가장 걱정하고 있던 것은 체포, 고문, 수천 명의 정치적 포로와 투옥된 수백 명의 어린이에게 남겨진 운명이었다. 또한 이스라엘군이 가옥을 파괴하고, 지하 수맥을 다른 방향으로 돌리고, 경작지를 파괴하고 약탈하는 일이었다.

특히 다양한 색상의 드레스를 입은 팔레스타인 여인들로 이루어진 한 단체가 기억에 남는다. 그들은 가자 지구의 자발리아 난민 수용소에서 왔다. 10세부터 15세까지 두루 걸쳐 있는 그녀들의 아이들은 수용소를 뚫고 들어오던 이스라엘의 기갑부대에 돌을 던졌다. 그중 몇 명은 현장에서 총에 맞아 죽었다. 다른 아이들은 몇 군데 감옥에 투옥되었고, 어떤 아이들은 자발리아에서 매우 먼 라믈라(중앙감옥), 베투니아(오퍼 군대감옥) 등에 보내졌다.

그러나 어머니들은 의연했다. 그들은 목소리를 높이지 않고 거의 속삭이듯이 말했다. 그럼에도 그들은 슬픔에 짓눌려 있었는데, 언제 아이들을 다시 보게 될지 몰랐기 때문이다.

이스라엘에서의 고문에 반대하는 공공위원회 활동가들은 내게 감옥에서는 반항의 싹을 잘라버린다는 구실로 아이들을 구타하고 강제로 굶긴다고 말했다. 또한 아이들은 성인 수감자들과 격리되지 않으며, 부모와 면담할 기회조차 자주 박탈당한다고 했다. 이 사실을 알고 있던 어머니들은 절망하고 있었다. 나는 그들의 간청을 결코 잊지 못할 것이다. 하지만 그 간청을 들어줄 수 있는 이는 어디에도 없다는 걸 잘 알고 있었기에 나는 갑자기 내가 바르샤바 수용소의 쿠르치오 말라파르테 같이 비겁한 자, 배반자, 사악한 자처럼 느껴졌다.

오늘날까지도 팔레스타인 영토에는 바리케이드, 콘크리트 블록, 담장, 면도날처럼 날카로운 철조망이 즐비하다. 이웃 마을의 학교에서 돌아오는 길인 팔레스타인 아이들은 어떤 때는 푸른색과 하얀색의 교복을 입은 채 바리케이드 앞에서 몇 시간을 기다려야만 한다. 정오와 저녁에도 비슷한 풍경을 볼 수 있다. 사람들—이 중에는 임산부도 있다—은 아주 좁은 들길을 가르는 철조망 앞에서 일렬로 길게 줄 서 있다. 햇빛은 타는 듯이 뜨겁다. 사람들은 아무런 말도 하지 않는다. 그들은 모욕을 받고 있지만 의연하려 애쓴다.

내가 임무를 수행할 당시, 철모를 쓴 점령군 군인들은 대개는 히브리어도 아랍어도 할 줄 모르는 젊은 러시아인들이었다.

이스라엘 외무부는 우리에게 공식적인 "경비원들"을 붙여 주지 않을 만큼 섬세한 지략을 갖추고 있었다. 그러나 우리에게는 제네바에서 온 안전요원들이 있었다.

안전요원들의 대장은 캐나다의 훌륭한 포병대에서 상급장교를 지낸 유쾌한 사람으로, 아마도 다른 부대의 많은 장교들처럼 경제적인 이유 때문에 유엔 국제공무원의 안전을 책임지는 직위로 전직했을 것이다.

우리는 유엔의 작은 푸른색 깃발을 단 하얀색의 4륜구동 도요타 자동차를 타고 갔다. 유다산의 구불구불한 도로, 조약돌로 덮인 칼킬리야 언덕의 오솔길, 가자의 지중해 연안 모래에 생긴 자국, 북쪽 마을인 베이트 하눈, 남쪽 마을인 라파에 익숙한 것을 보면 우리 운전수들은 팔레스타인 사람이었다. 그리고 분명 이스라엘 첩보 기관의 요원이었을 것이다! 외무부는 우리의 모든 경로를 통괄하고 있었다. 국방부는 우리가 이동하는 시간에 거의 맞춰서, 지방의 사령관에게 우리가 도착한다는 정보를 알렸다. 그럼에도 나는 불안한 순간을 경험하곤 했다.

칼킬리야 검문소에서는 끝없는 기다림이 이어졌다. 수레와 당나귀를 끌고 온 농부, 어머니, 부모와 함께 병원에 가려는 환자들이 몇 시간 전부터 기다리고 있었다. 내가 타고 있던 선두 차량의 운전수는 시간이 지날수록 신경질적이 되었다. 갑자기 그는 조약돌이 가득한 도로 위에 늘어선 줄을 우회하며 강제로 길을 지나가려고 했다. 그는 창문을 열어 이스라엘 소인이 가득 찍힌 서류를 흔들어댔다. 콘크리트 블록 뒤에 있는 철모를 쓴 다섯 명의 군인들은 움직이지 않았고, 우리 차는 계속해서 전진했다. 갑자기, 우리 차와 가장 가까운 곳의 블록 뒤에서 웅크리고 있던 갈색 머리의 군인이 우리의 뺨을 향해 총구를 겨누었다. 그러더니 운전수 옆의 조수석에 앉아 있던 나를 향해 매우 정밀하게 총을 조준했다. 다행히 그는 격발하지 않았다. 운전수는 삐걱거리는 소리를 내며 브레이크를 걸었다. 매우 화가 난 그는 차 밖으로 나와 계속해서 통행증을 흔들어 보였다. 그들 중 아무도 (우리의 팔레스타인 사람이 완벽하게 말하는) 히브리어를 말할 줄 모르는 듯했다. 게다가 아마도 하사관을 제외하고는 아무도 그 귀중한 증명서를 읽거나 심지어는 알아볼 줄 모르는 듯했다.

나는 오후에 가자 지구에서 유엔 팔레스타인 난민기구 (UNRWA) 보조위원의 햇빛 가득한 사무실에 있었다. 카렌 코닝 아부자이드 보조위원은 미국 출신의 아름다운 금발 여인으로, 팔레스타인 남자와 결혼했다. 이날, 그녀는 빨간색과 검은색으로 수놓은 팔레스타인 전통 의상을 입고 있었다. 그녀는 UNRWA의 영양센터, 병원, 221개의 학교를 정상적으로 유지하기 위해 하루하루 발품을 팔며 이스라엘의 장성들을 상대로 투쟁을 벌이고 있었다. 그녀가 걱정했다. "많은 아이들이 영양부족으로 인한 빈혈 때문에 고통을 겪고 있어요. 우리는 30개 이상의 학교를 폐쇄시켜야 했어요. 아이들은 더 이상 제 발로 서 있을 수 없는 상태에요. 빈혈 때문에 아이들의 몸이 망가지고 있는 거죠. 그 애들은 더 이상

집중할 수 있는 힘이 없어요." 그녀는 낮은 목소리로 계속 말했다. "머리에 떠오르는 것이 음식뿐인데 어떻게 집중을 하겠어요."

내가 일을 수행하는 내내, 이스라엘의 책임자들과 나눈 대화는 언제나 흥미로웠고 정중했다. 특히 그들은 정말 솔직하게 이야기했다. 이스라엘인들은 외교의 세계에서 흔히 볼 수 있는 완곡어법을 거의 사용하지 않았다.

텔아비브에 소재한 국방부의 어둠침침하던 방이 떠오른다. 당시에는, 현재 나라 전체를 가로지르고 있는 분리 장벽—공식적으로는 '분리의 울타리'라고 불린다—이 건설되고 있는 중이었다. 건설 책임자와 보좌관 두 명이 우리에게 프로젝트의 세부사항과 계획, 보강될 벽에 새길 그림에 관해 설명해주었다. 이야기는 매우 길었다. 흰 머리가 풍성하고, 슬픔에 젖은 듯한 갈색 눈이 아름답던 책임자는 강한 악센트의 영어로 말했다. 그는 이 분리 장벽이 두 민족이 공존하는 데 도움이 될 거라고 우리에게 확신하듯이 말했다. 하지만 내가 그의 말을 한 마디도 믿지 않고 있다는 걸 그 또한 잘 알고 있었다.

그가 나에게 가까이 다가왔을 때, 두티마, 샐리 안, 크리스토프는 이미 복도로 나가 있었다. 그는 다른 사람은 이해하지 못하도록, 내게 이디시어로 말했다. "팔레스타인 사람들은 우리를 증오해요. 우리는 우리 민족을 보호해야 합니다…. 상황이 복잡합니다. 이스라엘인이 된다는 건 쉬운 일이 아닙니다."

나는 이 늙은 기술자에게 연민을 느꼈다.

다시는 발을 들여놓고 싶지 않은 유일한 장소가 있다면 그곳은 텔아비브에 위치한 이스라엘 국방부라 할 수 있다. 대부분 나라에서, 국방부는 사람들에게 두려움과 존경심을 불어 넣도록 지은 건물에 들어서 있다. 그런데 텔아비브에서는 아니었다. 여기에는 상대적으로 높이가 낮은 3층에서 5층까지의 수많은 건물이 띄엄띄엄 떨어져 있고, 그 건물 위로는 안테나, 포물선형 기기, 전자식 태양열 집적기들이 위로 솟아난 채 숲을 이루고 있었다. 트리폴리에 있던 카다피의 밥 알 아지지야 요새, 혹은 바그다드에 있던 사담 후세인의 지하 벙커 궁전처럼, 이곳 지하실에도 사령부실, 통신센터 등이 가득 들어서 있을 것이 틀림없었다.

그럼에도 건물 사이로 펼쳐져 있는 공원은 아름다운 나무로 장식되어 있었다. 외견상 눈에 띄는 경비병은 없었다. 울타리로 둘러싸인 이 드넓은 곳은 초록빛을 발산하며 도시 한가운데 자리하고 있다. 행인들은 이 공원에서 이목을 끌지 않는 쇠로 된 울타리를 따라 인도를 걷는다. 마치 이곳이 여가를 즐기는 공원이라는 듯이.

프랑스어권 태생의 젊은 장교 다니엘 보두엥 소령이 차에서 내리는 우리를 맞았다. 그는 우아하고 언제나 미소를 지었다. 그가 내게 말했다. "중요한 책임자들을 만나실 겁니다. 물론 질문은 하실 수 있지만, 대답은 듣지 못할 수도 있습니다. 이스라엘의 보안과 관련된 문제라면 말입니다."

가구로 간소하게 장식된 방에서 제복을 입은 장교들이 장성을 한가운데에 두고 철제 테이블 가에 앉아 우리를 기다리고 있었다.

테이블에 놓인 커피메이커들에서는 수증기가 뿜어져 나오고 있었다. 그들이 초조하게 우리를 기다리고 있었다는 것이 명백하게 눈에 띄었다.

우리가 5분 늦게 도착한 것이다.

우리는 '북부 사령부', 곧 팔레스타인 북쪽 영토를 지배하고 있는 군부대의 사령부 장교들과 마주 앉았다.

물론 이곳에서는 '지배'라는 말이 금기시되어 있다. 이스라엘 군인은 '지배당한 영토' 대신에 '이의가 제기된 영토', 혹은 그저 간단하게 '영토'라는 말을 쓴다.

내 앞의 테이블에는 장교들의 명함이 있었다. 개개의 민간인 이름 아래에 다음과 같은 말이 있었다. "국방부—영토 내 정부 활동 조정". 농부의 집을 불도저로 밀도록 명령을 내리는 사람, 한밤에 가족이 머무르는 거처에 침입하는 군인, 체포한 다음 고문을 하는 특별요원이 이런 식으로 단순하게 "조정자"라고 불릴 뿐이다.

기괴할 따름이었다.

놀라울 정도로 젊은 장군은 만족스러운 표정이 아니었다. 시련의 흔적이 역력해 보이는 그의 외모는 불길한 눈빛을 지니고 있었다. "이스라엘에도 굶주리는 사람이 있습니다. 우리는 적으로 둘러싸인 채 전쟁을 하고 있어요. 하지만 왜 아랍 사람은 감시하지 않는 거죠?"

나는 그에게 내가 지시받은 임무를 설명하고자 노력했다. 그와 마찬가지로 친절한 면모를 거의 찾을 수 없는 두 보좌관은 뻔뻔하게도 우리에게 아주 상투적인 보고서를 건넸다.

이어서 질의 시간이 찾아왔다. 장군은 나를 놀라게 했다. "당신이 옳습니다. 식량 부족, 기근으로 인한 병, 면역력 약화, 이런 것들이 영토 내에서 불안한 문제입니다. 그런데 우리가 무슨 일을 할수 있을까요? 이런 모든 일은 팔레스타인 자치정부가 밑도 끝도 없이 부패했기 때문에 일어난 잘못입니다. 아라파트와 그의 공모자들은 심지어 국제사회의 인도주의적인 지원금도 횡령하고 있어요. 툴카렘, 베들레헴, 나블루스에 가보세요. 그러면 보시게 될 겁니다. (…) 시장에서 상인들이 '세계식량프로그램' 직인이 찍힌 굵은 밀가루, 쌀, 옥수수 봉지를 산더미처럼 쌓아 놓고서 손님을 기다리고 있어요."

나는 대화의 주제를 바꿨다. "장군, 솔직하게 말해주신 점에 대해 감사드립니다. 저도 솔직해지려고 노력하겠습니다. 우리는 영토를 두루 돌아다녔습니다. 수많은 바리케이드와 장애물처럼 쌓아 올린 흙, 도로를 가로질러 패어 있는 웅덩이, 수많은 검문소 때문에 도시와 마을 간의 이동이 매우 어렵거나 거의 불가능해졌더군요. (…) 농부는 논이나 밭에 며칠밖에 가지 못하고, 더구나 간다고 하더라도 몇 시간밖에 있지 못합니다."

장군은 내 말을 끊고 말했다. "당신은 스위스인입니다. 아무것도 이해하지 못하고 있어요. 우리는 전쟁 중입니다! 길을 폐쇄한건 안보 때문에 취한 조치입니다. 제 임무는 이스라엘의 안보를 확고히 하는 것이에요. 이해하시겠습니까?"

나는 말했다. "칼킬리아, 엘 카나, 제닌에서 토마토, 멜론, 레몬, 오렌지, 당근, 무를 실은 채 바리케이드 앞에서 대기하는 화물차는 안보와 아무 관련이 없습니다. 당신들은 그저 영토 내에서 식량이 부족한 상황을 더 악화시키고, 농부들을 파멸로 내몰고 있을 뿐입니다."

방에는 냉랭한 침묵이 감돌았다.

장군은 완벽하게 자기 자신을 통제하고 있었다. "다른 질문은 없습니까?" 그가 물었다.

나는 더 이상 말을 해선 안 된다고 느끼고 동료에게 조심스럽게 신호를 보냈다. 예외적일 만큼 뛰어난 능력을 지닌 젊은 법률가 크리스토프 골레는 법의 힘을 신뢰했다. 그가 말했다. "장군, 우리는 자유사격지역 때문에 불안합니다. 당신들은 팔레스타인 땅을 점령하여 이스라엘 정착촌을 만들었을 뿐만 아니라 각 정착지 주변에서 수백 헥타르의 경작지를 징발하고 있습니다. 팔레스타인의 가정을 내쫓고, 그들의 가옥을 파괴하고, 그들의 올리브나무를 뿌리 뽑으면서 말입니다. 이는 완벽하게 불법입니다."

"들어보시죠. 박사님. (…) 당신은 이름이 어떻게 되죠? 당신은 테러리스트들이 우리의 학교에 소리 없이 들어오고, 우리 아이들을 학살하고, 그 부모들의 목을 잘라 죽이기 위해 집에 침입하기를 바라시는 건가요? 당신은 지금 스위스에 있는 것이 아닙니다. 여기서 테러리스트들은 유대인을 전멸시키고 싶어 해요. 당신이 말씀하신 그 자유사격지역 덕분에 우리 군인들은 그들이 우리 집에

닿기 전에 정당하게 총을 쏴서 죽일 수 있습니다."

크리스토프는 법률가만 할 수 있는 태도를 취하며 침착함을 유지했다. "정당하게 말씀드린다면, 불법인 건 자유사격지역만이 아니라 모든 점령지입니다. 당신들은 점령한 영토 내의 땅과 가옥을 징발하고 그곳에 이주 식민지를 건설하는 것을 금지하는 제네바협약 제4조를 위반하고 있습니다."

이번에는 대화가 완전히 단절되었다.

모든 중동 지역에서 그렇듯 이스라엘에서도 손님 접대는 신성한 일이다. 그런데 우리는 이 방에 있는 내내 어떤 접대도 받지 못했다. 테이블 한가운데서 커피메이커는 싸늘하게 식어갔다. 아무도 우리를 위해 커피 한 방울 붓지 않았다.

떠나는 것이 급선무였다.

우아한 다니엘 보두앵 소령은 우리를 차가 있는 데까지 다시 배웅해주었다.

2003년 10월, 코피 아난 사무총장은 '팔레스타인의 점령당한 영토에서의 식량권'이라는 제목을 붙인 나의 보고서를 유엔 총회와 인권위원회에 넘겼다.[14]

6개의 공식 언어로 번역되어 배포된 이 보고서 때문에 나를 대상으로 전무후무한 폭력적인 캠페인이 벌어졌다. 나는 아직까지 그 여파를 겪고 있다.

보고서와 그 결론과 권고사항은 논의의 대상이 되었고, 뉴욕에서나 제네바에서 대다수의 사람에게 받아들여졌다. 사실과 관련된 모든 정보, 모든 수치가 여러 유엔 특별기구의 전문가, 적십자 국제위원회 현장 파견자, 팔레스타인과 이스라엘 비정부기구의 운동가에 의해 면밀히 검증됐기 때문에 반박의 여지가 없었다. 그러니 나의 적에게 남은 해결책은 한 가지밖에 없었다. 말을 한 주체인 나를 공격하는 것이었다. 나의 신뢰성을 바닥에 떨어트리고, 나의 인격을 가능한 많이 더럽히는 것이었다.

나의 보고서는 팔레스타인 내의 식량 부족 문제와 기아 문제가 그곳을 지배하는 권력에 의해 의도적으로 만들어지고 있다는 사실을 국제사회에 처음으로 알렸다.

텔아비브 정부는 격분했고, 분노는 누그러들지 않을 것 같았다.

텔아비브 정부는 친구이자 동맹을 받아들인다고 여기며, 격식을 갖춘 아주 열렬한 환대와 함께 유엔이 명예롭게 여기는 기구의 특별조사관을 맞이했다. 그런데 알고 보니 그 친구가 가증스러운 배반자였던 것이다. 그들은 내가 이스라엘의 군사적 점령과 '타당한' 안보 조치에 호의적인 의견을 실은 보고서를 작성하리라고 기대했지만 나는 그러지 않았다. 되려 이스라엘의 최악의 적들에게 위험한 무기를 제공했다.

그 이후 나는 이스라엘의 대표들과 대화를 나누었다. 나는 세계유대인회의의 초청을 받아들인 일, 미국 상원에서 증언한 일, 진술서에 서명한 일도 팔레스타인의 식량 부족에 관한 보고서와 같은 동기, 곧 정의에 관한 근원적인 생각에서 나온 것이라고 그들에게 설명하고자 노력했다. 하지만 이런 수고는 소용없었다. 심지어 하우스펠드는 나와의 모든 관계를 끊었다.

결국 텔아비브 정부는 나에 대한 신뢰성을 떨어트리고, 가능하다면 내 신경을 무너뜨리기로 결정했다.

햇빛 가득한 어느 날 오후, 나는 팔레 데 나시옹의 바 뒤 세르팡에 앉아 제네바 신문《시대》를 펼쳤다. 위대한 기자이고 훌륭한 언론인인 리하르트 베를리는 서구 국가의 대부분 대표단과 밀접한 관계를 맺고 있고, 그들로부터 믿을만한 정보를 얻어낸다.

나는 그의 서명 아래에 있는 글을 읽었다. "제3세계의 입장을 취하고, 친팔레스타인 성향이며, 자주 반미적인 시각을 표출하는 것으로 잘 알려진 논쟁적인 인물 장 지글러를 해임하라는 요구가 공식적으로 제기되었다."

코피 아난은 내게 이런 사실을 알리지 않았다. 나는 그의 입장이 명확하고 단호했다는 걸 나중에 알았다. 한 국가가 어떤 조사관에게 (직무를 수행하지 않거나, 사실을 파악할 때 착오를 일으키는 등의) 직업상의 잘못을 두고 비난할 때, 그 국가는 이 비난을 뒷받침할 수 있는 증거를 제시해야 한다. 이것은 또한 인권위원회의 의장이 가져야 하는 시각이다.[15] 그런데 야코브 레비 대사는 명백한 증거를 제시하지 못했다. 그가 제기한 유일한 논증은 내가 "이스라엘에 대해 혐오 발언hate speech을 했다"는 것이었다.

텔아비브 정부를 대표해, 야코브 레비 대사는 나의 보고서가

"철회"되어야 하며, 내가 "위임된 권한을 남용하고 중립성과 객관성을 준수해야 할 의무를 저버렸기 때문에 특별조사관직에서 해임되는 동시에 유엔의 다른 모든 지위에서도 물러나야 한다"고 요구했다.

레비의 모든 외교 서신에는 내가 반유대주의적 사고를 지니고 있다는 비난이 암묵적으로 담겨 있었다.

이 대사는 닥치는 대로 모든 수단을 동원했다. 10월 9일, 그는 이전과는 다르게 인권위원회 의장에게 편지를 썼다.

"의장님, 2003년 10월 2일에 진행된 프랑스 방송채널 LCI와의 인터뷰에서 지글러는 자신의 진면목을 보여줬습니다. 특히 그는 '저는 이스라엘-팔레스타인 비정부기구인 대안정보센터의 운영위원회에 소속되어 있습니다'라고 공언했습니다. 처음으로, 그가 이스라엘 정부에 적대적인 기구에 소속되어 있다는 걸 공개적으로 인정한 것입니다."

이스라엘 대사가 텔아비브에 소재한 그런 NGO에 소속되어 있다는 사실이 특별조사관직을 박탈할 수 있는 근거가 된다고 생각한 것은 우스우면서도 이상한 일이다.

텔아비브 정부가 내게 가한 비난은 심각했으며 폭력적이기까지 했다. 나는 그들의 논지를 인정하지 않았다. 나는 이스라엘에 대해 혐오 발언을 한 일이 결코 없었고, 인종차별주의나 반유대주의 또한 증오하고 혐오한다.

이 책의 독자가 내 보고서의 내용을 직접 판단하도록, 여기 그 결론과 권고 사항에 관한 대목을 몇 군데 발췌해서 옮겨 놓았다. 내용은 다음과 같다.

2000년 9월 두 번째 인티파다 촉발 이후 이스라엘 점령군이 강제한 가혹한 안보 조치 때문에, 점령당한 팔레스타인 영토 대부분은 빠르게 반인도주의적 재앙을 겪을 상황에 처했다. (…) 특별조사관은 이스라엘 사람들이나 끔찍한 비극을 겪은 팔레스타인 사람들에게 모두 공감과 연민을 표하지만, 현재 점령된 팔레스타인 영토에서 생겨난 무시무시한 영양부족의 상황을 모른 체 할 수는 없다.

팔레스타인 영토, 특히 가자 지구는 영양부족과 관련하여 인도주의적인 위급 상황으로 위협받고 있다. 5세 이하의 어린이 중 22퍼센트 이상이 영양부족으로 고통 받고 있고, 15.6퍼센트가 급성 빈혈을 앓고 있다. 많은 어린이가 이 병으로 인한 지속적인 후유증 때문에 신체적, 정신적 발달에 영향을 받을 것이다. 팔레스타인 가구의 절반 이상이 하루에 한 끼밖에 먹지 못한다. (지난 5년 동안) 음식 소비량은 주민 당 25퍼센트 감소했다. 예전에는 번영을 누렸던 경제가 현재는 거의 붕괴되었으며, 극빈자의 수는 2000년 9월 이후 세 배 증가했다. 오늘날, 팔레스타인 사람 중 60퍼센트 정도가 심각한 가난 속에서 살고 있다(이 비율은 가자 지구의 경우 75퍼센트, 서안 지구의 경우 50퍼센트이다). 심지어 식량이 있을 때에도, 수많은 팔레스타인 사람들은 빠르게 치솟는 실업률 때문에 그것을 살 수 있는 방법이 없다. 팔레스타인 사람들의 50퍼센트 이상이 전적으로 식량 원조에 의지하고 있지만, 이런 인도주의적인 원조를 받을 기회도 빈번히 제재받는다. 특별조사관은 이스라엘 정부가 국제법에 따라서, 그리고 영토를 점령하고 있는 강대국으로서 팔레스타인 주민의 식량권을 보장할 책임이 있지만, 이런 책임을 지고 있지 않다는 것을 직접 확인했다. 안보 조치, 특히 야간 통행금지, 도로에 세워진 바리케이드, 출입 허가증을 보유해야 하는 시스템, 안보통제 초소 등으로 인해 신체적이거나 경제적인 방식으로 식량과 물에 접근할 수 있는 방법이 차단되면서, 사람들이 이동하고 경제적인 교환 활동을 펼 환경이 엄격히 제한받고 있다. 토지에서 생산되는 자원이 몰수되고 지속적으로 파괴되어 팔레스타인 사람들은 식량을 자급자족할 능력도 약화되고 있다. 팔레스타인 땅 곳곳에 안보용 울타리와 벽을 건설하는 일은 수천 명의 팔레스타인 사람들이 가져야 할 식량권에 위협이 된다. 수많은 팔레스타인 사람들이 소유지에 쉽게 접근할 수 없거나, 꾸불꾸불한 울타리/벽의 안쪽이나 울타리/벽을 따라 나 있는 폐쇄된 군사지역에 갇혀 있어야 하기 때문이다.[16] 특별조사관은 이스라엘이 안보를 유지할 필요성을 문제 삼는 것이 아니며, 이스라엘 시민이 노출되어 있는 일상적인 위험을 이해한다. 그럼에도 현재 이스라엘 정부가 취하고 있는 안보 조치는 전적으로 정도를 넘어섰으며 역효과를 낳고 있다. 그 조치로 팔레스타인 민간인, 특히 무구한 여성과 어린이들에게 기아와 영양부족의 상황이 초래되고 있기 때문이다. 마치 이스라엘 정부가 팔레스타인 사회에 집단적인 처벌을 가하고 있는 것 같다. 국제법을 따를 때, 어떤 집단에 속한 몇 명의 사람들의 행위 때문에 그 집단 전체를 처벌하는 것은 금지되어 있다. 나아가, 특별조사관은 특히 땅을 전면적으로 몰수하는 일에 우려를 표한다. 이스라엘과 팔레스타인의 수많은 증인과 비정부기구에 의하면, 그러한 몰수는 '홈랜드'*라는 숨은 전략에서 영감을 받았다. 수많은 사람들이 볼 때, 안보의 울타리/벽은 이런 전략의 구체적인 표현이다. 이로 인해 점령당한 팔레스타인 영토는 고유의 국경선이 없는 다섯 개의 부분으로 나뉘어 서로 가까스로 붙어 있다. 그리하여 주민의 식량권을 실현할 수 있는 경제시스템과 함께 미래의 팔레스타인 국가의 잠재적 존재 가능성을 위협한다.

다음은 나의 권고사항이다.

팔레스타인 주민이 인도주의적인 지원에 접근할 수 있는 수단을 개선하고, 인도주의적인 위기를 타개할 즉각적인 조치를 취하고, 영토 내에 설치되어 있는 이동의 장애물을 제거하고, 경작지와 수자원과 여타의 자원을 몰수하고 파괴하는 일을 중단할 것을 이스라엘 정부에 권고한다. 이스라엘 정부는 '홈랜드' 계획을 중단하고, 울타리/벽을 건설하는 일을 멈추고 인권과 인도주의적인 국제법과 관련된 국제적인 법체계에 부합하게 식량권을 준수할 방법을 개선해야 한다. 자체의 식량 및 수자원에 접근할 지속적인 수단을 갖춘 미래의 팔레스타인 국가의 실현성에 관해 숙고를 하는 것이 합당하다. 끝으로, 평

---

* '본향'이라는 뜻으로 '아버지의 나라', 곧 조상이 태어난 땅이라는 뜻이다. 여기서는 이스라엘인들이 팔레스타인을 본향으로 간주해 자신들의 땅으로 만드는 과정을 가리키기 위해 사용되고 있다.

화를 위한 이스라엘 연구기관의 일란 파페가 단언한대로, "비록 그 진실이 진력이 나고 수없이 언급되었다고 할지라도, (무구한 사람들에 대한 맹목적인 폭력을 포함해) 모든 종류의 폭력은 지배의 종말이 올 때에만 끝나게 될 것이라는 진실이 남아 있다."

2004년 1월 중순 경에 나는 에리카와 함께 카이로에 있었다. 내 책의 대부분이 아랍어로 번역되어 있는데, 내가 제36회 국제도서축제에 초대받은 것이다. 어느 저녁 호텔에서 나는 아랍연맹 사무총장의 보좌관으로부터 전화를 받았다. "선생님, 아므르 무사 박사님께서 선생님을 만나고자 합니다."

다음날, 나는 아랍연맹의 웅장한 건물로 갔다.

섬세하고 밝은 성격에, 우아하고 교양 있는 아므르 무사는 팔레스타인에 분리 장벽을 건설하려는 이스라엘을 상대로 헤이그의 국제사법재판소에 소송을 제기할 준비를 하고 있었다. 그 벽을 건설하는 일은 특히 수많은 팔레스타인 농부들로 하여금 지금 '국경' 너머 이스라엘 쪽으로 있는 자신들의 농지와 단절되는 상황을 초래하기 때문에, 식량권을 명백히 위반하는 것이었다.

아므르 무사는 내게 도움을 청했다. 내 서류를 볼 수 있게 해달라는 것이었다.

아랍연맹의 변호사나 조사관은 (또한 해외의 다른 누구도) 수탈당한 농부들의 증언을 수집하기 위해 현장으로 갈 수 없었기 때문에, 내가 작업한 서류, 내가 현장에서 인터뷰한 내용은 아므르 무사에게 확실한 가치가 있었다. 나아가 그는 유엔의 특별조사관이 수집한 증언이면 헤이그에서 큰 신뢰를 얻을 것이라는 사실을 잘 알고 있었다.

나는 주저 없이 아므르 무사의 요청을 받아들였다.

유엔 당국으로부터 보고서와 권고사항이 유효하다고 승인받은 나는 다른 일도 시도했다.

가자 지구에 머무르는 동안 나는 캐터필러 회사*의 철갑으로 덮이고 상부에 중기관총들이 장착된 거대한 불도저들이 가옥과 두 개의 병원과 세 개의 학교를 무너트리는 것을 보았다. 라파 도시 외곽과 이집트의 국경 사이에, 대인 지뢰로 뒤덮일 '무인 지대'를 만들려는 계획 때문에 벌어진 일이다. 2004년 5월 28일, 나는 캐터필러의 사장인 제임스 오웬스에게 이 사태가 빚어지게 된 것을 비판하는 편지를 썼다. 나는 팔레스타인 가구들의 식량권을 침해하는 데 그가 공모를 하고 있다고 비판하고, 불도저를 이스라엘에게 인도하는 모든 행위를 중단하라고 요구했다.

몇몇 비정부기구와 이스라엘의 NGO들로부터 강력한 지지를 받고 있는 미국의 권위 있는 사회단체들이 내 편에 섰다. 결국 캐터필러는 그곳 영토를 강제로 지배하는 국가와의 협력 관계를 재고해야 했다.

이스라엘 정부는 나를 해임시키려는 시도가 실패하자 진정한 첩보 기관인 가짜 NGO를 만들어 나를 다시 공격했다. 내가 말할

---

* 공사용 장비와 차량을 전문으로 만드는 회사.

수 있는 것은 그들이 거칠게 행동했다는 것뿐이다.

나는 스키를 타는 것을 좋아한다. 심지어 가끔 여름에도 빙하 위에서 스키를 탄다. 2006년 여름, 나와 에리카는 사스페에서 며칠을 보냈다. 그곳은 스위스 발레주에 위치한 체르마트의 계곡과 평행하게 뻗은 계곡에 위치한 발레주 알프스산의 훌륭한 휴양지로 3,500미터의 고도에서 사시사철 스키를 탈 수 있다. 우리가 이곳에 머물던 중 스위스연방의 국경일인 8월 1일이 찾아왔고, 스위스 곳곳에서 사람들은 커다랗게 타오르는 불 주위로 모여 음악과 연설을 들으며 이 날을 축하했다.

사스페의 시장은 내게 공식적인 연설을 해줄 것을 부탁했다.

그때는 '여름의 비' 작전, 즉 이스라엘 군대가 가자 주민을 상대로 막 살인적인 공격을 개시했을 때였다. 연설에서 나는 이 사태를 언급했다. 그러자 곧바로 나는 파리에 위치한 프랑스-이스라엘 연합 본부로부터 편지를 받았다.

장 지글러 씨에게,

매우 낙담스럽게도 우리는 한 위엄 있는 사람에게서 다음과 같은 소식을 들었습니다. 클로드 부만 시장이 당신을 초대한 사스페의 스위스 국경일 축하 행사가 진행되는 중에 당신은 "이스라엘의 침입"을 비난하고 "스위스는 이스라엘과의 군사적인 협력 관계를 중단해야 한다"고 요구하며 이스라엘에 대한 혐오 발언을 쏟아냈습니다.

당신은 물론 당신이 원하는 대로 생각할 권리가 있습니다. 하지만 유엔의 국제공무원으로서 회원국을 배척하는 주장을 할 권리는 없습니다. 저는 당신에게 프랑스 영토 안에서는 그런 행위가 위법이 될 거라는 사실을 분명히 알립니다. 저는 이 편지의 복사본을 유엔 사무총장, 프랑스 주재 스위스 대사, 사스페 지방관청장, 프랑스와 스위스 주재 이스라엘 대사들, 그리고 스위스-이스라엘 연합에 보낼 것입니다.

2011년, 쇠이유 출판사는 나의 책『굶주리는 세계, 어떻게 구할 것인가?』를 발간했다. 쇠이유의 사장인 올리비에 베투르네는 캐나다의 프랑스어권 지역에서 책을 홍보할 수 있도록 여행 일정을 잡아주었다. 텔레비전과 라디오 방송 출연, 언론인과의 점심식사, 몬트리올, 퀘벡, 오타와에 소재한 주요 다섯 개 대학에서의 토론회가 예정되어 있었다.

내가 몬트리올로 떠나기 이틀 전, 쇠이유의 대표로 퀘벡에 파견되어 있던 파스칼 아사티아니가 집으로 전화를 했다. "노형, 상황이 복잡해지고 있어요. 몇몇 총장이 당신의 토론회를 취소시키려 하고 있습니다. 당신에 대한 끔찍한 소문이 나돌고 있어요. 도대체 그 친구들에게 무슨 일을 저지르신 겁니까?"

나는 올리비에의 의견을 들어봤다. 그의 조언대로, 나는 상황이 좋지 않은데도 불구하고 떠났다.

무슨 일이 일어난 걸까?

캐나다의 각 대학교 당국은 (정체불명의) 이스라엘 수호를 위한 캐나다 지식인 단체로부터, 나와 나의 수많은 잘못에 관해 언급한 두꺼운 문건과 더불어, 토론회를 취소시켜야 한다는 다급한 요구서를 받은 것이었다.

나는 우선 현장에 도착해 총장과 (토론회와 관련된) 학장들과 사적인 만남을 가졌고, 상황은 제자리로 수습되었다. 다섯 군데 중에서 네 개의 대학교가 나의 방문을 받아들였다. 나는 이 토론회에 관해, 그리고 퀘벡 시민의 놀라운 생동감에 관해 감동적인 추억을 간직하고 있다.

지금껏 딱 한 번, 나의 명예를 훼손시키려는 그들의 작업이 성공을 거둔 적이 있다.

잘츠부르크 '축제'는 아마도 유럽에서 가장 유명한 음악 축제일 것이다. 그리고 매년 그곳에는 축제의 시작을 위한 연설을 할 지식인이나 예술가가 초대된다. 2010년에 베르텔스만 출판사에서 『빼앗긴 대지의 꿈』의 독일판이 출간되었다. 잘츠부르크 주지사 가비 부르크슈탈러는 그 책을 읽고 내게 멋진 연설을 해달라고 부탁했다. 나는 이 부탁을 받아들였다.

하지만 이스라엘의 기관은 모든 돌발적인 사건을 주시하고 있었다. '축제 위원회'의 위원들은 어떤 문건을 받았다. 무엇에 관한 문건이었을까? 나의 비열한 행위에 관한, 나의 "거짓말쟁이" 같은 성격에 관한, 나의 "반유대주의"에 관한 문건이었을 것이다.

부르크슈탈러 주지사는 마지못해 초청을 취소했다.

그러나 악에서도 이따금씩 선이 태어나는 법. 오스트리아의 에

코윈 출판사에서 내 책을 편집하던 하네스 슈타이너는 내가 실행하지 못한 연설을 출간할 생각을 했다.『의식의 저항』이라는 제목이 붙은 이 작은 책자는 수만 부가 팔렸다. 결과적으로, 잘츠부르크 축제 홀에 모인 특권을 누리는 소수의 사람들 앞에서 연설하는 것보다 훨씬 더 많은 사람들이 내 연설의 내용을 알게 되었다.

중상모략이란 이것을 당하는 사람의 등 뒤에서 아주 활발히 진행되는 법이다. 상황은 점점 더 악화되었다. 뉴욕에서나 제네바에서나, 외교관은 지속적으로 바뀐다. 당신이 어떤 대사에게 당신에게 가해진 비난의 허구성을 알리는 데 성공하자마자 그는 이내 전근을 간다. 그러면 모든 일을 다시 시작해야 한다. 그래서 나의 다른 보좌관들처럼, 샐리 안도 왜 내 명예를 훼손시키는 사람들을 상대로 소송을 제기하지 않는지, 그리고 오늘날까지도 소송을 제기하지 않는지 결코 이해하지 못했다.

사실 나는 제네바와 뉴욕에 부지기수로 존재하는 이런 기관들, 이런 형편없는 세력가들을 소송을 통해 부각시키기고 싶지 않다.

뉴욕 유엔 본부의 39층에는 사무총장 내각의 일원인 한 고위 국제공무원이 있는데, 그는 미국에 자리한 여러 유대인 기구 및 공동체와 어떻게 관계를 유지할지와 관련된 사항만 따로 맡아 다룬다. 어느 저녁, 코피 아난과 내가 나의 불행한 입장에 관해 이야기를 나누던 중에, 코피 아난이 내게 말했다. "가서 그를 만나보게. 그는 자네가 '반反 중상 연맹'과 랍비들을 만나도록 해줄 걸세. 그가 자네를 도울 수 있을 거야."

나는 거절했다.

나를 뒤쫓는 자들의 만행이 최고조에 오른 순간은 내가 인권이사회의 자문위원회에 지원했을 때 찾아왔다. 이번에 이스라엘의 기관은 다른 때보다 일을 매우 잘 처리했다. 그들은 내가 "이스라엘과 유대인에게 증오심을 품고 있다"고 비난할 뿐 아니라, 유엔에 파견된 전 외교단 앞에서 나를 나치 독가스실의 존재를 부인하는 '부인주의자'로 취급했다. 미국의 의원 44명은 사무총장에게 나를 후보군에서 탈락시켜야 한다고 말했다. 오바마 대통령이 뉴욕 유엔 본부에 파견한 대사(내각의 일원이다)인 서맨사 파워는 왜 내가 유엔에 "치욕"인지 설명하는 선언서까지 발행했다.

나는 여기서 잠시 다른 이야기를 할까 한다. 국제법과 인도주의적인 법을 경멸하는 태도는 텔아비브에 연속해서 들어선 정부가 수십 년 동안 보여주던 것이다. 이런 태도는 다자 외교에, 따라서 유엔에 재앙적인 결과를 초래한다. 실제로, 이 세계의 가장 끔찍한 독재자들은 유엔의 제재와 비판에 이의를 제기하기 위해 이스라엘의 태도를 구실로 삼는다.

2003년 이후로 수단의 서부에 있는 다르푸르를 황폐화시키고 있는 하르툼의 정부가 바로 그런 예다. 안토노프 항공기에서 투하되는 폭탄과 말을 탄 아랍인 민병대('잔자위드')의 창으로, 마살리트족, 푸르족, 자가와족의 성인 남녀 그리고 어린이들이 수천 명씩 죽어가고 있다. 「묵시록」에 등장하는 기사들처럼, 이 살인자들은 아프리카 마을을 덮쳐 여성과 어린 소녀를 강간하고, 팔다리를 절단하고, 목을 자르고, 어린이를 불타는 가옥의 화마 속으로 산 채로 던지고, 성인 남성과 노인과 소년을 죽여 쓰러트린다. 잔자위드는 하르툼에서 집권하는 장군들의 명령에 따라 살인을 하는데, 그 장군들은 먼 곳에 있는 이슬람구원전선의 "사상가들"의 조종을 받고 있다.

2014년 9월, 가자에서 이스라엘의 기갑부대, 항공기, 함대가 조직적으로 새로운 학살을 저지르고 나서 한 달하고 보름이 지난 때, 인권이사회가 회기를 열었다. 이때 이사회는 다르푸르를 두고 토의를 진행했다. 수단 대사는 극도의 악의를 품고 거리낌 없이 말했다. "이스라엘인은 가자에서 아랍 어린이를 불태워 죽이지만, 서구 국가는 이에 아무런 대응도 하고 있지 않습니다. 그런데도 여러분은 우리가 여러분의 결의안과 여러분의 제재에 굴복하기를 바라는 겁니까? 그런 일은 절대로 없을 겁니다!"

반유대주의는 위법이다.[17] 인간의 정신에 찾아오는 병리학적 측면인 타락은 어느 나라에서나, 어느 순간에나 이뤄질 수 있다.

2016년 7월 저녁, 프랑스 남부 아를시의 뜨거운 열기 속에서, 나는 포럼 광장이 보이는 노르 피누스 호텔의 테라스에 앉아『르몽드』를 펼쳤다. 순간 나는 피가 얼어붙는 걸 느꼈다. 엘리 위젤이 더 이상 이 세상 사람이 아니었다. 신문 한 면의 반을 차지한 사진 속에서, 그는 슬프면서도 약간은 아이러니한 시선으로 나를 주시하고 있었다. 심하게 야위었고 머리는 텁수룩했다. 사진 아래에는 "쇼아 생존자이자 작가인 엘리 위젤이 2016년 7월 2일에 뉴욕에서 사망하다"라고 쓰여 있었다.

나는 결코 그를 잊지 못할 것이다. 그가 아니었다면 어느 누구도 내게 이 세계를 이해하는 방식을 가르쳐주지 못했을 것이다. 콜롬비아대학교의 어린 대학생인 내가 리버사이드 드라이브에 위치한 그의 검소한 아파트에서 방 하나를 빌려 세 들어 살고 있을 때였다. 당시 엘리 위젤은 아직 세계적으로 유명한 작가가 아니었고, 노벨평화상도 타지 않은 때였다. 그는 이스라엘의 일간지《예디오스 아로노스Yedioth Aharonoth》가 유엔에 파견한 특파원에 불과했다. 그는 주위에 있는 명랑한 학생들을 중심으로 밴드를 만들었는데, 이들 중에서 몇 명은 쇼아의 생존자였다. 이들은 모두 프랑스어를 할 줄 알았다. 아직은 기초적인 영어밖에 모르고 뉴욕에 친구가 없던 나는 서클에 가입하라는 엘리의 제안을 감사한 마음으로 받아들였다. 우리는 센트럴파크의 즉흥 재즈 연주회, 그리니치 빌리지의 거리 연극, 할렘의 아폴로 극장에서 진행된 엘라 피츠제럴드와 어사 키트의 콘서트를 찾아가며 밤을 보내곤 했다.

투쟁을 하는 동안, 나는 엘리 위젤로부터 몇 번의 결정적인 지지를 받았다. 그의 편지를 다시 읽어본다. 푸른색의 섬세한 필치가 남아 있는 편지지에는 윗부분에 보스턴대학교의 문양이 있다.

그런데 팔레스타인에 관한 우리의 시각은 근본적으로 대립했다. 심지어 이스라엘이 가자 지구를 폭격하는 최악의 순간에도 엘리는 텔아비브 정부에 결코 비판적인 말을 하지 않았다. 이스라엘 권력기구가 행하는 일의 합법성, 올바름에 관해 조금이라도 유보적인 태도를 보이는 것은 아무리 사적인 자리라 해도 그에게는 불가능한 일이었다. 그럼에도 나는 그가 폭격 희생자들의 고통에 함께 아파했을 것이라고 마음 깊이 느낀다. 그는 이스라엘에서 사는 것을 항상 거부했다. 내가 팔레스타인의 동기를 매우 확고하게 옹호하자, 그는 매우 단호한 태도로 내게 편지를 썼다. "자네가 스스로 말하고 있는 것을 믿는다면, 자네는 그것을 말해야만 한다네."

한편으로, 그는 누군가가 자신의 친구를 반유대주의라고 의심하면 이를 개인적인 모욕으로 받아들였다. 『왜 검은 돈은 스위스로 몰리는가』가 출간되고 나의 면책특권이 박탈된 이후 나를 상대로 쏟아진 소송들 중에서, 가장 위험한 것은 뉴리퍼블릭뱅크의 소유주이고 유명한 변호사 무리의 보호를 받던 갑부 에드먼드 사프라가 제기한 소송이었다. 이 은행가는 프랑스 법정에서 내게 터무니없는 액수의 손해배상을 청구했다. 또한 법정 안에서는 반유대주의를 비난하는 소리들이 울려 퍼졌다. 소송이 한창 진행 중이었을 때, 엘리 위젤은 비행기를 타고 제네바로 와 에드먼드 사프라를 만나러 가서는 그에게 내가 진정으로 어떤 사람인지 설명하고, 특히 내가 자신의 친구라고 말했다. 이어서 위젤은 뉴욕에서 그에게 편지를 보내 그들이 만난 자리에서 언급된 조건들을 그에게 다시 확인시킨 다음, 편지의 복사본은 내게 전달했다. 이 편지는 고등법원에서 낭독되었다. 에드먼드 사프라는 소송을 끝내고 재판 외 합의를 제안했다. 나는 이렇게 해서 파산을 면할 수 있었다.

엘리 위젤은 새롭게 발간된 자신의 책 『나이트La Nuit』의 서문에 이렇게 썼다. "망각은 위험과 모욕을 의미할 것이다."[18] 나치에 의해 죽임당한 600만 사람들의 기억에 대한 모욕, 살육의 광기가 되살아날 위험.

2016년 5월에 있었던 프랑스 유대인기관 대표이사회의 저녁 모임에서, 마뉘엘 발스 총리는 선언했다. "반시오니즘은 순전히 반유대주의, 그리고 이스라엘에 대한 증오와 같은 말입니다."[19]

마뉘엘 발스의 발언은 정말 말도 안 된다. 반유대주의는 지난 세기에 인류 역사상 가장 끔찍한 범죄 중 하나가 발생하는 데 주도적인 영향을 미쳤다. 그런데 한 정부를 비판하는 것과 반유대주의적인 모욕을 동일시한다는 건 반유대주의적인 악의를 일반화하는 것이다. 결과적으로는 사회의 면역력을 약화시키는 일이다.

나에 대한 증오심을 표출할 때 이스라엘의 기관이 이러한 혼동 전략을 사용하는 건 용납할 수 없는 일이지만, 이해는 할 수 있다. 하지만 프랑스공화국의 총리가 이와 동일한 무례를 범한다는 건 경악스러울 뿐이다.

2003년과 그 이듬해, 유엔에서 나의 지위는 강화되었다. 특별조사관직 선거에 이어 위원직, 끝으로는 자문위원회의 부의장직 선거까지 당선되고 재선될 때, 나는 남반구 다수의 국가로부터 결정적인 지지를 기대할 수 있었다. 브라질에서는 루이스 이나시우

룰라 다시우바가 집권하고 있었고, 베네수엘라는 우고 차베스가 이끌고 있었다. 쿠바에 이어 2006년부터는 라파엘 코레아의 에콰도르, 에보 모랄레스의 볼리비아가 이사회에서 발언을 했다. 이슬람회의기구(OIC)도 나를 지지했다.

하지만 현재 브라질은 우파가 집권하고 있고, 우고 차베스는 죽었다. 쿠바와 에콰도르는 힘이 약화되었다. 이사회의 라틴아메리카 국가 그룹은 양분되었다. 아프리카 그룹에 관해서도 같은 말을 할 수 있다. OIC로 말하면, 외교관들이 서로 헐뜯고, 중동의 전쟁들로 인해 걸프만의 군주국들과 인도네시아가, 알제리와 사우디아라비아가 대립하는 중이다.

특히 나는 친구이기도 했던 두 명의 협력자를 잃었다. 사무총장을 맡은 사람은 코피 아난에서 생명력 없는 엑스트라 같은 인물로 대체되었다. 세르지우 비에이라 지멜루 고등판무관은 임무 중에 사망했다.

미국이 2003년 3월에 안전보장이사회의 의사에 반해 이라크를 폭격하며 침공한 이후로, 부시 대통령과 유엔의 관계는 끊겼다. 유엔이라는 조직을 유지하는 데에는 치명적으로 위험한 일이었다. 이때 코피 아난은 바그다드로 가서 점령군 지척에 유엔 대표부를 개설하기 위해, 그의 가장 가까운 친구인 세르지우 비에이라 지멜루에게 도움을 청했다.

세르지우는 바그다드의 카날 호텔에 그의 본부를 두었다.

2003년 8월 19일 화요일 오후 4시 30분, 폭발물을 가득 실은 한 지하디스트의 화물차에 의해 호텔이 거의 완전히 파괴되었다. 세르지우를 포함한 동료 21명이 살해당했다.

미국의 불도저와 크레인이 다른 곳에서 작업 중이었기 때문에, 세르지우는 무너진 건물의 콘크리트 벽들 사이에 끼인 채 잔혹한 단말마를 겪었다.

그는 언제나 변함없는 나의 친구였다.

나로 말하면, 계속 저항하고 있다. 그리고 나는 포기하지 않을 것이다.

나오는 말

우리가 함께 승리를 획득해야 할 것들

인간의 실존을 특징짓는 수많은 부조리한 일 가운데 가장 명백하면서도 가장 받아들이기 힘든 건 인류가 오늘날까지 전쟁을 멈추는 데 결코 성공하지 못했다는 사실이다. 인간의 능력은 경이롭다. 새로운 것을 발견하고 과학적, 기술적, 인식론적으로 계속해서 진보하고 있다. 그럼에도 새로운 분야를 정복하는 매 순간마다, 전쟁의 병리는 더 효과적으로, 더 위협적으로 기능한다.

오늘날, 세계는 다시 불과 피의 도가니 속으로 빠져들어 가고 있다. 해마다 새로운 전쟁이 발발하고 수십만 명이 죽는다. 그리고 기아, 전염병, 독이 든 물로 인해 벌어지는 구조적인 폭력으로 말미암아 수많은 가정이 이 세상에서 사라진다.

현재의 세계는 프랭클린 루스벨트와 윈스턴 처칠이 1941년에 태풍의 한가운데서 구상해낸 (정의롭고, 자유롭고, 행복한) 민주적인 질서에서 수십 광년은 떨어져 있다.

이런 와중에 유엔과 이곳에서 일하는 사람들의 무능함은 현재 상황에 대한 구제책이 없음을 보여준다.

내가 기억하는 최악의 상황은 2014년 2월 14일로 거슬러 올라간다. 차디찬 비가 억수같이 쏟아지는 저녁이었다. 팔레 데 나시옹은 어둠에 잠겨 있었다. 라 패 거리로 들어가는 입구와 맨 위층의 몇몇 창문만이 빛을 내고 있었다. 유엔의 안전요원이 지키는 닫힌 문들 너머로, 프랑스어권 출신의 총명한 지식인이자 능숙한 협상가이고 정도를 넘어설 만큼 거칠고 시니컬한 태도를 지닌 바샤르 자아파리 대사가 이끄는 시리아의 다마스쿠스 정부 대표단이 회의를 하고 있었다. 다른 방에서는 시리아저항운동연합의 (남녀로 구성된) 18명의 대표자들이 회의를 하고 있었다. 유엔의 협상가인 라흐다르 브라히미는 두 방을 오고갔는데, 두 대표단이 서로에게 직접 말하려 하지 않았기 때문이다.

라흐다르는 확실히 유엔이 배출한 협상가 중에서 가장 노련하고, 가장 끈질기며, 가장 실력이 뛰어난 서너 명의 협상가 가운데 한 명이다. 하루 종일, 양 측이 휴전을 하고 협상의 결과가 밤중으로 알려질 거라는 소문이 나돌았다. 유엔의 홍보실은 정원에 하얀 천막들을 세운 다음 그 안에 플라스틱 의자, 전기 난방기구, 커피 머신을 갖다 놓았다. 전 세계에서 온 수많은 기자들이 덜덜 떨면서도 인내심 있게 결과를 기다리고 있었다.

나는 아랍 출신의 스위스 정치학자이자 알제리 전문가인 하스니 아비디[1]와 함께, 베이루트의 범아랍 레바논 방송사 알 마야딘

(아랍어로 '광장'이라는 뜻이다)의 초대를 받았다. 팔레스타인 사람인 사회자와 하스니 아비디는 아랍어로 말하고, 나는 동시통역에 의지하며 프랑스어로 말했다. 이 팔레스타인인은 내게 자랑스럽게 말했다. "저희는 알레포, 구타², 홈스에 동시에 생방송을 내보내고 있고, 사람들은 계속해서 저희의 말을 듣고 있습니다. 당신도, 여기서, 지금, 생방송으로 그들에게 말하게 됩니다."

제네바의 방송은 시리아의 폭격당한 도시 주민이 겪는 일을 담은 방송들로 끊기곤 했는데, 그 장면들 역시 생방송으로 전달되고 있었다. 알레포 동부의 한 구역인 알 샤아르에서, 정부군의 헬리콥터가 빵가게 앞에 줄 서 있던 한 무리의 아이들 위로 염소가스 폭탄을 투하했다. 자그마한 육체들은 숨을 헐떡이며 들것 위에서 죽어갔다. 앰뷸런스 두 대가 건물 잔해가 쌓인 곳까지 가려고 했지만 실패했다. 우리 귀에 사이렌의 울부짖는 소리가 들렸다. 부모, 형제, 누이, 이웃은 울면서 얼이 빠진 채로 움직이고 있었다. 그들은 아무런 도움도 주지 못하고 숨이 멎어가는 아이들을 지켜보았다. 인공위성이 모든 장면을 우리에게 전달해주고 있었다. 사회자는 다시 말을 이었다. "아비디 박사님, 지글러 박사님, 이런 상황에서 어떤 일을 해야 할까요?"

제네바에서의 협상은 완전히 실패했다. 2월 15일, 라흐다르 브라히미는 3주 전부터 난관에 부딪친 채 맥없이 질질 이어지기만 하던 토의를 종결지었다. 결국 그는 직위에서 물러났다.

학살은 여전히 이어지고 있다. 시리아 독재 정부의 대통령 바샤르 알 아사드는 자신의 나라의 병원, 빵가게, 학교, 주거지를 폭격하라고 계속 명령한다.[3] 5년의 전쟁 동안, 성인과 어린이 25만 명이 목숨을 잃었고, 수백만 명이 부상을 당하거나 팔다리가 절단되는 상해를 입었다. 2011년에 2,300만 명이던 시리아 인구 중 600만 명이 국경을 넘어 도주했고, 760만 명이 자국 안에서 이주를 했다. 41개 도시가 포위되었으며, 음식, 약, 깨끗한 물이 결핍된 상황을 가리키는 '검은 다이어트'를 겪고 있다. 여러 도시가 먼지와 재만 남을 정도로 완전히 파괴되었다. 이러한 대량 살인이 매일 밤낮으로, 싸늘할 만큼 정상적인 환경 속에서, 즉 세계가 버젓이 바라보는 앞에서 자행되고 있다.

이렇게 살인을 방임하는 유엔의 수치스런 무능함은 어디에서 기인한 걸까? 대답은 단순하다. 러시아의 거부권 때문이다.

러시아는 안전보장이사회의 상임 5개국 가운데 하나다. 유엔이 전쟁에 개입하고 평화를 다시 정착시키려면 5개 상임이사국이 만장일치된 의견을 내야 한다. 뉴욕의 유엔 본부 1층에 있는, 귀중한 목재와 경탄할만한 융단으로 장식된 이사회 홀에서 러시아 대사는 유엔의 시리아 내전 개입 문제에 셀 수 없을 만큼 많이 거부 의사를 표시했다.

러시아의 거부는 어떤 결과를 낳았을까? 포위당한 민간인에게 접근할 수 있는 통로도 없고, 국제연합군도 시리아의 도시를 보호하지 않으며, 비행금지구역에서도 바샤르 알 아사드의 헬리콥터와 폭격기가 (그리고 아주 최근에는 러시아의 항공기가) 가옥과 건물을 불사르는 것을 막지 못한다.

오늘날 유엔에게 거부권은 하나의 재앙이 되었다. 유엔이 무기력해진 것은 그 때문이다. 더 정확히 표현하면, 유엔의 가장 중요한 임무, 곧 지상에서 공동의 안정을 보장할 임무를 맡아서 수행할 능력을 잃은 것은 이 거부권 때문이다. 1971년에 소련과 시리아 바트당 사이에 맺어진 협정 덕분에, 러시아는 라타키아 근방의 타르투스에서 해군기지를 운영할 수 있었다. 지중해에서는 유일한 러시아의 해군기지였다. 그래서 러시아는 다마스쿠스의 백성을 보호하는 동시에 타르투스에 있는 자체의 병참기지를 보호하는 것이다.

앞서 보았듯[4] 수단 서부의 다르푸르라는 넓은 옛 이슬람교 군주국의 땅에서는, (애니미즘 숭배자와 기독교도들로 구성된) 아프리카의 세 민족이 이슬람교 독재자 오마르 알 바시르 장군에 의해 처참한 고통을 겪고 있다. 수십만 명의 마살리트족, 푸르족, 자가와족 성인과 어린이 그리고 종교인들이 장군의 부하들에 의해 살해되고, 신체가 절단되고, 불에 타 죽었으며, 정부가 의도적으로 발생시킨 기근이나 독약을 탄 우물물 때문에 생명을 잃었다. 잔자위드라는 용병의 지원을 받는 이 정부의 군인들은 마을을 포위해 주민을 집 안으로 몰아넣은 다음 산 채로 불태워 죽인다.

수단은 석유 자원이 매우 풍부하다. 이 나라의 주요 고객은 중국이다. 2015년, 중국에서 소비된 석유의 11퍼센트가 수단의 항구도시 포트수단에서 온 것이다. 6년 전부터 안전보장이사회에서 중국이 거부권을 행사함에 따라, 유엔은 어떤 경우에도 수단에 개입하지 못하고 있다.

현재 180만 명의 팔레스타인 사람들은 가자 지구의 360평방킬로미터 땅에서 살아남고자 노력하는 중이다. 2006년부터 이스라엘의 육해공군은 가자 지구를 철저하고도 잔혹하게 봉쇄하고 있다. 이곳에서는 신장병이 맹위를 떨치고 있는데, 수맥이 오염되었고, 이스라엘이 폭격으로 파괴된 정수장을 재건축하는 데 필요한 건축자재와 장비를 가자 지구로 반입하는 걸 금지하고 있기 때문이다. 알 시파 병원에서는 암 치료제가 턱없이 부족한 형편이다.

거의 두 해를 주기로, 이스라엘은 가자 지구의 주거지, 학교, 병원에 폭격을 가하고, 이때마다 수천 명을 살상하며 수만 명에게 심각한 신체적 상해를 입힌다.

앞서 언급했듯이, 가자의 주민을 보호하려는 유엔의 활동은 미국의 거부권 때문에 제동이 걸린다.

그렇다면 유엔안전보장이사회의 거부권은 어떻게 해서 생겨났을까?

1941년 USS 어거스타호에 있었던 스코틀랜드인 존 보이드 오어는 처칠이 루스벨트에 강하게 반대하던 놀라운 순간에 대해서 자세히 언급한다.[5] 처칠은 민주주의 원칙에만 입각한 헌장을 만들고자 한 계획을 거부했다. 처칠은 아돌프 히틀러가 권력을 잡는 과정을 면밀히 주시했었는데, 그 과정은 민주주의 규칙에 결코 위반되지 않았던 것이다!

루스벨트는 각 국가의 주권은 침해할 수 없다고 단호하게 주장했다. 또한 그는 회원국 사이의 평등 원칙, 최종적으로 헌장의 제2조에 포함된 원칙("이 기구는 모든 회원국의 주권평등 원칙에 기초한다.")을 고수하는 데 있어 물러섬 없이 강경한 태도를 취했다. 따라서 국력에 상관없이 유엔의 각 회원국은 총회에서 한 표씩 행사하게 되었다. 레지 드브래는 이렇게 썼다. 국가들의 주권은 "불평등한 국가들 사이에 평등의 선을 그으면서 형성된다. 부룬디는 미국과 동일한 '주권'을 갖고 있다. 이는 우습고 이상한 일일까? 그렇다. 이는 당연함에 반하는 일일까? 그렇다. 이것을 일컬어 우리는 문명이라고 부른다."[6]

1932년 11월, 나치는 의회 선거에서 196석, 곧 33퍼센트의 표를 획득하며 선두를 차지했다. 1,100만 명 이상의 독일 시민이 히틀러가 지휘하는 당에 표를 준 것이다. 사회민주주의자들(121석)과 공산주의자들(100석)은 연합할 능력이 없었다. 그래서 공화국의 대통령인 폰 힌덴부르크 (늙은) 원수는 자연스럽게 히틀러를 내각 총리로 임명하게 되었다.

1933년 3월 21일 오전, 히틀러는 포츠담의 가르니존 교회에서 의회의 회기를 열었다. 이 교회는 프로이센 왕들이 묻혀 있던 성소로, 프레데릭 2세의 무덤은 여기에서 불과 몇 미터밖에 떨어져 있지 않았다. 바로크식으로 지은 넓고 웅장한 중앙홀은 나치 친위대ss의 장교, 나치 돌격대sa의 하사관, 독일국방군의 장성들로 가득 찼다. 히틀러는 헌법을 수호하겠다고 선서했다. 그로부터 3일이 지나, 그는 전권全權을 요구했다. SS 소속의 의원들에게 겁먹고, 검은색 제복과 해골 머리의 마크가 붙은 모자에 공포를 느낀 441명의 의원은 전권 이양에 찬성했다. 94명만이 감히 반대표를 던졌을 뿐이다.

이렇듯 독일 민주주의는 비밀투표를 거치면서 제멋대로 무너졌다.

나는 윈스턴 처칠이 쓴 7권 분량의 『회고록』을 우리 시대의 가장 인상적인 걸작 가운데 하나로 꼽는다. 다음은 처칠이 히틀러의 집권에 관해서 쓴 내용이다.

"그는 심연의 깊은 지옥으로부터, 유럽에서 가장 인구가 많고, 가장 복종적이고, 가장 두드러지게 모순된 성향을 띠고, 가장 불행한 민족 안에 잠들어 있던 어둡고 야생적인 분노를 불러 들였다. 그는 모든 것을 집어 삼키는 몰록* 같은 잔혹한 우상 앞에서 기도를 하곤 했는데, 그 자신이 우상의 사제인 동시에 우상을 육화한 인물이었다."[7]

이 절대권력은 치욕, 증오, 그리고 폭력 위에 세워졌다.

처칠은 유사한 재앙이 반복될 가능성이 있다고 확신했다. 탈선할 수 있는 통로가 있을 경우에, 유엔 총회에서 과반수의 국가가 헌장과 세계인권선언에 근본적으로 위배되는 결정을 내릴 수 있는 상황을 피하려면 어떻게 해야 할까?

따라서 비상 제어장치를 마련할 필요가 있었다. 처칠은 자신의

---

* 셈족이 아이를 제물로 바치며 모셨다고 전해지는 신.

생각을 밀어붙였다. 그래서 제2차 세계대전의 5개 승전국이 각각 거부권을 갖게 된 것이다.

코피 아난 사무총장은 임기(1997~2006) 내내 소말리아 전쟁이나 구 유고슬라비아 전쟁 같은 아주 끔찍한 상황과 대면했고, 거부권이라는 제도와 유엔의 무능함 앞에서 고통스러워했다. 그래서 뉴욕에 있던 집무실을 떠날 때, 그는 일종의 유언으로서 안전보장이사회 개혁안을 내놓았다.

이 개혁안은 두 가지 주요한 측면을 포함하고 있다.

하나는 이제부터 반인도적 범죄와 관련되는 모든 갈등 상황에서는 거부권을 행사할 수 없어야 한다는 것이다.

다른 하나는 안전보장이사회의 상임국 지위는 모든 국가가 교대로 맡아야 한다는 것이다. 프랑스와 영국의 지위는 유럽에 할당된 것이므로 독일, 이탈리아, 스페인, 스칸디나비아 반도 국가 등이 번갈아 맡게 될 것이다. 중국은 인도, 일본, 인도네시아를 위해 한동안 상임국의 지위를 상실할 것이다. 미국도 마찬가지다. 미국의 지위는 차례로 브라질, 캐나다, 멕시코 등이 맡을 것이다.

코피 아난의 제안은 상식적이었으며, 오늘날에 맞는 가치를 지니고 있다. 반인도적 범죄가 벌어질 때 거부권을 행사하는 일이 중지된다면 유엔은 무능력함에서 벗어날 것이다. 각 국가가 상임국의 지위를 교대로 맡으면, 국가들 사이에 존재해야 할 경제적, 금융적, 정치적 균형에 보다 부합하는 안전보장이사회를 구성할 수 있을 것이다.

그러나 2006년에 이 개혁안은 단단한 벽에 부딪혔다. 안전보장이사회의 상임 5개국이 개혁안을 모두 거부한 것이다. 그들의 동의가 없으면 어떤 개혁도 할 수 없다. 결국 이 개혁안은 뉴욕의 사무실 서랍으로 다시 보내졌다. 그런데 기적적이게도 지금 사람들이 이 개혁안을 다시 서랍에서 꺼내는 중이다.

빌헬름 프리드리히 헤겔은 『정신현상학』에서 말했다. "세계의 역사는 세계의 법정이다."[8]

물질적인 상황이 변화하면 언제나 부분적으로 이데올로기적 양상이 변하게 된다. 살육의 전쟁이 아무리 오랫동안 벌어지고 있어도, 안전보장이사회에서 상임국의 지위를 차지하던 국가들은 헌장을 개혁하려는 모든 시도에 태연히 반대해왔다. 그들의 국경 멀리서 벌어지는 일이었기 때문이다. 그런데 상황이 근본적으로 바뀌었다. 시리아, 이라크, 리비아를 포함한 세계의 여러 곳에서 괴물이 나타나 사람들을 전멸시키고, 참수하고, 죽이고 있다. 바로 이슬람국가(IS)다. IS는 파리 한가운데의 신문 편집실, 라이브 음악 공연장인 바타클랑, 카페 테라스, 파리와 바비에르의 열차와 슈퍼마켓, 니스의 '영국인들의 산책로', 런던과 브뤼셀 그리고 모스크바의 지하철, 브뤼셀의 공항, 노르망디의 작은 성당에서 사람들을 학살하고, 불태워 죽이고, 다치게 했다. 미국은 이 단체를 병리적인 살인자 집단으로 보고 있다. 서구 국가와 러시아에게는 먼 곳에서 벌어지던 전쟁의 끔찍함이 갑자기 국내에서 그 실체를 드러낸 것이 되었다.

지중해와 에게해에서 고통을 겪는 난민들도 있다. (시리아인, 이라크인, 아프가니스탄인 등) 600만 명 이상이 도망을 가거나 망명길에 오르는 중이다. 그들은 유럽에 보호정책과 피난처를 요구하고 있다. 이들의 비극적인 상황 때문에, 늙은 대륙의 국가들은 극적인 도덕적 문제, 즉 난민들을 경제적으로 어떻게 받아들이고 통합시킬 것인가라는 문제와 대면하고 있다. 한편으로는, 이 문명화된 국가들의 한가운데서 강력하고도 가증스러운 인종차별주의 운동이 다시 일고 있다.

바로 이런 이유에서 지금이 승리하기 위한 가장 좋은 기회다. 우리는 모두 함께 유엔의 개혁을 이뤄내기 위해 저항해야 한다. 제네바와 뉴욕에서 일하는 상임이사국의 외교관들 사이에서는 몇 달 전부터 협의가 진행 중이며 제대로 진척되고 있다. 프랑스 외무성이 있는 파리의 센 강변의 캐 도르세, 미국의 외교정책을 주관하는 국무부, 영국의 외교부 뿐 아니라 독일 연방외교부의 외교관들은 이미 코피 아난 개혁안의 수정본을 작성했다. 그리고 유럽연합은 이와 관련된 작업을 담당하는 그룹을 조직했다.

지금 이 그룹은 코피 아난이 구상한 개혁이 실현되도록, 국제적인 시민사회가 행사할 수 있는 압력에 기대를 걸고 있다.

다른 희망도 생겨나고 있다. 인도주의적 개입과 관련된 희망이다. 세계의 공공재와 보편적 이익의 수탁 기관으로서 유엔은 어떤 정부가 자국 시민의 인권을 전면적으로 침해할 때, 인도주의적 개입의 원칙을 내세워 '행동'할 수 있어야 한다. 인권을 위해 자체의 무력을 사용할 수 있어야 하며, 이는 절대적으로 필요한 일이다.

나는 인권이사회 회의가 끝난 이후면 이따금 밤늦게까지 내 수첩에 담긴 메모를 훑어보곤 한다. 나는 매 회기마다 하루 정도는 고등판무관이 '특별 관심 상황'에 대해 설명하는 일을 메모하는 데 할애한다.

2014년 3월 26일 수요일에 회의 참가자 전원이 참석한 일을 떠올려본다. 직무를 수행 중인 고등판무관 나비 필라이가 발언을 하는 날이었다. 수줍게 웃으며 무테 안경 너머로 따뜻한 시선을 보내는 그녀는 마음이 평온한 할머니 같은 분위기를 풍긴다. 그러나 이런 인상은 인상에 그칠 뿐이다. 가난한 타밀족 이주민 집안에서 태어나 남아프리카공화국의 항구 도시 더반의 빈민촌에서 자라난 그녀는 형법 전문 변호사가 되었다. 그녀는 남아프리카공화국의 인종차별주의적인 독재에 저항하는 10여 명의 운동가를 지지하는 변호사로서 위태로운 삶을 살았다. 목소리는 결연했고, 정보는 정확했다. 콜롬비아에서는 몇몇 당국이 군대를 본떠 만든 특수조직 요원들을 보호하고, 이 요원들은 지방의 라티푼디움 소유주 및 기름 야자를 이용해 농작물연료를 만드는 해외의 다국적 회사들을 위해 일한다. 이 군인 같은 살인자들이 토지를 "해방시켜" 플랜테이션을 확장시킬 목적으로 매년 수백 명의 농부를 죽이고, 그들의 허름한 집을 불태운다. 유엔은 미대륙 간 인권위원회 소속 법의학자들의 도움을 받아, 시신들이 묻힌 장소를 찾고 그것들을 정밀 검사해 신원을 확인하려고 노력하는 중이다. 희생자가 발견될 때마다 유엔은 콜롬비아의 수도인 보고타 정부에 통보한다.

최근 나비 필라이는 혼란스러워하고 있다. 살인자들이 전략을 바꾼 것이다. 그들은 부에나벤투라에서 수백 명의 수감자를 죽인다음 그 시신을 토막내, 태평양 연안의 바예 델 카우카주 곳곳에 있는 여러 공동 묘혈에 분산시켜서 버린다. 머리는 이곳에, 팔이나 다리는 저곳에. 이 시신의 조각은 각각 수십 킬로미터나 수백 킬로미터 떨어져 있다. 그들은 사실상 이런 식으로 법의학자들이 작업을 하지 못하게 만들고, 유엔의 고발도 무용한 것으로 만들어 버렸다. 그날, 나비 필라이는 3시간도 넘게 살인자들의 이름과 가장 최근에 죽은 희생자들의 신원을 하나씩 언급했다.

3월에 내리는 가느다란 빗줄기가 바람에 쓸려 팔레 데 나시옹의 높은 유리창을 두드렸다. 이 고등판무관은 더 고통스러운 이야기를 꺼낸다. 과테말라에서는 10살 또래의 '경범죄를 저지른' 아이들이 상습범들로 가득한 감옥에 같이 수감된다. 이 아이들은 성인 범죄자나 간수들에게 자주 구타나 성폭력을 당한다. 나비 필라이는 "과테말라의 미성년자와 관련된 법은 개혁되어야 합니다"라고 말했다. 토의는 오랫동안 이어졌다. 중대하게 인권을 침해한 다른 사례들도 제시되었다. 창백한 해가 쥐라 산맥 위 어두운 구름의 장막을 뚫고 빛을 비춘다. 황혼의 빛은 팔레의 복도에 이른다. 오후 6시, 통역관노조가 일을 중단하는 시간이다. 의장도 회의를 중단시킨다. 칵테일 모임이 시작되고, 곧이어 외교관의 집과 도시의 식당에서 저녁식사가 이뤄질 것이다.

이날 보고가 끝날 때마다, 나비 필라이는 유엔이 '보호할 책임'을 실행해야 한다고 호소했다. 헌장에서 인권은 15번 언급된다. 그러나 내가 기억하기로, 평화가 위협받거나 급격한 변화가 발생할 때와 침략 행위가 벌어졌을 때 유엔이 취할 수 있는 강제적 조치를 열거하는 제7장에서는 인권이 한 번도 언급되지 않는다.[9] 사실 유엔의 토대를 만든 이들에게 국가가 인권을 존중하는 일은 헌장 제7장에서 언급되는 것과 유사한 강제적 조치로는 성취될 수 없는 것이었다. 설득과 협력을 통해서만 이룰 수 있는 문제였던 것이다.

그런데 특히 유럽과 북아메리카에서는 사회 운동가, 대학교 단체, 교회가 결합하여 행사한 압력으로 인해, 위에서 언급한 독트린이 최근 들어 변화했다. 유엔을 세계적인 공공재와 보편적 이익의 보장기구로서 인식한 이들은 "연합한 국가들의 국민들인 우리는 (…)"이라고 선언했다. 헌장의 서문을 여는 이 표현이 구체화되기 시작한 것이다. 만일 어떤 정부가 국민을 탄압하고 인권을 철저하게 침해한다면, 이때 유엔은 (헌장이 명시하는 대로) 이 국민을 보호할 책임이 있다. '보호할 책임'이라고도 불리는 인도주의적 개입은 헌장에서 도출되는 의무다.

인도주의적 개입은 헌장의 제1장 제2조에서 보장하는 회원국의 주권을 침해하는 걸까? 확실히 그렇다. 하지만 사람을 보호할 책임은, 비록 이것이 그 사람의 정부에 반하는 것일지라도, 유엔의 토대 자체를 구성하는 것이다.[10]

안전보장이사회의 몇몇 결의안에서는 '보호할 책임'에 대해 정의 내렸다. 첫 번째는 1991년 4월 5일의 결의안688로, 이라크와 관련되어 있다. 이 결의안은 사담 후세인이 제1차 걸프만 전쟁이 끝날 때 봉기한 이라크 시민을 무참히 죽인 일, 그리고 특히 1991년 3월에 쿠르드족을 대상으로 네이팜, 인, 사린가스가 든 폭탄을 투하해 무수한 사람을 죽이고 100만 명 이상의 이주민을 발생시킨 일을 단죄했다. 이 결의안에 따라 이라크 북부에 인도주의적 개입을 할 수 있었고, 공중 감시망을 빌어 어떤 이라크 군대건 간에 36도 위선 너머로 이동하는 걸 금지시킬 수 있었다. 쿠르드족의 생존자들은 이런 식으로 목숨을 구하게 되었다.

나비 필라이는 콜롬비아와 과테말라에서 행해지는 인권침해를 중단시키기 위해 유엔의 '보호할 책임'에 호소하면서도 그것이 실패하리라고 확신했다. 이 나라들은 미국의 보호령이기 때문에 미국의 거부권에 의지해 유엔의 조치를 피할 수 있었기 때문이다.

반복해서 말하지만, 그럼에도 인도주의적 개입의 이념은 부상하고 있다. 이 이념은 (국가의 주권을 가장 우선시하는 사람들인) 주권주의자들의 악착같은 반대에 부딪히면서도 진보하는 중이다. 만일 그것이 결정적인 것이 되어 체계적으로 적용된다면, 매년 '보호할 책임'으로 수만 명의 생명을 구할 수 있을 것이다. 그 이념이 '주권주의'의 지지자에 반해 인정받으려면, 여기서도 국제적인 시민사회의 역할이 가장 중요하다.

미국 조사위원회의 보고서에 따르면, 2001년 9월 11일에 뉴욕 세계무역센터의 건물과 워싱턴의 펜타곤을 대상으로 테러리스트들이 공격을 감행했을 때, (항공기 납치범을 포함해) 62개국 출신의 2,973명이 목숨을 잃었다. 이 끔찍한 비극, '쌍둥이 빌딩'에서 일어난 참사의 잔혹한 광경은 세계 전역으로 전달되며 수억 명 시청자의 의식을 뒤흔들었다. 또한 이 재앙으로 미국과 아프가니스탄 사이에서 전쟁이 발발했다. 그런데 유엔의 통계수치를 보면, 같은 날에 10살 이하의 아이들 3만 5천 명이 기아나 영양실조로 죽었다. 또한 제3세계에서는 15만 6,368명의 사람들이 죽었는데, 원인은 결핵, 에이즈, 설사, 소아병, 말라리아, 나병, 호흡기 감염 때문이었다. 하지만 이렇게 많은 이들의 죽음은 전 세계 사람들 사이에서 어떤 감정도 불러일으키지 않았다.

독일의 언론인이자 편집자인 야코프 아우크슈타인은 이렇게 말했다. "서구는 이슬람인의 테러에 맞서 싸운다. 그런데 왜 우리의 테러에 대해서는 맞서 싸우지 않는 걸까? 그 테러로 죽는 희생자 수는 훨씬 많다. 5초마다 어린이 한 명이 기아로 죽는다. 우리의 잘못 때문에 죽는 것이다." 그리고 다음과 같이 암시한다. "우리는 가장 가난한 국민에게 빚을 탕감해줄 것, 수입되는 농업연료에 아주 높은 관세를 부여할 것, 기본 식량 등을 대상으로 주식시장에서 벌이는 투기를 금지할 것을 요구해야 한다."[11]

(부가 넘쳐나는 이 세계에서) 수백만 명이 기아와 영양부족으로 매년 대량으로 죽어간다는 건 분명 우리 시대가 낳은 가장 비극적

인 스캔들이다.

뼈만 앙상하게 남은 어린이들, 영양 결핍 때문에 사지를 떨고 얼이 빠져 있는 어린이들이 있는 지역은 계속해서 늘고 있다.

오늘날 이 지상에 살고 있는 73억 명의 인구 중 10억 명 이상이 지속적으로 심각한 영양실조에 걸려 있다.

2008년과 2012년 사이에 이 재앙의 희생자 수는 다시 증가했다. 기초식품의 가격 변동을 기록하는 유엔의 세계식량가격지수에 따르면, 희생자의 수가 2002년과 2012년 사이에 두 배나 증가했다. 세계의 빈민촌에는 새로운 재앙이 닥쳤다.

과정은 완수했지만 상대적으로 실패한 사례가 있다. 파키스탄에서는 수십만 명의 어린이가 소아마비의 한 종류인 척수회백질염이라는 무서운 전염병에 걸렸다. 2008년, 세계보건기구는 국가적 차원에서 백신 접종 캠페인을 벌였다. 이때, 파키스탄의 탈레반과 다른 지하디스트 단체는 백신 접종을 담당한 수많은 의료인을 죽여 캠페인을 무효화시키려 했다. 하지만 이런 상황에도 불구하고 캠페인은 성공했고, 파키스탄에서 척수회백질염은 사라졌다.

2014년 여름 저녁, 팔레 데 나시옹 근방에 있는 오베르주 뒤 비외 부아의 붉은 장미가 가득한 정원에서 나는 파키스탄의 영향력 있고 열정적인 대사 자미르 아크람과 함께 식사를 하고 있었다. 펀자브의 상류층 가문 출신이고, 이슬람교를 믿으며, 조국에 긍지를 지닌 열렬한 애국자인 그는 세계보건기구와 파키스탄의 보건당국이 서로 협력하며 일할 수 있도록 만든 장본인이다. 나는 그에게 생명의 위협을 받으면서도 아이들에게 접종한 의료인들에게 존경심을 느낀다고 말했다.

아크람은 한동안 말이 없다가 이렇게 말했다. "잘못 알고 계십니다. '부족 지역'*에서는 그 희생이 소용없었습니다. 척수회백질염이 다시 창궐하고 있어요. 수천 명의 아이들의 사지가 위축되며 마비가 일어나고 있지요. 백신을 접종 받은 많은 아이들이 영양실조로 고통 받다가 면역체계가 무너졌기 때문입니다."

마지막 예를 들어보자. 2000년과 2015년 사이에 영양실조 때문에 아이들 얼굴의 연한 세포조직이 갉아 먹히는 노마라는 무서운 병이 특히 사하라 이남 아프리카에서 급격하게 퍼졌다. 수만 명의 희생자가 신체의 일부를 잃었다. 그런데 그 병은 발병 초기 3주 동안 항생제들을 맞으면 완전히 치료할 수 있고, 그 항생제들의 가격은 모두 합해 5유로도 되지 않는다.[12] 하지만 그 돈이 모자라서 이 병은 날마다 훨씬 더 많은 사람들을 피폐하게 만들고 있다.

2016년 3월 13일 보스턴에서 사망한 미국의 철학자 힐러리 퍼트넘은 이렇게 요청했다. "탄압을 받는 사람들로 하여금 무한정 기다리게 만들지 마시오."[13] 2013년, 세계의 다국적 회사와 대형은행들은 주주에게 1조 달러의 배당금을 지불했다. 인류 역사상, 갑부들의 자본이 그렇게나 많은 이득을 본 경우는 결코 없었다.[14]

만일 이 돈이 단순히 지상의 수천 명 억만장자들의 부를 늘리는 데 이용되는 대신에 사회적인 프로그램에 투자되었다면, 이 재

---

* 파키스탄 북서부에 위치한 행정구역. 원래 명칭은 '연방직할부족지역'이다.

앙은 확실하게 줄어들었을 것이다. 몇 가지 예를 들어보겠다. 이 뜻밖의 돈으로 한 해에 1,800만 명의 교사에게 보수를 지불할 수 있을 것이다. 단지 3년만 지나면, 기아와 영양실조와 연관된 질병은 사라질 것이다. 헨더슨 글로벌 인베스터스는 다른 계산도 한다. 1조 달러면 3천 년 동안 하루에 100만 달러씩 사회적 프로젝트에 투자할 수 있다는 것이다.[15]

오늘날에는 85명의 갑부들[16]이 극빈의 환경에서 사는 35억 명의 사람들이 가진 재산을 모두 합친 것보다 더 많은 부를 소유하고 있다. 2013년부터 옥스팜 인터내셔널의 사무총장을 맡고 있는 위니 비아니마는 "버스 한 대에 태울 수 있는 수십 명의 억만장자들보다 이 세계의 절반인 가난한 사람들이 소유한 재산이 적다는 사실은 정말로 충격적이고 전적으로 받아들일 수 없는 일이다"라고 지적한다. 이런 거대한 자본적 권력에는 정치적 권력이 덧붙는다. 옥스팜 인터내셔널에 따르면 2004년부터 2014년까지 10년 동안 서구 국가가 가결한 법안의 거의 전부가 갑부의 세금 축소, 금융시장의 탈규제, 기업의 이익을 위한 세제 개혁, 노동시장의 자율화(유연성과 탈규제)를 위한 것이었다.[17]

프란치스코 교황은 로마에서 다음과 같은 결론을 내렸다. "십계명 중에서 '사람을 죽이지 말라'는 계명은 인간 생명의 가치를 지키기 위한 경계입니다. 오늘날 우리는 '배척과 불평등의 경제'를 향해 '아니오'라고 말해야 합니다. (…) 우리는 '소비 문화'를 만들었고, 이 문화는 지속적으로 가속화되고 있습니다. 단순한 착취와 억압을 넘어서는 전혀 새로운 상황입니다. 배제는 우리가 살고 있는 사회에 속하느냐 속하지 못하느냐와 같이 존재의 뿌리를 건드리는 문제입니다. 그들은 선택의 순간에 사회의 최하층이나 빈민가에 있는 힘없는 사람들이 아니라, 사회 밖으로 내몰리는 사람들입니다. 배제당한 사람들은 '착취당한' 것이 아니라 '버려진' 무엇이 됩니다."[18]

옥스퍼드대학교의 경제학 교수 폴 콜리어는 그의 유명한 책 『최하위의 10억 명』에서 "버려진" 수가 10억 명이 넘을 것으로 추정한다.[19]

세계화의 결과이자 소수 지배집단이 엄청난 부를 쌓을 수 있었던 특권적 수단은 '역외회사'다. '조세회피처', 곧 재산이나 수입에 세금을 부과하지 않으며 은폐되고 비밀스런 은행 업무를 수행하는 국가에 등록된 이 기업은 대부분 불법적인 돈을 세탁하는 데 이용된다. 일반적으로 적대적인 주식매입자*가 한 무리의 역외회사를 관리하기 때문에, 돈의 출처를 파악하기란 불가능하다. 마약 거래와 인신매매를 하는 마피아, 무기 상인, 부패한 집단, 테러리스트, 무엇보다도 탈세를 하려는 사람들이 이 기업을 이용한다. 수십만 개의 역외회사가 서로 긴밀히 연결되어, 갑부들로 하여금 완전히 불투명하고 (그 기업들이 원래 소속되어 있던) 국가의 기관이 실

---

* 회사의 경영권을 장악하거나 시세 차익을 얻을 목적으로 투기적인 주식 매입을 전문으로 하는 사람

체를 파악할 수 없는 금융제국을 만들어내고 있다. 대부분의 나라에서, 이 갑부들은 세금을 낼지 말지, 그리고 얼마나 많은 세금을 내야 할지를 스스로 결정한다.

이렇게 탈세는 세계에서 벌어지는 재앙의 많은 부분에 책임이 있다.

이에 관한 스캔들은 주기적으로 터졌다. 가장 최근에 일어난 건 '파나마 페이퍼스'라고 불리는 스캔들이다.[20] 파나마의 모색 폰 세카라는 로펌에서 일하는 한 직원이 뮌헨의《쥐트도이체 차이퉁 Süddeutsche Zeitung》신문사에서 일하는 두 명의 유명한 기자에게 800만 쪽에 달하는 기밀문서와 이메일을 보냈다. 이를 통해 모색 폰세카 로펌이 바하마, 버진 아일랜드, 바베이도스, 케이먼 제도, 저지에 소재한 26만 개의 역외회사를 운영한 사실이 드러났다.

유엔무역개발회의의 경제학자들은 OECD에서 일하는 동료들의 도움을 받아, 역외회사의 해로운 활동에 종지부를 찍을 상당수의 법을 채택하도록 하기 위해 투쟁하고 있다. 이러한 노력으로 무기명 주식 거래가 중지되었고, 역외회사 실소유주의 재산이 얼마인지 밝히는 세계적인 기록부가 마련되었으며, 이름만 빌려준 사람을 '기업의 진정한 소유주'로 지명하는 것이 금지되었다.

유엔무역개발회의 경제학자들의 저항에 동참하고 있는 인권이사회는 2016년에 「불법적인 자금이 원래의 국가에 귀속되지 않을 때 인권에 끼치는 부정적인 영향」이라는 제목의 결의안을 채택했다. 2016년 6월에는 인권이사회가 '역외'회사를 금지시키는 결의안을 작성하기 위해 자문위원회에 '불법적인 자금이 원래의 국가로 귀속되지 않는 일'에 관한 보고서를 작성해줄 것을 요청했다.

그렇다. 저항은 계속되고 있다.

장 자크 루소는 『인간 불평등 기원론』(1775)에서 이렇게 썼다. "만일 자연이 인간에게 이성을 지탱하기 위해 연민을 주지 않았더라면, 인간은 괴물에 불과했을 것이다."[21]

현재 이 세계 구석구석의 모든 사회적 계층인 종교단체, 국가, 민족, 정치단체의 사회운동가, 조합, 연합단체, 비정부기구, 개인은 지금과 같은 세계 질서에 근본적으로 이의를 제기하고 있다. 이들의 동력은 동일성에 대한 의식이다. 타인에게 가해지는 비인간성은 내 안의 인간성을 파괴한다. 내가 그 타인이고, 그 타인이 나이다. 타인은 나로 하여금 스스로를 인식하도록 만들어주는 거울이다. 혹은 복음서가 언급하는 것처럼, 신은 내재적이며 우리 각자에게 나타나 우리를 거룩한 존재로 만든다.

비록 내가 그 고통으로부터 보호받고 있더라도, 타인의 고통은 나를 고통스럽게 한다. 이런 이유로, 우리가 추진해야 할 저항들, 즉 공동의 안정을 회복하고 보장하는 것, 인도주의적 개입을 합법화하는 것, 역외회사가 사라지도록 하는 것 중 어떤 것도 세계 시민사회의 결집과 결정적 지지 없이는 전개될 수 없다. 이 조건이 충족될 때에만 우리는 승리할 수 있을 것이다.

2016년 8월 9일부터 14일까지, 몬트리올에서는 수많은 사회운동단체에서 파견한 3만 5천 명의 대표자가 모여 세계사회포럼을 진행했다. 이 포럼이 산업화된 나라에서 열린 건 15년 전에 포럼이 창설된 이후로 처음이었다. 나는 시민사회의 믿을 수 없을 만큼 생동감 넘치는 생명력, 창조력, 두드러진 우애에 매우 놀랐다. 확실히 시민사회에도 모순은 있다. 그리고 진행되는 저항이 많다면 해결책도 불확실해진다. 하지만 국제적인 시민사회, 무엇보다 어떤 변혁을 거듭한 유엔이라는 무기를 갖춘 시민사회는 마침내 인간적이 된 세계에 대한 비전을 가지고 있다.

마하트마 간디가 그 길을 보여준다. "처음에는 그들이 당신들을 무시한다. 이어서는 그들이 당신들을 비웃는다. 이어서 그들은 당신들과 싸울 것이다. 그러고 나서 당신들은 승리한다."

감사의 말

이 책을 구상한 것은 쇠이유 출판사의 사장 올리비에 베투르네였다. 비평을 아끼지 않는 우정, 세심한 격려, 편집자를 지낸 사람으로서의 아주 뛰어난 직관 덕분에 이 책이 세상 빛을 볼 수 있었다.

에리카 도이버 지글러는 언제나 나의 소중한 동료였다. 역사학자로서의 해박한 지식, 문체와 관련된 재능, 단호한 비판적 감각은 내게 없어서는 안 되는 것이다.

세실 비드코크는 나의 글이 책으로 탄생하게 되는 매 단계에서 큰 노력을 기울였다. 그녀의 까다로운 비판, 조언, 편집 작업, 우정 어린 인내는 나에게 몇 번이나 결정적인 도움을 주었다.

크리스토프 골레와 밀레나 코스타스 트라스카사스는 자신들과 관련된 대목을 반복해서 읽어주었다. 그들의 지적과 정확한 의견 덕분에 사실을 제시하고 내용을 분석하는 데 있어 질을 높일 수 있었다.

도미니크 지글러는 내게 매우 정확한 판단을 내려주고 비판과 조언을 해주었다.

세바스티앙 리처, 카트린 카믈로, 카롤린 구트만, 모린 브라운은 내게 지지를 보내는 동시에 한결같은 우정을 보여주었다.

카린 루에스동, 알랭 비쇼프, 아나이스 푸르냉은 이 책을 다시 읽고 만드는 작업에 힘을 보태주는 등 값진 도움을 주었다.

끝으로 아를레트 살랭 뱅상과 소피 살랭은 원고의 교정쇄가 나올 때마다 말끔하게 새로 입력해주었다.

이 모든 이들에게 깊은 감사의 마음을 전한다.

장 지글러

유엔에서의 모험, 그리고 희망

이 책은 2장에서 언급된 것처럼, 장 지글러가 적극적인 대외활동에서 물러나 지난 25년여의 시간을 되돌아보고 앞날을 계획하려는 의도에서 쓰인 것이다. 한 시기의 자신의 삶을 글로 정리하려는 목적인 것이다.

그 시기는 주로 그가 스위스연방정부 제네바 소속 위원, 유엔 인권이사회 자문위원과 식량특별조사관, 그리고 같은 이사회의 자문위원회 부의장으로 2번 선출되어 활동하던 때다. 따라서 이 책에는 대개 장 지글러가 유엔에서 겪은 경험, 보다 드라마틱하게 표현한다면 모험에 관한 이야기가 담겨 있다.

그 과정에서 지글러는 몇몇 국가의 '이기주의', 곧 비극적인 현장에 유엔이 개입하려는 걸 거부하는 주권국가로서의 이기주의와 국민을 탄압하거나 학살하는 지도자들의 폭력적인 이기주의를 알게 된다. 절망적인 모험을 겪은 것이다.

지글러는 자신의 경험담을 전개하는 동시에 유엔의 창립 역사를 상세하고 자세하게 전한다. 어떻게 보면, 저자의 경험이라는 주제와 유엔의 창립 역사라는 주제가 번갈아가며 나타나 책이 일종의 대위법적인 형식을 띠고 있다고 말할 수 있다. 독자에게는 모두 놓칠 수 없는 주제일 것이다.

그런데 장 지글러가 유엔의 창립 역사를 강하게 강조하는 배경에는 보다 깊은 의미가 있는 듯 보인다. 오늘날 몇몇 국가의 폭력적인 이기주의를 중지할 유일한 방법은 유엔을 통하는 길밖에 없다고 판단하는 것이다. 지글러는 이 책의 몇몇 군데에서 '초국가적인 조직의 필요성', 개개의 국가를 넘어서서 존재하는 조직의 필요성을 언급하고, 유엔이 그러한 조직에 가장 가깝다고 생각한다. 그는 "유엔은 국제 규범을 만들고 실천하는 데 있어 잠재적으로 유일하고도 생생한 원천이다"라고 말한다. 반면에 일종의 국제적 연대 기관인 유럽연합에 대해서는 비판적이다. "하버마스는 (…) 주권의 이동에 대해 질문한다. 쇠퇴하는 국가의 뒤를 이어 공공재를 보호할 임무를 맡을 수 있는 국가 간의 기관, 초국가적인 기관이 존재할 수 있을까? 하버마스는 이 역할을 유럽이 맡을 수 있다고 생각했으나 나는 그의 견해에 동의하지 않는다. 내가 보기에, 유럽연합은 '대륙 민주주의'라는 호칭을 지닐 수 없을 것 같다." 저자가 이렇게 판단을 하는 것은 현재 유럽연합이 부패하고 비도덕적인 면모를 많이 보여주고 있기 때문이다. 그리고 유럽연합은 범세계적인 영향력을 끼칠 수 없다. 지글러는 오늘날의 유엔이 (상임이사국의 거부권을 포함한) 몇 가지 중요한 개혁을 단행한다면 분명 그런 영향력을 끼칠 수 있을 거라는 희망을 갖고 있다. 그리고 그러한 개혁이 현재 시작되려 하고 있다며 긍정적인 시각으로 바라본다.

여기서 독자를 위해 한 가지 언급할 것이 있다. 장 지글러가 반복해서 강조하듯이, 그는 유엔의 미래를 낙관하는 것이지 그 기관의 현 활동에 낙관하는 것이 아니다. 그는 오늘날 유엔이 인류를 위한 여러 활동을 펴고 있고 있지만 그것이 현재 매우 무기력하고 비효율적으로 기능한다고 생각한다. 그 이유는 안보리 상임이사국들의 거부권에서 연유한다. 다르푸르에서 대량 학살이 벌어지고 있지만 그곳과 이해관계가 있는 중국의 거부권 때문에 유엔은 개입할 수 없다. 지금까지 시리아에서는 몇십만 명이 사망하고 수많은 난민이 발생했지만, 러시아의 거부권 때문에 유엔은 어떤 정책도 펼 수 없다. 이스라엘과 매우 가까운 미국의 거부권 때문에 팔레스타인 국민이 희생을 당하고 있는 것도 같은 이유다. 이처럼 열강의 이기주의 때문에 무고한 국민만이 크나큰 재앙을 겪는 것이다. 코피 아난 전 사무총장은 이런 문제에 대해 해결책을 제시했는데, 처음에는 상임이사국들에 무시 당했지만 이제는 많은 국가들이 관심을 갖기 시작했다고 한다. 장 지글러가 유엔의 미래에 희망을 갖는 건 이러한 맥락 때문이다.

장 지글러는 국제사회의 시민연대에도 희망을 갖는다. 그는 "'유엔'이라는 아름다운 이름"이라고 말하는 데서 나아가 "'국제

주의자'라는 아름다운 명칭"이라고 말한다. 이는 곧 국제사회가
정치적인 전략을 넘어, 자국의 이기주의를 넘어 연대하게 될 때,
세계를 보다 평화로운 곳으로 만들 수 있다고 믿기 때문이다.

한편 나는 책을 옮기면서 장 지글러의 이력에 놀랐다. 지난 20
세기의 역사에 확실한 자취를 남긴 인물들, 곧 사르트르, 브란트,
아옌데, 아라파트, 카다피, 김일성 같은 사람들과 가깝게 지내거나
만남을 가진 것이 인상적이었던 것이다. 한 인물이 그렇게나 많은
유명인들과 접촉한 사례는 드물 것이다. 동시에 장 지글러도 그런
인물들의 대열에 속하지 않을까라는 생각을 해본다.

2018년 2월
이현웅

주

들어가는 말: 반기문과 카타르의 셰이카

1.『희망 원칙Le Principe Espérance』(1954~1959), 갈리마르, 1976~1991, 2권.

2. 장 지글러,『스위스인의 행복Le Bonheur d'être suisse』, 파리, 쇠이유/페이야르, 1993 ;《푸앵 악튀엘》, 1994 ; '푸앵 에세', 2016.

3. 아니 코앙 솔랄,『사르트르Sartre』, 파리, 갈리마르, 1985, p.556.

1장 국가를 물어뜯는 벌처펀드

1. 워렌 버핏,〈CNN 인터뷰〉, 2005. 5. 25.《뉴욕타임스》(2006. 11. 26)가 인용.

2. 중국과 인도와 브라질은 현재 강대국으로 부상하고 있는 국가로 간주되고 있다. 러시아는 재건의 길에 들어선 강대국이다. 남아프리카공화국은 오히려 해당 지역의 강대국에 가깝다.

3. 에릭 투생,『부채의 수치들Les Chiffres de la dette』, 리에주, CADTM 출판, 2016.

4. 과거에 발행되었던 주식, 채권 등을 사고파는 시장.

5. 마틴 코르의「벌처펀드를 저지하기 위한 투쟁The Battle to curb vulture funds」(《사우스-불레틴》, 제네바, 2015. 2. 12.)에서 인용.

6.《가디언》, 2015. 7. 15.

7.《르몽드》(2016. 6. 8.)를 참조하라.

8. 파리, 페이야르, 2005 ; 파리,《르 리브르 드 포슈》, 2007 ; 갈라파고스, 2008.

9. 파리, 알뱅 미셸, 2008 ; 파리,《르 리브르 드 포슈》, 2010 ; 갈라파고스, 2010.

10.「벌처펀드의 활동과 그것이 인권에 미치는 영향에 관한 중간 보고서 초안Draft Progress Report on the Activities of Vulture Funds and the Impact on Human Rights」, 인권

이사회, 자문위원회, A/HRC/AC/16/CRP.1, 2016. 2. 15.

11. 증서의 완전한 가치.

12. 「벌처펀드의 활동과 그것이 인권에 미치는 영향에 관한 중간 보고서 초안」, p.13.

13. 로베르토 파라달(아르헨티나 노동자 중앙기구 지도자),《트리뷴 드 쥬네브》, 2016. 6. 6.

14. 「마우리시오 마크리. 아르헨티나─새로운 시대Mauricio Macri. Argentine-une nouvelle ère」. 알리스 포우야트와의 인터뷰.《국제정치》, 2016. 5.

15.『굶주리는 세계, 어떻게 구할 것인가?』(갈라파고스, 2012)를 보라.

16. 이 기구는 2006년까지 '유엔인권위원회'라고 불렸다.

17. 위르겐 하버마스,『국민의 국가 이후. 새로운 정치적 성취들Après l'État-nation. Une nouvelle constellation politique』, 라이너 로홀리츠가 독일어로 번역했다. 파리, 페이야르, 2000, p.129-130. 또한 나의 책『세계의 새로운 주인들과 그들에게 저항하는 사람들Les Nouveaux Maîtres du monde et ceux qui leur résistent』(파리, 페이야르, 2002 ; 파리, 쇠이유,《푸앵》, 2003 ; '푸앵 에세', 2015)을 보라.

18. 위르겐 하버마스, 같은 책.

19. 나는 앞서 출간한 책들, 특히『세계의 새로운 주인들』에서 이 과정을 분석했다.

20. 옥스팜 보고서, 런던, 2015. 12.

21.『국가의 부의 원인에 대한 탐구Inquiry in the Causes of the wealth of the nations』, 1776년 출간.

22. 만프레트 노바크,『인권. 경제적 불평등이 늘어나는 것에 대한 해답 Menschenrechte. Eine Antwort auf die wachsende ökonomische Ungleichheit』, 빈, 함부르크, 콘투렌 출판, 2015.

23. 위르겐 하버마스,『국민의 국가 이후』, 전게서, p.74, 75.

24. 2016년 4월 6일의《르몽드》에 실린 미셸 팽송과 모니크 팽송-샤를로의 기사「법 위에 있는 탈세Une évasion fiscale au-dessus des lois」를 보라. (앙트완 델투르는 2016년에 집행유예 12개월과 벌금 1,500유로를 선고받았다─옮긴이)

2장 유엔에서 수행한 저항과 과도한 희망

1. 장 지글러,『스위스인의 행복』, 전게서, p.27.

2. 과거에 (특히 브라질의) 교회와 공공건물들의 시계 문자판에 새겨져 사람들을 각성시키던 문장. 가령 브라질의 항구 도시 살바도르 데 바이아 한가운데 자리한 성 프란체스코 수도원의 시계에 이 문장이 새겨져 있었는데, 바다에서 불어오는 바람으로 그 금빛 문장의 일부분이 지워졌다.

3. 1954년에 문예지《보테그혜 오스쿠레Botteghe Oscure》에 처음 발표됐고, 이어서 1952년에 시집『시골에서의 잠과 다른 시들In Country Sleep and Other Poems』에 실렸다.

4. 나의 책『살아 있는 사람들과 죽음Les Vivants et la Mort』(파리, 쇠이유,《에스프리》, 1975 ; '푸앵 에세', 2014)을 보라.

5. 대영박물관이 소장하고 있는 체스터 비티 파피루스 IX에서 발췌. 앨런 가디너의『체스터 비티 기프트Chester Beatty Gift』1권(런던, 대영박물관, 1935) p.78∼113에 실림.

3장 이성의 부드러운 폭력

1. 베르톨트 브레히트,『갈릴레이의 삶La Vie de Galilée』, 파리, 에디시옹 드 라르슈, 1990.

2. 국제적십자위원회International Committee of the Red Cross. 이 기구는 현대 박애주의 단체의 기원이 되는 기구로 1863년에 제네바에서 창설되었다.

3. Action Against Hunger. 이 기구는 프랑스의 지식인들이 1979년에 아프가니스탄 전쟁을 계기로 창설했다.

4. 옥스팜Oxford Committee for Famine Relief. 영국에서 독일의 봉쇄 작전으로 생겨난 기근과 싸우기 위해 1942년에 창설되었다. 기구 명칭의 약자는 1965년부터 쓰였다.

5. 장 지글러,『굶주리는 세계 어떻게 구할 것인가?』, 갈라파고스, 2013.

6. 장 지글러, 같은 책.

7. 드니 게랭의「국제노동사무국의 알베르 토마Albert Thomas au BIT, 1920-1932. 유럽에서의 국제주의에 관하여De l'internationalisme à l'Europe」(유로파, 제네바대학교 유럽연구소, 1996)를 보라. http://www.unige.ch//gsi/index.php/download-file/view/19/256/

8. 독일은 1926년에 국제연맹에 가입했다.

9. 『늪지대의 군인들Die Moorsoldaten』은 1935년에 취리히에 있는 슈바이처 슈피겔 출판사에서 발간되었다. 랑호프는 1945년에 베를린에 정착하고, 이곳에서 도이처스 극단을 이끌었다.

10. (독일이 항복한 날인) 1945년 5월 8일 이전에 독일과 일본에 전쟁을 선포한 국가들에 한해 회의 참여가 허용되었다.

11. 에르베 카상이 인용, 「부트로스 부트로스 갈리 시절에 유엔에서의 일상적인 삶 La vie quotidienne à l'ONU du temps de Boutros Boutros-Ghali」, 『티에리 씨에게 제공된 글모음Mélanges offerts à M. Thierry』, 파리, 페돈, 1998, p.8.

12. 엘렌 사이옹, 「올랑드와 시시, "특별한 관계"를 소중히 여기다Hollande et Sissi soignent leur "relation spéciale"」,《르몽드》, 2016. 4. 20.

13. 이집트는 오스만제국이 붕괴한 이후인 1922년에 독립했지만, 나세르와 독립된 장교들이 군주제를 전복하게 되는 1952년까지 영국의 신탁통치를 받았다.

14. 요한 복음에 따르면, 가나는 예수가 일곱 가지 기적 중에서 첫 번째 기적을 행한 곳이다.

15. 이 협상들로 이스라엘과 이집트의 관계는 정상화되었고, 이어서 1978년에는 두 나라 사이에 캠프 데이비드 협정이 맺어졌다. 이집트는 더 이상 이스라엘을 공격하지 않겠다는 약속—이 약속은 오늘날까지 지켜지고 있다—을 대가로, 이스라엘이 1967년의 6일 전쟁부터 점령하고 있던 시나이 반도를 되돌려 받았다.

16. 『부재하며 존재하는Présente absente』, 아를, 악트 쉬드, 2016.

17. 파룬궁은 진리의 원칙, 공감, 관용을 내세우는 도덕철학을 바탕으로 한 명상과 느린 몸 운동을 결합시킨 기공氣功의 규율이다.

18. 미셸 캉드쉬, 『이 드라마의 무대는 세계다La scène de ce drame est le monde』, 파리, 레 아렌, 2015.

19. 이 결의안에 관해서는 pp.163~164와 그 뒤에 이어지는 내용을 보라.

20. 장 폴 사르트르, 『더러운 손Les Mains sales』, 파리, 갈리마르, 1948, p.199~200.

4장 유엔을 만든 뿌리를 향해

1. 빅토르 세르주, 『수첩Carnets(1952)』, 아를, 악트 쉬드, 1985.

2. 성 아우구스티누스, 『신의 도시—이교도에 반대하는 신의 도시La Cité de Dieu(De Civitate Dei contra paganosLa Cité de Dieu contre les païens)』, 413년과 426년 사이에 쓰

여짐.

3. 토머스 맬서스가 직접 검토한 마지막 판본은 1833년에 영국에서 출간되었다.

4. 이 네 가지 자유는 1932년에 루스벨트로 하여금 대통령 직위에 오르게 했던 '뉴딜' 정책의 핵심적인 내용에 이미 포함되어 있던 것이다. 나는 『굶주리는 세계, 어떻게 구할 것인가?』에서 많은 부분을 할애해 자유를 소재로 글을 썼다. 유엔의 토대를 이루는 긴 문서가 어떻게 생겨났는지 이해할 때 이 자유에 대한 이해가 필수적으로 요구되기 때문이다.

5. 존 보이드 오어, 「전후 재건 작업에 있어 식량의 역할The Role of Food in Postwar Reconstruction」, 몬트리올, 국제노동사무소, 1943. 존 보이드 오어는 1945년에 유엔식량농업기구(FAO)의 초대 회장이 되었다.

6. 프랭클린 루스벨트가 1944년 1월 11일에 미국 의회에서 발언한 연설.

7. 에른스트 블로흐, 『희망 원칙』(1954-1959), 파리, 갈리마르, 3권, 1976, 1982, 1991.

8. 장 자크 루소, 『사회계약론』(1762), 『전집』, 3권, 파리, 갈리마르, 플레야드 총서, 1964, p.351.

9. 『에밀』(1762), 『전집』, 전게서, 4권, 1969.

10. 디종 아카데미가 주최한 경쟁시험에 나온 질문 "인간 불평등의 기원은 무엇인가? 그리고 그 불평등은 자연법에 따라서 정당한 것으로 허용되는가?"에 답하기 위해 1754년에 쓰였고, 1755년에 출간되었다. 장 자크 루소의 『전집』(3권, 전게서)을 보라.

11. 브랜즈의 『최초의 미국인. 벤자민 프랭클린의 삶과 그의 시대The First American. The Life and Times of Benjamin Franklin』, 뉴욕, 더블데이, 2002.

5장 미국의 제국주의적 전략

1. 보스턴, 호튼 미플린 하코트.

2. 제시 헬름스, 「태평양 시대로 진입하기Entering the Pacific Century」, 헤리티지 재단이 발간한 연설문, 워싱턴 D.C., 1996. 《르몽드》(2001. 7.)가 인용.

3. 찰스 크라우트해머, 《타임》, 1999. 12. 27.

4. "점차 증가하는 대중의 자유로운 발전을 위해 신이 부여한 대륙 곳곳에서 우리가 살고 있는 건 우리의 명백한 운명이다."《미합중국의 잡지와 민주적인 리뷰

United States Magazine and Democratic Review》(뉴욕)에서 발표된 논문.

5. 뉴욕, 하퍼.

6. 문고판.

7. 에리카 도이버 지글러(책임편집자)의 『마르셀 쥐노의 '히로시마의 재앙' 이후 60년 후Soixante ans après 'Le Désastre de Hiroshima' de Marcel Junod』(제네바, 라보르 에 피드 출판, 2005, p.22)에서 인용.

8. 같은 책, p.22-23.

9. 헨리 키신저의 정확한 역할에 관해서는, 마리 모니크 로뱅의 『죽음의 중대中隊』 (파리, 라 데쿠베르트 출판, 2004)를 보라.

10. 칠레의 화가 호세 벤투레이에 대한 찬가 「살루탄도 아 호세Salutando a José」(『엘 시글로El Siglo, 1956. 4. 8.)에서. 벤투레이는 네루다의 시 「알투라스 데 마추 피 추Alturas de Macchu Picchu」(1948), 「칸토 제네랄Canto General」에 삽화를 그렸었다.

11. 민중의 저항과 유엔의 압력 덕분에 동티모르 민주주의 공화국은 2002년에 독립했다. 국제연합군은 그곳에 2012년까지 머물렀다.

12. 노암 촘스키, 「동티모르, 공포와 기억상실Timor oriental, l'horreur et l'amnésie」, 《르 몽드》, 1999. 10.

13. 나는 이 두 책을 독일어 번역본으로 읽었다. 니얼 퍼거슨, 『이상주의자 키신저 Kissinger-der Idealist』, 베를린, 프로필렌 출판, 2016. 그레그 그랜딘, 『키신저의 긴 그림자Kissingers langer Schatten』, 뮌헨, C. H. Beck 출판, 2016.

14. 『탐욕의 시대』에서 이에 관해 설명했다. 여기서는 사건을 요약해서 언급했다.

15. 세 번째 민족인 바트와족은 숲에서 거주하는데 구성원의 수가 매우 적다.

16. '인테르하므웨interhamwe'는 키냐르완다어로 '함께 행동하는 사람들'이라는 뜻이다.

17. 이후 일부 유엔군들은 후회하는 심정을 밝혔다. 로메오 달레어의 『나는 악마와 손을 잡았다J'ai serré la main du diable』(토론토, 랜덤 하우스, 2003)를 보라.

18. 《르몽드》(2004. 5.)에 실린 콜레트 브라에크망의 「르완다, 집단살해로의 회귀 Rwanda, retour sur un génocide」를 보라. 파트릭 드 생텍쥐페리, 『말로 표현할 수 없는 것. 르완다에서의 프랑스L'Inavouable. La France au Rwanda』, 파리, 레 아렌, 2004.

19. 2016년 4월 13일, 제네바의 팔레 데 나시옹에서 르완다 학살을 추모할 때 행해진 연설.

20. 이에 관해『탐욕의 시대』에서 언급했는데, 여기서는 내용을 요약해서 말했다.

21. 다른 무엇보다도『인도의 위대한 소설Le Grand Roman indien』(파리, 쇠이유, 2002)을 보라.

22. 반기문은 젊었을 적에 제네바에서 외교관으로 활동했었다.

23. 파리, 쇠이유, 1999; 2015. 갈라파고스, 2007

24. 파리, 쇠이유, 1997; '푸앵 이스투아르', 2008.

25.『스위스, 부와 죽은 자들. 어떻게 스위스 은행은 전쟁기계 나치에 자금을 대는 일을 도왔는가The Swiss, the Gold and the Dead. How Swiss Bankers Helped Finance the Nazi War Machine』, 뉴욕, 하르쿠르트 브레이스.

26. 나는 이미 이 결의안과 관련된 상황을 pp.102~103에서 언급했다.

6장 전쟁과 평화, 유엔의 고뇌

1. 브라이언 어쿼트,『평화와 전쟁 속의 삶A Life in Peace and War』, 뉴욕, 하퍼 앤 로우, 1987.

2. 나는 이 오래된 과거에 관해『스위스인의 행복』에서 언급했다. 나는 여기서 그 이야기의 핵심적인 부분만을 간추려 말하겠다.

3. 알제리 감옥에 수감된 적이 있던 앙리 알레그는『질문』(파리, 에디시옹 미뉘, 1958, p.95-98)에서 폴크와 만난 경험을 자세히 이야기한다.

4. 몇몇 용병들은 1961년 12월에 유엔군에 의해 체포된 이후 매우 많은 분량의 고백록을 작성했다. 이것은 한 번도 출판되지 않았고 뉴욕의 유엔 기록보관소에 보관되어 있다.

5. 오늘날에는 루붐바시라고 불린다.

6. 오늘날에는 킨샤사라고 불린다.

7. 오늘날에는 리카시라고 불린다.

8. 네팔에서 모집된 영국인과 인도인 부대들을 이렇게 불렀지만, 일반적으로는 네팔 군인들을 가리킨다.

9. 유엔의 마지막 부대는 1964년 6월 30일에 콩고민주공화국을 떠났다.

10.《현대Les Temps modernes》, 18번째 해, 203호, 1963. 4.

11. 나의 보고서「레바논의 인권」(유엔인권이사회, A/HRC/2/8)을 보라.

12. 9장을 보라.

13. 10년이 지난 2016년에도, 레바논 남부에서는 이스라엘의 폭격으로 사망자와 부상자가 계속해서 발생하고 있다. 지면에 떨어졌지만 아직 폭파하지 않은 폭탄의 수는 약 100만 개로 추정된다. 《르몽드》(2016.7.13.)에 실린 현지 보고 기사 「레바논 남부, 전쟁의 독이 든 유산Au Liban sud, le legs empoisonné de la guerre」을 보라. 유엔에 따르면 일부 작은 폭탄들은 휴전 이후에 투하된 것으로 보인다.

14. 곧이어 북쪽에서는 쿠르드족이 봉기했고, 남쪽에서는 이라크에서 다수를 차지하던 시아파교도가 봉기했다. 사담 후세인은 이 봉기를 가혹하게 탄압했다. 이 책의 뒷부분 p.345를 보라.

15. 이라크인들은 인질을 이런 식으로 불렀다.

16. 바아스당의 창설자들, 곧 시리아의 대학교수이고 기독교도인 미셸 아플라크와 그의 동료 살라 알 딘 알 비타르는 전 아랍 국가들을 통합하고 변혁시킬 야망을 갖고 있었다. 여러 나라의 바아스당 사령부는 "지역 사령부"라고 불렸다.

17. 바아스당의 민병대원들이 쿠데타를 일으킨 해이다. 사담 후세인은 시간이 지나서야 대통령의 지위에 올랐지만, 쿠데타가 일어나자마자 즉각 새로운 체제에서 강한 영향력을 행사하게 되었다.

7장 이스라엘 장관이 헤이그 법정에 서는 날이 올까?

1. 그의 아버지는 부르키나파소 발레주의 선교사단체가 설립한 카카오 협동조합인 UTC의 중견 간부였다.

2. "모든 사람을 학살하라고 선포하는 일"을 전쟁범죄로 간주하는 제82조, d항, X을 다른 식으로 표현한 것이다.

3. 로버트 로스는 레바논 특별재판소에서 2011년부터 2013년까지 판사로 있었다.

4. 우리가 아는 정치적인 환경에 따라, 처음에는 시리아 대통령 바샤르 알 아사드에게로, 이어서 헤즈볼라에게로, 다음은 이스라엘인들에게로 혐의가 돌아갔다.

5. 2006년 7월, 루이즈 아버는 레바논에 대한 이스라엘의 공격을 비판해 한 캠페인에서 사임을 요구받았고, 2008년에 사임하게 되었다.

6. 이 책의 9장을 보라.

7. 칼라 델 폰테가 구 유고슬라비아 국제형사재판소에서 작업한 일에 관해 자세한 내용을 알고 싶다면, 아주 커다란 논쟁거리가 됐던 그녀의 책 『추적, 전범들, 그리고 나. 전기La Traque, les criminels de guerre et moi. Autobiographie』(추크 수데틱과

의 공저, 파리, 에디시옹 아슈 도르메송, 2009)를 보라.

8. 그가 작성한 「법적인 판결이 부재한 자의적인 약식 처형에 관한 특별조사관의 보고서」(인권이사회, 35번째 회기, ONU/A/HRC/26/36, 2014)를 읽어볼 수 있을 것이다.

9. 「다음은 내 차례일까? 파키스탄에서의 미국 드론 공격Will I be Next? US Drone Strikes in Pakistan」, 국제앰네스티 간행물, 2013.

8장 국제연맹의 유령

1. 루이 페르디낭 셀린, 『밤 끝으로의 여행』, 파리, 갈리마르, 《폴리오》, 1952, p.16.

2. 피에르 제르베의 『세계의 질서에 대한 꿈, 국제연맹에서 국제연합까지Le Rêve d'un ordre mondial, de la SDN à l'ONU』(파리, 국립인쇄소, 1996), p.15에서 인용.

3. 같은 책.

4. 피에르 제르베가 인용(전게서, p.15-16)

5. 파리, 갈리마르, 1968. 알베르트 코헨은 자신이 국제노동사무국의 외교부서 일원으로 국제공무원이었음에도 국제연맹에 대해 너그러운 태도를 취하지 않고 있다. 그곳의 사교계적인 분위기, 출세주의, 그리고 국제공무원들의 게으름과 경력 관리에 매달리는 태도 때문이었다. 1938년의 저서 『망주클루Mangeclous』 (파리, 갈리마르, 1981)에 나타나는 그의 신랄한 비판을 함께 보라.

6. 『4개국 이사회의 토의 : 1919년 3월 24일-6월 28일Les délibérations du Conseil des quatre : 24 mars-28 juin 1919』(통역 장교인 폴 망투의 주석, 2권, 파리, 국립과학연구센터 출판, 1955)을 보라.

7. 원래 팔레 데 나시옹은 국제연맹을 수용할 목적으로 1929년부터 1937년까지 지은 건축물이다.

8. 독일에 제재를 가하는 일, 특히 독일 식민지와 군사적 권리를 제한하고, 영토를 축소시키고, 과하게 부과된 전쟁 배상금을 줄이는 것을 결정한 조약.

9. 오스트리아-헝가리 제국과 체결한 생 제르맹 앙 라예조약, 이어서 트리아농조약. 불가리아와 체결한 뇌이이 쉬르 센조약, 오스만 제국과 체결한 세브르조약.

10. 1935년에 실시된 국민투표에서 대다수의 시민(90.8퍼센트)이 자를란트를 다시 독일에 병합시키는 데 찬성했다.

11. 국제연맹은 1933년과 1936년 사이에 걸쳐 점진적으로 팔레 데 나시옹에 자리

를 잡았다.

12. 1920년에 스위스에는 22개 주가 있었고, 그중 3개 주는 각기 2개의 반주半州로 나뉘어져 있었다. 그 사이에 프랑스어권의 쥐라주가 분리주의 투쟁으로 독일어권의 베른주에서 독립하게 되면서, 오늘날에는 23개의 주가 있다(반주까지 계산하면 총 26개 주가 있다).

13. 라틴어 판본은 1536년에 바젤에서 최초로 발간되고, 프랑스어본은 1541년에 제네바에서 발간되었다.

14. 법적으로 국제연맹은 재정위원회가 1947년 7월 31일에 기한이 끝난 계좌를 유엔에게 넘겨줄 때까지 계속해서 존재했다.

9장 나는 왜 미국과 이스라엘의 표적이 되었나

1. "라이히(히틀러 치하의 독일을 가리키는 표현-옮긴이)에 반하는 혹은 점령된 영토에서 점령군에 반하는 행위를 추적하라는 지침"의 암호명으로, 특히 어떤 적이나 반체제 인사는 모두 비밀리에 강제수용소로 이송시키라는 내용의 명령이 담겨 있다.

2. 앨런 G. 헤베시,《조나탁스차이퉁Sonnatagszeitung》(취리히), 1997. 10. 11-12.

3. 개인들의 고소나 청원이 수천일 때 이것을 하나로 통합시킬 수 있도록 한 미국의 법적 제도.

4. 특히 내 책『어떤 의혹에도 개의치 않는 스위스Une Suisse au-dessus de tout soupçon』(델리아 카스텔누오포 프리게시, 하인츠 홀렌슈타인, 루돌프 스트람과의 공저, 파리, 쇠이유,《전투Combats》, 1976 ; '푸앵 에세', 2016)와『왜 검은 돈은 스위스로 몰리는가』(파리, 쇠이유, 1990)를 보라.

5. 파리, 쇠이유 1997 ;《푸앵》, 2008.

6. 1991년에『왜 검은 돈은 스위스로 몰리는가』가 출간된 이후에 나는 면책특권을 박탈당했고, 나를 상대로 한 소송이 끊이지 않고 제기되었다.『스위스인의 행복』을 보라.

7. 파리, 쇠이유,《전투》, 1978 ; '푸앵 에세', 2016.

8. 파리, 쇠이유,《근접한 역사L'Histoire immédiate》, 1983 ; '푸앵 에세', 2016.

9. 파리, 쇠이유,《영혼》. 1971 ; '푸앵 에세', 2016.

10. 이 일화와 그 다음에 이어진 소송들에 대해서는『스위스인의 행복』을 보라.

11. 암논 카페리우크, 『아라파트, 타협을 모르는 자Arafat, l'irreductible』, 넬슨 만델라의 서문, 파리, 페이야르, 2004. 올리비에 베투르네와 암논 카페리우크는 야세르 아라파트가 죽기 몇 달 전에 그에게 이 책을 선사하기 위해 함께 라말라까지 여행을 했다.

12. 군사지휘관 압델카데르에 관한 그의 두 권의 책은 권위가 있는 것으로 인정받고 있다.

13. 나는 유엔 내에서 영향력 있는 일간지로 간주되는 《르쿠리에Le Courrier》(제네바)를 통해 미카도의 글을 정기적으로 읽고 있다.

14. 서류 ONU E/CN 4/2003/10/Addendum 2.

15. 내가 언급했듯이, 이 위원회는 2006년에야 인권이사회가 된다.

16. '울타리'라는 표현은 그곳을 지배하고 있는 국가가 사용하는 용어이고, '벽'이라는 표현은 팔레스타인 자치정부가 사용하는 용어다.

17. 반유대주의를 표방하면 대부분의 법치국가에서는 처벌을 받는다. 스위스에서는 형사법 261조의 2에 따라, 반유대주의적인 인종주의적 모욕을 했을 경우에 3년의 징역형을 가한다.

18. 파리, 미뉘 출판, 2007, p.23.

19. 바스티앙 본푸의 기사, 「마뉘엘 발스, 이스라엘의 친구Manuel Valls, l'ami d'Israël」, 《르몽드》, 2016. 5. 23.

나오는 말: 우리가 함께 승리를 획득해야 할 것들

1. 하스니 아비디는 제네바에 소재한 '아랍과 지중해 연안 세계에 관한 연구와 탐구 센터'의 책임자다.

2. 다마스쿠스를 둘러싸고 있는 농경 지대.

3. 바샤르 알 아사드는 범죄를 저지르면서 러시아 함대에서 출격하는 수호이와 안토노프 전투기의 도움을 받고 있다.

4. pp.324~325을 보라.

5. 존 보이드 오어, 「전후 재건 작업에 있어 식량의 역할」.

6. 레지 드브레와 장 지글러, 『굴복하지 않는 것이 중요하다Il s'agit de ne pas se rendre』, 파리, 아를레아, 1994, p.50.

7. 처칠의 『회고록』 제1권의 독일어 번역본(『Der zweite Weltkrieg』, Berne, Alfred

Scherz Verlag, 1948) p.95에서 인용했다.

8. 빌헬름 프리드리히 헤겔,『정신현상학(1807)』, 제2권, 파리, 오비에, 1947.

9. p.173과 그 뒤에 이어지는 내용을 보라.

10. 브루노 M. 빌로타, 프랑코 A. 카펠레티, 알베르토 스체르보의『평화, 전쟁, 사회권의 갈등Pace, Guerra Conflitto nella società dei diritti』(Turin, G. Giappichelli, 2000)에 포함된 가브리엘라 벤투리니, 밀레나 코스타스 트라스카사스의『국제법을 보호하기 위한 인도적 개입과 책임Intervento umanitario e Responsablity to protect il diritto internazionale』을 보라.

11. 야코프 아우크슈타인,「우리는 테러리스트Wir Terroristen」,《슈피겔》(온라인), 2014. 10. 16.

12. 베르트랑 피카르가 창립한 '희망의 바람Winds of Hope' 재단은 에드몬드 카이저가 만든 상티넬Sentinelles과 함께 이 영역에서 활동하고 있다. www.sentinelles. org를 보라. 이 두 기관은 로잔에 소재하고 있다.

13. 힐러리 퍼트넘,『정의. 왜 우리는 이성을 길들일 수 없는가?Définitions. Pourquoi ne peut-on naturaliser la raison?』, 영어 책을 번역, 파리, 레클라 출판, '티레 아 파르', 1993, p.90.

14. 헨더슨 글로벌 인베스터스의《뉴스레터》. 옌스 코르테가《노이에 취리히 자이퉁 암 손타그》(2014년 3월 2일)에서 인용.

15. 같은 책.

16. 각자 적어도 100억 달러를 소유하고 있는 사람들을 가리킨다. 옥스팜 인터내셔널의「극단적인 불평등 끝내기. 정치적인 압류와 경제적인 불평등En finir avec les inégalités extrêmes. Confiscation politique et inégalité économiques」(런던, 2014)을 보라.

17. 같은 책.

18.『신의 이름은 자비. 안드레아 토르니엘리와의 대화 2』, 이탈리아 책을 번역, 파리, 로베르 라퐁, 2016.

19. 폴 콜리어,『최하위의 10억 명The Bottom Billion』, 옥스퍼드대학교 출판부, 2008.

20. 바스티앙 오베르마이예와 프레데릭 오베르마이에의『세상에서 가장 잘 지켜진 비밀. 파나마 페이퍼스의 진정한 소설Le Secret le mieux gardé du monde. Le roman vrai des Panamas Papers』(파리, 쇠이유, 2016)을 보라.

21. 위의 책.

유엔을 말하다

1판 1쇄 발행 2018년 2월 23일
1판 4쇄 발행 2021년 7월 12일

지은이 장 지글러 | 옮긴이 이현웅
편집부 김지은 김지하 | 표지 디자인 가필드

펴낸이 임병삼 | 펴낸곳 갈라파고스
등록 2002년 10월 29일 제2003-000147호
주소 03938 서울시 마포구 월드컵로 196 대명비첸시티오피스텔 801호
전화 02-3142-3797 | 전송 02-3142-2408
전자우편 galapagos@chol.com

ISBN 979-11-87038-26-9 (03300)

이 도서의 국립중앙도서관 출판예정도서목록(CIP)은 서지정보유통지원시스템 홈페이지(http://seoji.nl.go.kr)와 국가자료공동목록시스템(http://www.nl.go.kr/kolisnet)에서 이용하실 수 있습니다.(CIP제어번호: CIP2018004353)

갈라파고스 자연과 인간, 인간과 인간의 공존을 회망하며, 함께 읽으면 좋은 책들을 만듭니다.